文春文庫

日本の黒い霧
上

松本清張

文藝春秋

目次（上）

＊本作品には今日からすると差別的表現ないしは差別的表現ととられかねない箇所がありますが、それは本作品に描かれた時代が抱えた社会的・文化的慣習の差別性が反映された表現であり、その時代を描く表現としてある程度許容せざるをえないものと考えます。作者には差別を助長する意図はありませんし、また作者は故人であります。読者諸賢が本作品を注意深い態度でお読み下さるよう、お願いする次第です。　文春文庫編集部

初出　文藝春秋一九六〇年一月号〜六月号に連載
この本は一九七四年に出版された文庫の新装版です。

日本の黒い霧　上

下山国鉄総裁謀殺論

前頁写真　「下山事件」の現場
（毎日新聞社提供）

1

昭和二十四年七月五日（死体発見六日）に発生したいわゆる下山事件は表面上はまだ解決していない。警視庁では自殺とも他殺とも明瞭な線を公表していないうちに捜査は一応打ち切られてしまった。

警視庁がどのような理由で捜査を打ち切ったかは、その後半年ばかりして『文藝春秋』及び『改造』に発表された「下山事件捜査最終報告書」（下山事件白書）によって察しがつく。つまりこれによると初代国鉄総裁下山定則氏は「自殺した」という結論になっている。

この捜査報告書は警視庁が自ら公表したものではなく、この二雑誌が「苦心してスクープ」したものであるが、資料は警視庁捜査一課のものと思って間違いない。もっとも両雑誌のスクープは、或る通信社の記者が警視庁から資料をひそかに手に入れたと称して売りつけたものだが、両雑誌とも互に知らずに同時に発表したので完全なスクープにはならなかった。つまり、この資料の出し方に警視庁側の芸の細かい演出の匂いが強いのだ。公式の「発表」をしないで、このようなかたちで「告知」したのである。

下山事件についてはこれまでいろいろ書かれているので殊更に詳しい説明は省略することにする。ただ、記述上どうしても書かなければならない最少のデータは必要であり、それは上記の「下山事件白書」に添って書いておくことにする。

昭和二十四年七月五日のことである。下山総裁は午前八時二十分ごろ上池上の自邸を出発した。大西運転手の運転する乗用車で御成門付近に来た時、下山は「佐藤さん（佐藤栄作のこと）の所に寄るのだった」と云ったので、大西運転手は「引返しましょうか」と訊くと「いや、よろしい」と答えた。そのまま車を国鉄本庁の方へ向け、東京駅前ロータリーの所まで来ると、下山は「買物をしたいから三越へ行ってくれ」と大西運転手に命じた。つづいて下山は「今日は十時までに役所へ行けばよいのだから」と独り言のように云った。

車が東京駅北側国鉄ガードの所へ来ると、「白木屋でもよいから真直ぐ行ってくれ」と云う（注、三越でも白木屋でも用が足りるという意味らしい）。大西運転手は白木屋前電車通りの所へ来ると白木屋の表が閉まって見えたので、「まだ開店していません」と云うと、下山は「うん」と返事をしただけで、そのまま車を三越前に回すと、表の門の所に札がぶら下がって「午前九時半開店」と書いてあった。大西運転手は「役所へ帰りますか」と云うと、「うん」と答える。常盤橋からガードの処へくると、思い出したように「神田駅へ回ってくれ」と云う。そこで命じられた通りに大西運転手は車を神田駅の西側通路に回して、「お寄りになりますか」と云うと、「いや」と総裁は首を振った。

それでは本庁へ帰るものかと思った大西運転手は、本庁へ帰るべく車を東側のガード下の所へ回した。すると下山は突然「右へ回ってくれ」と大西運転手に命じた。云われた通りに車を右に回すと、しばらくして「三越本店へ行ってくれ」とまた命令されたので、国鉄本庁前に出ると、どうしたわけか怒ったような声で「もう少し早く行け」と云った（注、或る約束の時間を気にしていた気配がある—筆者）。スピードを出して千代田銀行本店（現三菱銀行）前まで来ると思い出したように車を停めさせ、さっさと銀行の中へ入って行き、約二十分ぐらいで出て来て車に乗り、「今から行けば三越は丁度よいだろう」と云う。

大西運転手は再び車を三越に向け、午前九時三十七分ごろ三越南口に車を着けると、下山は三越店内へ入って行った。

大西運転手は総裁が三越へ入って行ったので出て来るのを待つため本店の前に車を停めた。しかし総裁はなかなか出てこない。元来下山は車をそのまま長時間待たせておくくせがあるので、大西運転手は別に気に止めないで午後五時まで駐車していたのである。午後五時になって初めて車に取付けられたラジオのニュースによって総裁が行方不明になったことを知り、警察署に届け出たのであった。

一方、当日は午前十一時から下山総裁はGHQの高官に会う約束があり、そのため秘書は九時前まで国鉄庁舎裏門で出迎えていたが総裁の車が見えない。九時十五分になって総裁の自宅へ電話すると、夫人が出て「いつもの通り自宅を出ました」と云う。それからあわてて心当りの所を探したが、十一時すぎになっても消息は判らなかった。

昼ごろになって、総裁の元の秘書に電話をして下山がいつも訪ねる新川の森田のぶ（成田屋の女主人、下山総裁の愛人）の住所が分り、そこに別の運転手をやって訊くと、そこにも来ていない。そこで午後二時少し前になって加賀山副総裁と田坂理事がGHQに連絡に行き、帰ってくると総裁のことではどこからも連絡がないので、二時半になって遂にこれをCTS（交通監理部門・民間鉄道管理局）のシャグノン中佐に連絡した。

その後になってラジオで総裁行方不明の放送をしたが、これは国鉄が頼んだものではなかった。しかしその放送を三越本店前で待っていた大西運転手が聞いて本庁に連絡したので、初めて下山総裁の失踪が分ったのである。この日は各局長が遅くまで居残って各方面から総裁の行方について連絡を待っていたが、遂に手がかりがなかった。

翌七月六日の早暁だった。上野駅から松戸行の終電第二四〇一Mが北千住駅を午前零時二十四分発車、東武線ガード下の交叉点を過ぎた途端、約二十メートル前方線路内に、ちょっと赤っぽい感じで瞬間に見えるものがあった。運転士は轢死体ではないかと感じ、綾瀬駅に零時二十六分到着して下車し、同駅助役に「轢死体らしいものがあるが、調べてもらいたい」と云ってすぐに発車した。

駅員が小雨の中をすぐに現場に行くと、運転士の言葉通り四分五裂になった男の轢死体を発見した。

そこで、この死体轢断は、その前に通過した第八六九貨物列車（空車五十輛連結）が轢断したものと認定された。乗務員は、機関士山本健、同助士荻谷定一、車掌横田一彦の三名で、いずれも東京鉄道局水戸機関区の乗務員であった。

この貨物列車の発車駅は田端駅であった。東北方面行機関車の機関士は上野への回送路線不馴れの関係で山本機関士が誘導したため八分間発車が遅れ、現場通過は六日午前零時十九分三十秒ぐらいで、その後遅延は金町駅通過の時取り戻している。

話を前に戻す。終電車第二四〇一Ｍの通告を受けた綾瀬駅員がカンテラを下げて現場に行くと、肉づきのいい裸の胴体がうつ伏せになっているのを線路で発見した。これが午前一時ごろである。続いて次の勤務者が現場に到着した時は警察官が一人と北千住保線分区の工夫長が先に来ていた。警察官が「下山総裁のパスが落ちていました」と云いながらポケットから定期入れを出して見せた。そこで尚またその辺を探すと、首と右腕、左足のない胴体が眼についた。そのそばに腕時計が転がっている。更に一メートル先には大きな肉の塊りがあった。この頃、前から降り続いていた雨がいつの間にか大粒な大雨となった。

　斎藤綾瀬駅長が現場に出掛けたのはこれらの駅員が引返して間もなくで、その時はどしゃ降りの雨となっていた。午前三時ごろ、現場に到着した駅長が胴体を持ち上げると、激しい降雨があったのに胴体の下になっている石が全然濡れてなく、血も全く付いていなかった。顔面は二つに割れて下向きになっていたが、それを裏返して見た時も、その下の石は白く乾いていてやはり血が付いてなかった。このことは後に問題となった。

　胴体を移動させた斎藤駅長は、本物の下山総裁なら眼鏡を掛けていたはずだ、と考えて現場に居合せた警察官や北千住保線区員など数人と手分けして眼鏡を探しにかかったが、眼鏡は遂に発見出来なかった。そこで、ほかの遺留品があるだろう、と考えて、ズボンのポケットを探ると紙入れがあった。この紙入れと転がっていた腕時計は警察官が保管した。しかし、その警察官は不注意にもその腕時計のネジを動かしたので証拠品としては価値がなくなった。

　午前四時前に下山総裁の元秘書であった折井上野駅旅客係長が到着し、死体の顔面を見て総裁に間違いないことを証言した。

　下山総裁が当日着ていた洋服はネズミ色格子織の上下でチョッキはなかった。靴はチョコレート色の短靴で、この靴は総裁が同居人の中村に毎朝磨かせることになっており、必ず赤のクリームを用いていた。尚下山は自宅以外の街頭その他で靴磨きなどに靴を磨かせることは絶対になかった。ワイシャツは白木綿。ネクタイは昭和十一年に欧州出張の時イギリスで買ったもので、濃紺に赤、金糸が縦に入ったものか斜格子縞のものである。靴下は白茶木綿。眼鏡は飴色セルロイド型で、右の鏡玉は遠視性乱視（〇・五―八〇度）、左の鏡玉は遠視（〇・五―八〇度）であった。

さて、総裁の死体解剖は、六日午後一時四十分から五時十二分の間、東大法医学解剖室で古畑種基博士立会、桑島博士執刀のもとに行なった。その結果、

(1) 絞殺、毒殺、銃殺、外傷による出血などは認められず、死因不明。
(2) 死後の経過時間は不明であるが、大体七月五日の晩であると認められる。
(3) 外部出血が少ない。
(4) 屍体の各部の擦過傷並びに首、胴、手足の轢断面に生活反応が認められぬので死後轢断と認められる。

と一応の鑑定が出た。

一方、問題の轢断列車の検証の結果は、無蓋貨車第一輛目その他からアンダーシャツの切地に肉塊、血痕などが発見された。総裁の靴はチョコレート色の皮靴で、底ゴムのあるラバソールと称するものである。靴の底には植物の色素のクロロフィール（葉緑素）の付着を認めた。

現場は足立区五反野南町九三八―九四二番地先の常磐線北千住、綾瀬間下り線路上で

あって、近くには東武線の日光方面行電車が交叉し、ガードになっている。

警視庁では、他殺死体を現場に搬出して列車に轢断させたのではないかとの一応の推定から、現場付近の各コースを詳細に捜査したが、その事実は認められなかった。また近くに綾瀬川があるので、船で運搬した事実はないかと捜査したところ、水門管理人の話によると、当夜は船の通行もなく、水門付近はウナギ止めなどあるため船の通行は不可能であることが分った。また貸船屋三軒について調べたところ、当日は貸船の事実もなかった。

あとで、常磐線と東武線交叉ガード下現場への死体運搬を想定して、人体模造二十貫の砂袋を通行可能道路について実験した結果、「不可能ではないが極めて困難」であることが認められた。

2

「下山白書」における当否の私の推断は、この記述がすすむにつれて、明らかになると思う。

下山総裁の屍体を大きく分けると五つの部分に切断されていた。首、胴、右腕、左足、右足首である。頭の部分は殆どメチャメチャに粉砕されており、脳味噌は三分の一ぐらいしかなかった。肋骨は殆ど押し潰されたように折れており、心臓は肋骨の間から外部に飛び出し、しかも穴があいていた。屍体の各部分には三百数十カ所の疵があったが、轢断されたところには「生活反応」が無かった。麻酔薬や毒薬を使用した痕跡は無かった。列車に轢かれた状態は、俯せて直角に線路上に横たわり、顎を線路の上に載せていたと思われ、頭蓋骨が粉砕されており、顔の表皮だけが剝ぎ取られていたようになっていたが、これは機関車の排障器が刃物のような役目をしたものと推定された。

衣類を後で調べてみると、ネズミ色のウール地の上着はどこも汚れておらず切れてもいない。ワイシャツはひどく汚れていた。特に右肩のあたりはどす黒くべとついた上に袖のつけ根あたりが大きく切れていた。黒い汚れは明らかに油と思われた。ワイシャツを振った時に紙の上にバラバラと埃のようなものが落ちた。そのゴミは色がついていて、赤、緑、茶、白などであった。

ワイシャツ、ズボン、アンダーシャツ、下着、靴も調べたが、どれも血がついていないようであった。ただ、上着と靴を除いてはどす黒い油の汚れがひどかった。特に下帯とか靴下とかいう直接肌身についていた物はべとべとであった。

血液型を調べたところ、非常に少ない血から苦心して検出した下山総裁のものはＡＭＱと分った。血液が少なかったことは後で一つの問題となる。

油は機関車からこぼれた油かと思われたが、機関車の油は鉱物油であって、下山総裁の下着などについていた油は植物性であることが分った。これを更に調べると、九分九厘までヌカ油に間違いないということが分った。

次に色のついたゴミであるが、これも化学検査をするとタール性の染料であって、青味がかった緑色が多く、赤、紫、茶、白のも混っていた。この染料は轢断貨車から落ちて着衣についたのではないかという疑いもあり、問題の列車を調べたら積荷には該当品が無かった。従って油も下山氏が轢断される前にどこかほかの場所でついたに違いないと判断された。染料の粉末は上着、ズボン、ワイシャツについていたが、ワイシャツなどは裏側からもついており、このようなつき方は油の付着状態と関連して十分注意された。つまり油も外側からではなく内側から着衣についていたのである。

下山を轢断した第八六九列車は田端を午前零時二分に出発することになっていたが、六日零時十分に出発した。つまり八分遅れたわけである。原因を調べると、はじめは違うことをいっていたが、結局、起し番の庫内雑務手が山本機関士を起すのを忘れていたからだという。

起し番が山本機関士と荻谷助士とを起し忘れた理由は、将棋に夢中になっていたためだったということが分った。荻谷助士が機関車のD五一六五一に駈けつけてみると、蒸気の圧力は低下していて、計器を見ると六キログラムしかなかった。貨車を引張るのには十キログラム以上の圧力がなければ駄目である。大急ぎで罐《かま》の火をたいて蒸気を上げ、

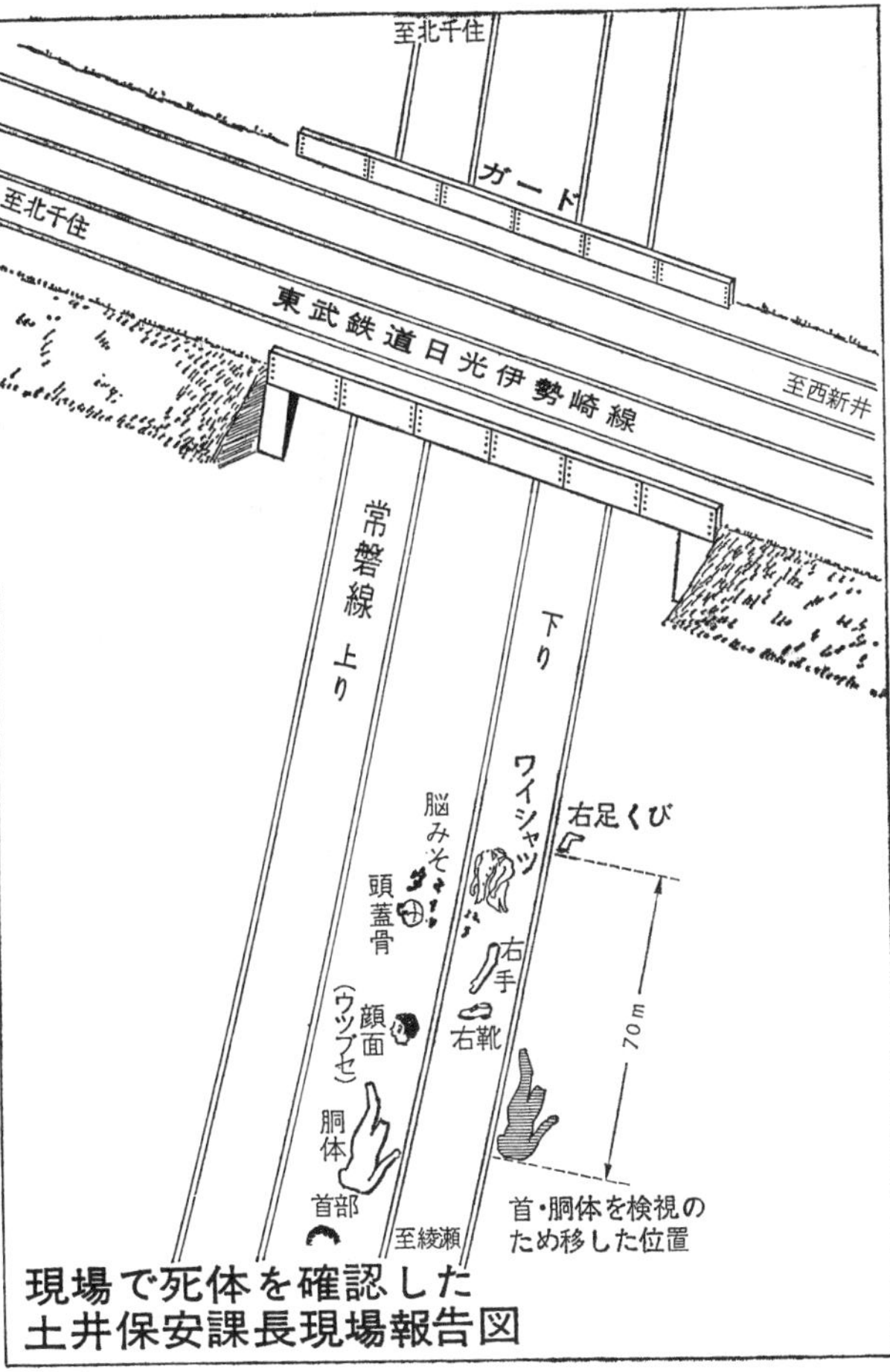

現場で死体を確認した
土井保安課長現場報告図

定刻より八分遅れて零時十分に出発した。この列車は貨車五十台を引いていたが、殆ど空車ばかりだったのでスピードの調子もよく、五反野の轢断現場では約二分遅れ、金町駅通過の時には定刻に取返していた。後で山本、荻谷両名は警察官から事情を聴取されたが、山本機関士は荻谷助士になぜか「田端出発が遅れたことは警官に話さない方がいい」と云ったので、荻谷は発車遅れの理由を話さなかった。このことが後で問題になり、山本機関士は一時は疑いの眼で見られたが、厳重な捜査の結果、山本機関士に対する容疑は解消した。この山本機関士はその後丸一年して昭和二十五年の五月、突然死亡している。

この田端機関区は事件直後から不思議な出来事が連続的に発生した。

その一つは、轢断現場に近い綾瀬駅構内の線路脇に田端機関区の分解表が落ちていたことである。複雑な田端機関区の線路の操作は、二階建の合図手の小屋があって、そこからスイッチ・レバーやスイッチ・スタンド・ポイントなどが操作されて、整然たる機構として運行されているのだが、その根本になるのが分解表である。

綾瀬駅に誰がその分解表を落したか。

はじめはかなりの疑惑をもたれたが、それは捜査側の思いすごしで、表は誰でも持っているありふれたものだった。したがって、事件とは無関係と分った。

第二の不思議は、田端から一つ上野寄りの日暮里駅に奇怪な文字が便所の中で発見されたのである。その男便所の板の真中に「5.19下山缶」と白墨で横に書いてあった。六日の早朝といえばまだ下山の轢断屍体が発見されたかされない時である。この「5.19下山缶」の六文字は、あるいは五日の十九時（午後七時）下山氏はドラム缶の中に入れられたという暗号のようにも取れた。

次に不思議なことは七月五日午後七時から七時半頃までの間、ラジオその他で下山総裁の失踪は伝えられていたがまだ生死の程が分っていない時、東鉄の労組支部の部屋で、東鉄渉外部員の前田某が「今電話が掛って来たが、総裁が自動車事故で死んだ」と伝えて、みなで喊声《かんせい》を挙げた事実である。

この電話は東京支部へ掛って来たが、それは鉄道の専用電話であった。そこで、どこからそれを掛けたかということが問題になり、早速調べると、田端駅機関庫内詰所に新設したばかりの電話があり、その電話の部屋は五日午後六時に管理責任者が鍵を掛けていたのに六日朝は鍵が壊れていた。従って誰かがこの部屋の鍵を壊して新設されたばかりの電話を使い、国鉄労組東京支部へ総裁が自動車事故で死んだと伝えたものとみえる。これは誰がしたか遂に分らなかった。

まだある。下山総裁が失踪する二日前ぐらいから、「下山を殺せ」「下山を暁に祈らせろ」というビラが新宿駅付近に貼ってあったことだ。事件後には、警官の目にふれないうちに、それは、はぎとられていた。また総裁の失踪前日には、鉄道弘済会の或る青年が、下山殺しの予告電話をうけたりなどしている。

次に不思議なことは、警視庁の捜査員が事件当夜五日の夜勤者に当ってみることになり、最初七月九日に一度調べたが、再度初めからやり直す積りで勤務割など明細に書いてある宿直簿を出させたところ、七月一日から五日までの分がむしり取られるように破られていた。何のために五日分だけ破いたか。この五日間の中には事件当夜の七月五日が入っているのである。

もう一つの怪事実は、轢断現場に奇怪な血痕が発見されたことだ。

その血は轢断現場から上手——つまり貨物列車が進行して来た田端の方向に寄って二百メートルほどの間に点々と発見された。その血液型は百人に三人半しかないというAMQ型で、下山総裁のものと同一であった。轢断現場から列車の進行方向に垂れていたものならその列車についた血が垂れたものとも云えようが、この場合は逆に上手の方に血がついていた。

この血痕は或る聞込みから発見されたもので、その聞込みとは「事件後三、四日して事故現場近くにジープが現れ、MPが枕木上から血のついた部分を削り取っていた」と云う者があったことから分ったのである。朝日新聞の矢田記者はこの情報を確かめるため現場を調べ削り取った跡を探し出した。更に他の線路上にも同じ血痕を発見した。のみならず、現場近くにあるロープ小屋の扉からも同じAMQ型の血痕が発見された。この小屋は当時は無人小屋であった。扉についた血痕は手についたものをなすりつけたらしく、その高さからいって相当の大男がつけたものと考えられた。これらの血痕の血液型については東大法医学教室で精査することになった。

以上は、下山事件について書かれたいろいろな文章にこれまで適用されたことである。従ってなるべく記述を簡単にしようと思ったが、これだけはこの推論を進める必要上どうしても反復を避けられなかった。

「下山事件白書」なるものは警視庁が公式に発表したものではない。それは前に書いた通りだが、今日の状態から見て警視庁が大体この白書にあるような自殺の線でまとめていることは確実である。しかし、この「下山事件白書」なるものは捜査一課の線でまとめたものであって、捜査二課の意見は入れられていない。当時から捜査一課は自殺の線で行き、捜査二課は他殺の線で対立していた。

警視庁では八月四日に警視庁刑事部長公舎で捜査本部の合同会議が開かれたが、この会議で自殺の判定を下したのである。しかし、この判定は捜査本部の内部的なもので、公式発表はせず、自他殺いずれとも決定しないという態度をとった。問題の「白書」は一課の線でまとめられたもので、これに対して二課では、いつの間にそんなものが出来たのか知らなかった、というような事情だった。

では一課だけがなぜ自殺を打ち出したか。一口に云うと、現場主義を取る一課の刑事達は現場に駈けつけてみて捜査した結果、これには「犯罪の臭いが無い」と判断したのである。云うまでもなく一課は強殺事件を主に捜査している課であり、多年の経験によって犯罪現場については独自のカンを持っている。犯罪の臭いが無いというのはそのカンから出発した結果であろう。

これに対して知能犯を扱う二課では「下山事件は類例の無い知能的謀殺であり、一課の平凡な殺しの経験では結論がつかない」と主張している。当時この二課の意見を代表し、その捜査に最も力を尽したのは吉武捜査二課二係長であった。しかし、いかなる理由によるものかその後、同係長は或る事件に関係して上野署へ遷された。同係長が捜査圏外に去ったことで、事件捜査の見通しが暗くなったと検事たちが悲観したという。

3

一課の意見を盛った「白書」を読むと、その構成はなかなか興味がある。

それを通読すると、第一に下山総裁が失踪前にひどくそわそわして常軌を逸した行動があり、自宅でも夜眠れずに薬を飲んだりしてかなり神経衰弱であったことが記載されてある。それから下山総裁が三越で消えて五反野付近に現れるまで数々の目撃者の供述を取っているが、そのいずれも下山総裁の洋服の色、ワイシャツの色、ネクタイの模様、靴の色などが統一されたように正確に指摘されている。

白書には、下山総裁が三越に消えて五反野付近に現れるまでの数々の目撃者の供述を取っている。その代表的なものを左にならべてみる。

一、日本橋三越における目撃者の証言。

①三越女店員長島シズ子（一九）の供述。七月五日午前九時三十分ごろ、五十歳ぐらい、普通より少し背の高い、うす鼠色背広上下を着た男が、一階化粧品売場の前をぶらついているのを見た。同日夜のニュースで下山総裁ではないかと思った（七月一九日供述）。

②三越奉仕部員高田喜美子（三五）の供述。七月五日午前十時十五分ごろ、地下鉄入口の案内所で、五十歳前後、丈五尺六寸ぐらい、十七、八貫もある肥った社長タイプの人を見かけた。鼠色洋服上下、白ワイシャツ、眼鏡を掛け、無帽、所持品はなかった。その男のあとを二、三人の男が同時に階段を降りて行ったが、伴れかどうかは分らない。五日夜のニュースを聞いて下山総裁ではないかと直感した（七月六日供述）。

二、地下鉄における目撃者。

①飲食店営業西村豊三郎（四三）の供述。七月五日午前十一時二十三分渋谷発の浅草行地下鉄に乗り、いちばん前の車輌で腰掛けていたところが、日本橋と末広町の間のいずれかの駅で乗った五十歳ぐらいの男が私の足を踏んだ。考えこんでいて詫びようとも

しなかった。変な奴だと思ったので、足の先から頭のてっぺんまで見上げたのでよく憶えている。その男は、五尺六、七寸、髪七三、白ワイシャツ、鼠色洋服上下、チョコレート色短靴で、所持品はなかった。私は上野で降りたが、男は浅草のほうへ乗りつづけて行った。

②靴磨尾野平八（六八）の供述。七月五日、浅草地下鉄西口で朝八時から靴磨をしていた。時間の記憶はないが、一番ホームからきた人が前記のような人相、着衣だった（七月一八日供述）。

三、東武線五反野駅付近における目撃者。

①五反野駅員萩原詮秋の供述。七月五日午後一時四十三分浅草発大師行電車が到着し、二十人ばかりの下車客の一人が改札口の私に「この辺に旅館はないですか」と訊ねるので、一緒に駅を出て、以前から知っている末広旅館を教えた。人相、着衣前記と同じ（七月一二日供述）。

②末広旅館主長島フク（四六）の供述。七月五日午後二時ごろ、黒縁眼鏡を掛けた、五尺七寸ぐらい、体格のいい、上品な紳士がやって来て、「しばらく休ませてほしい」と云った。二階の四畳半に案内したところ、窓の所に腰掛けて「水を呉れ」と云う。水を持って上って行き、かねて一人の客は少いので、「お一人ですか」と訊くと、「一人ですよ」と答えた。「本当ですか。あとからどなたかお見えになるんでしょう」と念を押

すと、「本当に一人ですよ」と云って笑った。立派な紳士なので、洗濯したシーツを持って行って床を敷いた。「宿帳を」と云うと、「それは勘弁してくれ」と云った。五時半ごろ手が鳴るので出てみると、洋服を着て階下八畳の間に立っていた。「二百円戴きます」と云うと、黒革の財布から二百円とチップ百円とを出した。あとで人相、着衣が下山総裁に似ていると思った（七月一二日供述）。

四、轢断現場付近における目撃者。

①会社員成島正男（三八）の供述。七月五日午後六時十分ごろ、五反野南町の銭湯へ行く途中、土堤下の畔道から出て来て東武線のトンネル内に入って行く立派な紳士に出遇った。紳士はトンネルの出口で立ち停って考えごとをしているというふうだった。追越すとき見た人相、着衣が下山総裁に似ていた（七月一一日供述）。

②古川フミ（六〇）の供述。七月五日午後六時半ごろ、東武線ガードの所を、飲めないのに無理にお酒を飲んで酔った人のように歩いている紳士があった。人相、着衣が総裁に似ていた（七月一八日供述）。

③清掃人夫辻一郎（三九）の供述。七月五日午後六時四十分ごろ、東武線ガードの所に来ると、千住方面から枕木の上を歩いて来る男があった。眼鏡は掛けていなかったが、その他の人相、着衣は総裁に似ている（七月一〇日供述）。

④工員渡辺盛（三〇）の供述。七月五日午後六時ごろ、轢断現場ガードの手前の沼に

エビガニを取りに出かけたところ、だらだら坂を立派な紳士が下りて来て、私から一間ほど離れた道を溝に沿って五〇メートルぐらい行ったと思うと、また引返して来た。その紳士は、五十歳ぐらい、五尺六、七寸、顔は夏蜜柑のような肌で桜色だった。眉毛は太く、下がっていた。髪の毛の下のほうに白髪があり、七三に分けていた。眼鏡は飴色、無帽、白っぽい縞の洋服、白ワイシャツ、ネクタイは手編みで、金糸が入っていた。靴はチョコレート色の短靴で、先に太い筋が入っていた。所持品はなかった。下山総裁に間違いないと思う（七月一五日供述）。

⑤山崎タケ（四三）の供述。七月五日午後六時半ごろ、家に帰る途中、近道をするために、線路内を東武線ガードのほうに向って歩いていたが、玉蜀黍《とうもろこし》の畑の中に紳士が立っていた。あんな人が百姓するのは変だと思って、その人を見ていますと、その人も私を見て下向き加減に草の葉をいじっていた。私が立ち停って見ていますと、その人は仕方なく歩き出しました。四十六、七歳、色白で、鼻高く、眼鏡の有無は気がつかなかったが、無帽、鼠色洋服上下、チョコレート色の上等な靴を穿いた上品な人でした（七月一六日供述）。

これらの目撃者の談話を総合すると、下山総裁の行動は、①五日の午前九時三十五分三越南口から入り、②店内及び付近を歩いたのち、③午前十一時半過ぎの地下鉄で浅草へ行き、④東武線大師前行に乗車、午後一時四十三分五反野駅下車、⑤午後二時から五時半頃まで末広旅館で休憩、⑥午後六時から轢断現場付近をうろついたということになるのである。この間、始終ひとりであって、別に連れは無く、「殺されたという疑いを挟む余地は無い」と捜査一課では推断している。

更に「白書」によると、下山の身辺を調査し、その関係者の調書の一部を載せている。それには下山の旧友や私的公的な交際関係者が出ていて、それぞれ「捜査本部の意見」とも思われるカッコつきの注が、次のように入っている。

例えば、下山と鉄道技師として一緒に仕事をしていた元陸軍大佐守田正之の談話の条《くだり》には、下山総裁の性格について（体が大きいわりに気は小さいので自殺したと直感している）と捜査本部の注を加え、商工次官小菅乙成の調書の条には、（総裁は責任感が強く仕事は細かいが総裁としては重荷であったと感じている）と本部の意見を書き、東京工大学長和田小六の供述の後には（仕事が難しい時に体の具合が悪くなることと内心的に心の動揺が常にあったことが認められる）と注し、佐藤栄作の供述の後には（総裁就任当時の状況は気が進まなかったことが窺われる）というようなことが注釈付記されているのである。これらの注釈によって下山総裁自殺説を強調する捜査一課の苦心のアトが窺える。

その中で唯一の他殺説を唱えるのは当時の副総裁であった加賀山之雄であるのは注目してよい。

加賀山の「白書」に載った供述はこうである。

「私は他殺でないかと思う。理由は、一、森田のぶの関係で脅迫されてあの犯行になったのではないか。二、田端駅労組関係の動きによる関係者がないかなどと考えるが、総裁は労組関係から恨まれることはないと思う」

と云っている。この加賀山副総裁の意見は、のちに雑誌『日本』に自らの文章として発表しているが、たいへん示唆に富む文章である。それは、あとで詳しく触れることにする。

次は法医学者の死体鑑定である。

下山の屍体をめぐって東大の古畑博士と慶大の中館博士の意見の対立はあまりに有名であるから、詳しく述べる必要はない。要するに古畑博士の説は死体に生活反応が見られぬとの理由による死後轢断説であり、中館博士のは生体轢断説である。死後轢断とは云うまでもなく死んだのちに轢かれたもので、死んだ人間が歩いて線路に横たわるわけはないから誰かが殺して汽車に轢かせたという他殺説である。鑑定医として自殺、他殺を云わず慎重に「死後轢断」という表現を取ったのである。

中館博士の意見は、

「私は下山事件直後の三鷹事件の犠牲者六人その他某氏の自殺轢死体を解剖した結果、次のような興味ある兆候を確認した。陰嚢、睾丸及び陰茎の出血がある。眼瞼部の皮下出血がある。手足の中の皮下出血がある。轢死体の場合陰嚢、睾丸及び陰茎の出血は一つの轢死体のすべてに認められる兆候ではないが、轢死体の所見として重要視すべきだ。下山総裁については睾丸、陰茎、手足の甲に内出血があったという。これは必ずしも死後轢断にはならない」

と反駁した。

警視庁捜査一課がこの中館博士の意見に力を得て自殺説を取る根拠としたのは知られる通りである。しかし古畑博士は「中館博士は屍体の解剖に立会ったわけでもなく、また桑島博士の鑑定書を見たわけでもない。それなのに何を根拠に反駁し自殺などと判断するのかその気持が納得できない。中館さんはかかる発言をする材料を持っていないし発言の権利もない」ときめつけている。それはとにかく、捜査一課は、なぜ古畑博士の死後轢断説を斥《しりぞ》けて屍体も鑑定書も見ていない中館博士の意見を採用したのであるか。

一課の自殺の根拠が強くなったのは、現場付近の末広旅館に下山が行って寝たということが出てからであろう。しかるに、二課では末広旅館説を一笑に付した。なぜかというと、二課は事件当日、現場及びその付近を調べ、徹底的に目撃者を捜査したのであった。しかしその時は全く末広旅館などの線は出て来ず、後で一課によってこれが出て来たのはおかしな話だ、と云っている。のみならず、「白書」に載っている「目撃者」たちについても二課では、捜査の最初に調べた者が数人いるが、その時は白書にあるような供述は得られなかったのに、ずっと後になって同一人からその「目撃談」が出たので驚いた、とも云っている。要するに二課では一課の捜査報告を全く信頼していないのである。他殺の線を最初から主張したのは捜査二課の吉武二係長と当時の担当布施検事であったが、布施検事の場合は、なぜか、後で自殺説に変更した。

知名の士で今もって他殺説を主張しているのは前に書いた通り当時の国鉄副総裁の加賀山之雄である。加賀山は雑誌『日本』でその理由をこのように書いている。

「私は恐らく末広旅館の下山氏は替玉だと思う。旅館の人々も下山氏を知っているわけではない。それらしき替玉を使えば容易にごまかせるというものだ。私がこの日以来今日まで考え続けていたことは、下山さんは殺されたのだということである。私は下山氏の屍体が発見された時直ちに、殺られたな、と直感したことだ。というのは、下山総裁は非常な情報好きであった。自分の配下や友達を通じて私達の知らないような情報をキャッチし、それを後で私達にひけらかして、俺はこういう事まで知っているんだぜ、と得意になるようなところがあった。だから彼のこういう習癖を知っている犯人が、重大な情報があるから独りで三越へ来てくれないか、と巧みにおびき出した可能性は十分ある。そして三越の地下で脅迫されてどこかへ連れ出されたのだ。つまり三越地下から誘拐される可能性は十分にあるわけである」

加賀山のこの推理は極めて興味深いし、或る点、真実性が窺えるのである。当時の副総裁としての加賀山は或る程度下山の身辺やその危惧を窺知していたと思われるからだ。但し、彼の結論については、私は全く反対の立場を取るが、個々のデータには同感するところが多い。

加賀山の文章はつづく。

「当時国鉄は十二万名の人員整理という大問題と四つに組んでいた時であった。人員整理は、むろんのぞましいことではなかった。しかし当時の国鉄は、召集解除や、引き揚げ者をかかえて、六十三万人の大世帯にふくれあがっていた。私達は、この水ぶくれにふくれ上った人員を一気に五十万三千五百人に整理し、国鉄の経営を合理化しようとはかった。私は当時鉄道総局長官として、整理プランを作って行かねばならなかった。ことに、この整理より三年前の夏から秋にかけて、七万人の人員縮小を企てたことがあったが、そのときは、共産党の徳田球一の直接の指導の下に、伊井弥四郎、鈴木市蔵など、後には共産党の中でかなりなところまで行った連中が、国鉄にいて、猛烈な抵抗を行なった。このため、いま一歩というところで腰くだけになってしまった。このような前例があるだけに、私たちは今度の整理についても、相当な抵抗があるだろうということは充分、覚悟していた。ことに現場の激しい闘争のさなかにある現場長が、〝実力行使〟によって、ひどい目にあわされるのではないか、ということを心配し、その対策をねっていたものだ。

このような物情騒然としている国鉄へ下山氏が総裁としてのりこまれたのは、事件が発生する約一カ月前の六月一日であった。総裁に就任すると、直ちに待っていたものは、連日にわたる労働組合との団体交渉であった。七月二日、組合側との最後の話し合い。交渉の席上の雰囲気は極度に緊張した。しかし、下山総裁は、『国鉄合理化のため、断乎として実施する』と組合側に宣告した。最後の宣言である。

後は実施あるのみ。私たちは、現場の第一次整理の言い渡しを七月五日と決定した。というのは、七月四日は米国の独立記念日であるので、四日を遠慮し、本庁関係者のみにとどめたのである。

ところが一方、GHQのCTS（交通監理部門・民間鉄道管理局）は七月三日前にやれといっていた。シャグノンという男がCTSの担当官だったのだが、彼はまるでドン・キホーテを地でいっているような人物だった。このシャグノンが、人員整理を七月五日にやると決定したことに不満で、ピストルを胸にぶらぶらさせながら、下山邸に一杯機嫌でおしかけ、不満をぶつくさ云ったのが七月三日。彼は米国の小さな鉄道の課長程度の人物で、元来が鉄道にそう深い知識をもっていたわけではなかった。それが日本に来ると、CTSの担当官になった。しかも、日本の鉄道のことを『マイ・レールロード（おれの鉄道だ）』という。日本の国鉄を自分が経営している鉄道と思っているしまつだ。そういう気持で、ことごとに指図してくる」

すこし長いが、加賀山のこの文章には、おぼろげながら、下山事件の背景となった当時の情勢が出ているので引用した。

4

以上の加賀山説を整理して、さらに私の注釈を加えると次のようになる。

①国鉄は戦前二〇万人の職員だったのが、戦争中に増加して、当時は六〇万人で、約三倍の人員にふくれていた。国鉄は昭和二十四年六月一日から公共企業体となって、独立採算制をとらなければならないことになり、新しく出来た「定員法」によって、同年五月末現在員五九八、一五七人を七月末日までに五〇三、〇七二人にする。つまり約九万五千人が馘首《かくしゅ》されることになった。

②国鉄労組は、発表された当局案に反対、六月二十三日から二十六日まで、熱海で第十五回中央委員会を開催して、「最悪の場合ストをも含む実力行使を行なう」と決定した。「最悪の場合」とは、本部において団体交渉が決裂した場合であると確認された。尚、この決定は、四月の「琴平大会」で決定した「行政整理反対」の運動方針を具体化したもので、この中央委員会の決定には民同派の猛烈な反対があったため、採決は暁に至って行なわれた。

③当時、運輸次官であった下山定則は、新発足した国鉄初代総裁として就任した。下山は技術畑の出身者であった。時の首相は吉田茂、運輸大臣は大屋晋三であった。大屋は実業家である。

④七月一日、国鉄当局と労組側との第一回の話し合いが行なわれた。大屋運輸大臣、下山総裁、加賀山副総裁などが列席した。組合側は中闘副委員長鈴木市蔵らが当局案を拒否し、人員整理は「団体交渉」によって行なわれるべきであることを極力主張したが、国鉄側は、定員法によって当局が団体交渉によらず実施できることを説明した。

七月二日、第二回の話し合いが行なわれたが当局側と労組との意見が合わず、下山総裁は、「平行線はどうにもならない。話し合いはこれで打ち切る」と通告して、交渉はもの別れとなった。当局側は、第一次整理のいい渡しを七月五日と決定、七月二十日ごろまでに一応整理を完了することにした。

⑤GHQのCTS担当官シャグノンは、国鉄が人員整理を七月五日としたのを不満として、もっと早くやれといって、深夜、下山邸を訪ねて喚いた。——

下山定則は、個人的な怨恨で「殺された」のではない。加賀山は「森田のぶの関係で脅迫されて、あの犯行になったのではないか」と「白書」で述べているが、これは彼自身が知っているようにナンセンスである。下山の死を謀殺とみている私は、その推理のプロセスを、正しくすすめたいと思う。

誰でも知りたいことは、下山総裁が、なぜ単身、五日朝三越に行ったか。そして店内に入って消えたまま、その翌朝、五反野の常磐線の線路上で轢死体となって発見されるまでの総裁の足どりはどうであったか、などに始まるさまざまな疑問への解答であろう。たとえば、上衣に付いていないで、下着にだけついていた多量の黒っぽい油と、上衣やワイシャツから出てきた緑色の多い色の粉の謎。死体付近に無かったネクタイや眼鏡やライターの行方。靴下は油でべっとり濡れているのに、靴の内側には油がついていなかった理由。他殺とすれば、殺害の現場（第一現場）は何処で、いかなる方法で轢断現場（第二現場）に運んだか。死体に意外なくらい血液が少なかったのはなぜか。

しかし、これらの謎を大急ぎで解明しようと試みるのも大事だが、その前に、まず、事件の背後を見つめることは、同じように大切である。

なぜかというと、事件の背景を解明することが、下山の死の直前の行動や、これらの死体についての数々の不思議な謎を解く手がかりになりそうだからである。

私は下山事件の背景について、加賀山副総裁の文章の構成を応用したが、それをもっと理解するには、実は、この構成を逆にした方が判りがいいのである。

つまり、最後の⑤の項、シャグノンが七月三日深夜に、人員整理のことで、下山邸に行き、総裁を呶鳴《どな》ったことから私の文章を起した方が分りやすいのである。

下山総裁がシャグノンに乗込まれて呶鳴られたのは正確には七月四日の午前一時だが、

夜の明けたその日の午後一時には、下山は増田官房長官に連れられ吉田首相に会うため官邸を訪問している。暫く一緒に吉田首相との面会を待っている間、下山は、増田長官に「本日午後一時から重要会議があるから」と云って帰ってしまった。しかし、増田が後で調べると、国鉄にはなんら下山の出席すべき重要会議は無かったのであった。この午後一時に下山が言辞を設けて中座して帰った謎の推定は後で触れることにする。

翌五日の午前十一時、下山が加賀山副総裁と一緒にCTSへ人員整理の状況報告をするために、GHQに出頭する約束であったが、午前十時を過ぎても総裁が姿を見せないので大騒ぎになったのは前記の通りである。加賀山副総裁は十二時頃に本庁に帰り、まだ総裁の行方が分らないときいて、これは何かあったのだと直感して、政府、警視庁、司令部に連絡を取ると共に捜査の手配を依頼したのである。

私は、下山総裁のような高官が数時間行方が知れなかったくらいで、直ぐにラジオでニュースを一般に流して捜査を告知するのは少々早過ぎるとかねてから思っていたが、果して、加賀山の云う通りに「何かあったのだと直感する」くらい下山の身辺には外部から見ても相当な不安があったのだ。

その不安の意味は何か。また、人員整理のことについて絶えずGHQ側と連絡しなければならなかったことや、CTSの担当官シャグノンが癇癪《かんしゃく》を起して乗込んで来た理由などについては、どうしても当時のGHQと日本政府との関係をはっきりさせなければ理解できないことであろう。

そもそも占領下の日本政府は独自の立場で法令の起案をすることは出来なかった。従って当時の日本における制度改革はどれ一つとして日本政府の独自のものは無い。定員法による国鉄整理問題にしても政府の立案ではなくＧＨＱの起案であった。だから運輸関係のキャップであるシャグノンがこの意味で日本の鉄道を「マイ・レールロード」と云っていたことも分るし、彼が下山総裁を深夜訪問して呶鳴ったこともほぼ理解されるのである。しかし、なぜシャグノンがそのような癇癪を起したかという直接な理由は、この記述が進むにつれて解けてくるものと思う。

ＧＨＱが日本の鉄道を独立採算制の大義名分のもとに公共事業体として発足させ、定員法を作って人員の大量馘首に出た根拠を説くには、どうしても当時のＧＨＱの内部事情にふれる必要がある。

ところで、戦後、日本の変遷に独裁的な権力をふるったＧＨＱの歴史といったものは、未だ書かれていない。講和発効後、十年近くになっても未だにＧＨＱの歴史といったような正規な文書が公刊されていないのである。日本占領軍総司令部であるＧＨＱ内部では、マッカーサーを中心にしてＧ２（参謀部第二部・作戦部）とＧＳ（民政局）とが激しい勢力争いをしていたことは今日の常識となっているが、一般にはそれ以上の詳しいことは分っていない。

この事については、最近、或る雑誌に「アメリカのスパイ謀略機関」という題名でGHQの内部抗争のことが一部書かれている。筆者は大野達三というが、多分筆名であろう。この雑誌は左翼誌で、これに掲載された一文は自然と一方的な見方になるとも考えられるが、私が読んだ感想では、大体公平な記述ではないかと思う。GHQの歴史についての出版物の無い今日では、まず、これを手掛りに下山事件の背景論を概略書きすすめていくことにする。

右の「アメリカのスパイ謀略機関」の要領は次の通りである。

——アメリカ軍は日本占領と同時に全国に隈なく諜報機関を網の目のように張りめぐらした。GHQにはG2が日本占領軍の諜報部隊の最高責任機関として設置されて、第八軍司令部にはそのG2が、各師団そのほか軍団の司令部にはそれぞれのG2が置かれた。

CIC（軍諜報部隊）は、日本占領の軍管区分に従って北海道（札幌）、東北（仙台）、関東甲信越（東京）、東海（名古屋）、近畿（大阪）、中国（岡山）、九州（福岡）にそれぞれ地方本部を、各都道府県に地区本部を、主要都市及びそのほかの重要地帯に駐留部隊を置いた。GHQのG2の長はウイロビー少将、各地方本部のCIC隊長は大佐または中佐クラスの諜報将校を置き、大きい府県で二、三百名の将校、下士官兵及び軍属、それに五、六十名の日本人労務者が働いていた。

G2、CICのグループが行なったことは単なるスパイだけではなかった。GHQのG2は日本占領政策の決定とその実施に極めて重要な参加を行なった。日本占領に重要な役割を果したGHQの内部機関はGSであったが、G2はこれと並んで主要な役割を行なった。

G2とGSは極めて仲が悪かった。GSの長であるホイットニー代将とウイロビーはマッカーサーの前でいつも激論を繰返していた。日本の官僚は同時に同じ事について違う命令を出されてうろうろした。G2は最も反動的な態度を絶えず頑固に主張した。この対立は客観的に見ればアメリカの国務省と国防省の日本占領政策の意見の食い違いを反映しているが、もっと卑俗な縄張り争いの方が主であったらしい。

次にG2はお得意のスパイを始め、汚職や赤の理由をつけて本国に告げ口をし、ケージス、ダイク、そのほか二百数十名の進歩派を本国へ追放してしまった。この大喧嘩には日本の警察も一役買い、GSやESS（経済科学局）の高官を尾行した。

GSの方も負けてはいなかった。彼らはCIE（民間情報教育局）と緊密に連絡して、主として日本の財界、官僚、ジャーナリズム、芸能界の中にその触手を伸ばした。そして放送と新聞を握り、一九四七年頃まで日本におけるアメリカの宣伝の主導権を握った。

CIA（中央諜報局）PSB（心理戦略局）が日本にやって来たのは一九四七年二月である。この組織の全権を持って東京に来た責任者はガールゲットと呼ぶ男だと云われている。彼はまず郵船ビルの四階に事務所を持ち、ＤＲＳ（記録調査局）を設立した。彼はＧ２、ガールゲットは大統領のお墨付を持っていたので実に強力な権限を有した。ＣＩＣの機関から有能な部分を引き抜き、多数の高級スパイも手に入れ、日本におけるスパイ機関の再編成をしてしまった。最初横浜のＣＩＣに着いて、のちに第八軍Ｇ２に勤めていたキャノン少佐（のちに中佐）も編入され、一つの班としてのキャノン機関を任された。

軍諜報部の命令だから止むを得ずガールゲットに従っていたが、決して面白くなかったＣＩＣは一時ＤＲＳに反抗し、相当数の者が本国へ送り帰されたと伝えられている。この二つの諜報機関の争いは一九四九年の初めまで続いた。そして一九四九年「情報機関の強化に関する法律」が討論無しに米議会を通過する頃ＣＩＡが完全な勝利を収めた。この法律はＣＩＡについて最初に法的根拠を与えたものである。

大体、以上の通りである。

斎藤初代国警長官の罷免をめぐるいきさつは有名だが、斎藤昇はその回想記の中で次のような意味を語っている。

「国家地方警察本部長官の最適任者として私は久山秀雄君を強く推薦したが、ＧＳの強い反対に遭った。この原因は、ＧＨＱ内のＧＳとＧ２との間における内紛に関係があった。この問題について以前にこういうことがあったのである。

私が山梨県知事から内務次官に転任して、GHQの関係部局に挨拶廻りに行った時、GSの有力な某大佐が（注、ケージス大佐のこと—筆者）こんなことを言った。

『どうも最近警視庁の警察官がわれわれ駐留軍軍人の女友達やその身辺を調べているという風評がある。もしこれが事実ならまことに怪しからぬことだと思う。警察官がかようなことをしないように厳重に警告をする』

それから一カ月ぐらい経った時、またその某大佐から呼び出しを受けて、『日本の警察官の調査はその後も中止されずに継続し、自分の女友達を調べようとしている事実がある』と調査に行った警察官の名刺を私に突きつけ『何の目的でこういうことをするのか。即刻調べて回答すべし』ということであった。私は警保局長を呼んで聞いてみると、それは当時内務省の調査局長であった久山君が警視庁の警務部長に依頼をして調査している事件であることが分った。

つまりGHQ民政局の某大佐は、当時局内でも飛ぶ鳥を落すような権力を持ち、日本の占領政策立案の中心的存在だったが、その政策は非常に左翼的だというので或は共産主義者ではないかという批評があり、GHQのG2に友人を多く持っている吉田内閣の某要人S氏がG2と一緒になって、この大佐を日本から去らしめようとする策略が計画され、そのために大佐の非行や日本を去らしめる材料の事実を摑む必要があるというので、久山氏がS氏から頼まれて警視庁に調査をさせていたのだ。当時、大佐は日本の某夫人（注、鳥尾夫人のこと—筆者）と昵懇《じっこん》の間柄であるという風評が伝わっていた。どんな調査方法を用いたかはここに述べないが、その時はまだ現実に証拠は握っていなかった。そこで私は『調査の理由は、進駐軍物資を日本の婦人の許に運ぶ将校がいるという投書に基いて、その事実と証拠を固めるためのものだったが、その結果は違法ではないことが分ったので、捜査は打切った』という報告をした。

しかし、それから約一年近く経った警視総監時代の或る日、その大佐から、私の報告が嘘であり、この策謀は政府の某要人に命じられて久山氏が警視庁の誰に話をし、警視庁の誰を中心にしてやらせたものであったかということが自分の方の調査で明瞭になった、と言ってきた。

いずれにしても、このことのためにGHQ内ではGSとG2の或るセクションとの対立が更に深刻になり、久山君が憎まれたというよりは、吉田自由党総裁自身にも悪感情が及んだのではないかと推測される」

因果はめぐると云うべきか。その斎藤国警長官に後年、自らの罷免問題が起って来たのである。斎藤は同じく回想記で次のように書いている。

「昭和二十四年七月の初旬、増田官房長官から国家公安委員長の辻二郎氏に面会を求める電話があった。辻委員長は『突然、何の用だろう』と私に尋ねられましたので、私は、『的確なところは分らないが、多分私の進退問題ではなかろうか。そんな感じがしますけれども』と答えた。取敢えず辻委員長が増田官房長官の所に行ったところ、予想の通り、『斎藤国警長官を辞めさせるようにせられたい』ということであった。辻委員長は、『長官を辞めさす理由は国家公安委員会としてはないと思う。政府の考えられる点はどういうところであるか』と反問したところ、増田官房長官は、『とにかく斎藤君は国警長官としては適任でないと政府は認める。従って政府の要望を入れて欲しい』ということであった。

辻委員長が斎藤を罷免する理由がないということに対して、増田長官は斎藤罷免の件を再考慮せよ、また国家公安委員会が政府の要求を断ったという、本日の会見内容はお互に極秘として外部に洩らさぬようにと言った」

斎藤長官は辞任する理由がないと頑張り、増田官房長官は再三斎藤長官に退任を迫ってやまない。ところが、この問題は途中で増田長官の負けとなって、斎藤国警長官は留任となったのである。彼は書いている。

「この問題について官房長官は非常に悪者の立場に立ったように取沙汰されたけれども、これは官房長官の発意に出たものでないことだけは断言できる。貧乏くじを引かれたのだと私は増田先輩に同情申上げている。私がこの事件の起る二、三カ月前に、GSが感情的に最も嫌っている某要人を吉田総理の側近に使われることは余りにも策を得たことではないのではないか、ということを増田官房長官に話したのも、斎藤罷免に火を注いだのかも知れない」

斎藤昇はいい本を書き残してくれたものである。これによってわれわれは、斎藤昇が国警長官になるのも、それを罷免させられる動機も、GHQのG2とGSとの暗闘に終っていることがはっきりと分るのである。

このことの理解なくしては下山事件は解けないと思う。

5

当時のGHQのG2の直轄下には、日本内地の六つの区域にわたってCICの関係機関が置かれた。北海道、仙台、東京、大阪、福岡、高松がそれである。このうち関東から福岡地区も入れて東京を担当したのがガルシェン大佐のCIC機関である。この東京地区の独立CICの中の特務機関の一つがキャノン少佐で有名なキャノン機関である。そして、このキャノン機関は補助機関を持っていて、仮称を付けられていたが、通称〝柿の木機関〟とも云った。

このキャノン機関が下山事件に関係があるようにいろいろな文書で云われているが、私はキャノンは関係が無いと思う。一体、それぞれのCICの秘密機関は活動中には絶対にその姿を現さないのが本領である。キャノン機関は後年に例の鹿地事件をやって、たまたま名前を暴露されたのであって、CIC秘密機関の中ではいわば失敗した機関なのである。CICと云えば直ちにキャノン機関に結び着く今日のジャーナリズムの安易な常識はもっと改められなければならない。

G2は云うまでもなくG1（参謀第一部・参謀部）と並ぶ最も強大な権力を与えられている機関で、これは明確な作戦系統機関であった。

しかし、G2は占領下に置かれた軍政の一機関であって、いわゆる軍政系統に属する。そして、どこの国もそうであるように、この軍令機関と軍政機関とは絶えず激しい暗闘を繰返して来ている。

占領軍が日本を支配して以来いちばん心を砕いたのは対共産党勢力であった。日本におけるGHQの歴史はこの対共産党の治安工作にかかっていると云っても過言ではない。マッカーサーが日本に上陸して以来最初に手を着けたのは、日本に温存されているところの旧軍閥系統、右翼系統、右翼的財閥の潜勢力を徹底的に破壊することであった。そして、これらを一掃した後アメリカ的な統治の仕方を敷こうというのが狙いだった。これら国家主義を日本から一掃するために民主化という美しい名前で戦前の秩序体制を破壊し始めて、活動したのがGSである。

周知のように、GSの局長代理ケージスは絶大な権力をふるって旧秩序を崩壊させ、共産党の勢力を利用しようとした。そのため、終戦まで非合法政党であり、幹部は地下にもぐらざるを得なかった日本共産党が、俄かに擡頭《たいとう》して、一九四九年には国会に三十五名の共産党代議士を送るという進出振りとなった。この頃は共産党勢力の最全盛期であって、〝革命近し〟の声が叫ばれたのである。

ところが、このGSの政策に対して猛烈に反撃したのがG2で、その先頭に立ったのが局長ウイロビー少将である。

下山事件の起る昭和二十四年の初め頃から次第に劣勢にあったG2はGSに捲返しを行ない、ケージスやダイクの追放を謀略によって図るようになった。このことをもっと詳しく述べたいが、ここには余裕がない。ただ、GHQの中にあるG2とGSとの主導権をめぐる激しい闘いが、下山事件の或る背景となっていると云いたい。

G2にしてもGSにしても、それぞれの謀略機関、或いは情報機関を日本側行政部局の各層にばら撒いていたらしい。警視庁がケージスのスキャンダル摘発のため、彼の行動を尾行させ、ケージスにねじ込まれると、斎藤昇は苦しい言訳をして糊塗《こと》したが、その誤魔化しを、後で一々ケージスに指摘されて、参った話は彼の回想記に書いてある。そして、これによっても警視庁内部に、G2側とGS側との派閥争いがあり、それぞれの筋に忠誠を尽す一方、互に追い落しを策し合っていたことは日本官僚の特性としてさして驚くに当らない。

とにかくこのような情勢の中で初めての国鉄総裁が選ばれなければならなかった。初めこの総裁候補としては、鉄道大臣であった村上義一に交渉がなされた。しかし、白書にもある通り、同人はこれを断った。ＧＨＱの意向としては、初代総裁には特別な任務を付さなければならないと考えていたが、その任務とは、日本における最大の労働組合である国鉄労組と対決して大量の首切りを完成するということであった。従ってその選ばれた初代総裁は全く政治的立場を取らない白紙の人間が好ましかったに違いない。数人の候補者が挙げられた。そのいずれもがいわゆる札つきであったり、紐つきであったりして、Ｇ２及びＧＳともこれらに難色があった。従って技術畑出身であり政治的立場の無い運輸次官である下山定則が総裁に選ばれる結果となったのである。

困難な初代総裁の立場を考えるなら、下山はＧＨＱに、或いは、吉田内閣に相当な条件を付けなければならなかった。また実際その条件を出そうという気配が下山にあったのである。ところが、「白書」にもある通り、彼は遂に条件を出さなかった。国警長官斎藤昇が長官就任に当って条件を提出した事情と比較するならば、政治的事情に疎い、或いは正直者である下山はまことに就任当時からうかつであったと云わねばならない。これが遠い原因となって、自らの破滅を招いたのである。

ここでその総裁選考の事実上の裁定官であった輸送担当のシャグノンについて少しく書いてみたい。

シャグノンは確かに教養の低い男であった。しかし、この米国における地方の一鉄道会社の社員は、GHQに在ると絶対の権力をふるった。もちろんシャグノンはCTSの担当官にすぎないので、彼がそのような権力を持つのは不思議だが、実は彼のバックにG2局長のウイロビー少将が控えていたのである。

シャグノンは初めGSのホイットニー側であったと考えられるフシがある。しかし、どういうわけか途中でG2の方に彼はついたのである。シャグノンがG2の味方であったということを考えると、下山事件も半分は判ってくるような気がする。

シャグノンとしては二つの任務があった。一つはG2の意向に従っての対ソ戦時輸送の計画であり、一つは、国鉄労組における急進分子の追放であった。いわば、外には社会主義国との対決と、国内的には、共産党関係との対決であった。この後者の場合は、GHQが占領直後に自ら蒔いた種を、自ら刈る結果と云ってもおかしくない。なんとなれば、日本支配以来、軍国主義の払拭に、方便として用いた共産党育成方針が思わぬ成果を上げ、日本のあらゆる分野において共産党、またはその同調者が急増したからである。各産業方面においても急進的な労働組合が多くなり、二・一スト以来、彼等の云う「革命」も、あながち夢ではないと思われるくらいの情勢になった。殊に、従来比較的穏健と云われた国鉄労組が急激に尖鋭化しつつあったのである。

この思わぬ「成果」にGHQ自身が愕然となった。わが手で創ったものが意外な魔性に変ろうとしている。今のうちに何とかせねばならぬ。ここで、マッカーサーの政策は社会主義国（ソ連・中国）との対決には、G2の線に一本化されねばならないと変るようになった。既に強大となった日本の急進労働運動もなんとかして食止めなければならない。更に日本のあらゆる機関を一朝有事の態勢に持って行かねばならない。そのためには、自分の手で育成した日本の民主的空気を至急方向転換させる必要がある。それには、日本国民の前に赤を恐れるような衝撃的な事件を誘発して見せる、或いは創造する必要があった。マッカーサーの支持を得たGHQの参謀部第二部はそう考えたであろう。

七月五日の下山事件を契機として、三鷹事件、横浜人民電車事件、平事件、松川事件などが相次いで起ってのち、G2がGSとの闘争に勝ち、GSの実力者ケージスが本国に送り返され、GHQがその全機能をあげて右旋回に一本化した事実を思い合せると、G2部長ウイロビーの考えが分ってくるのである。

従ってこのような考えを持ち実行に移すにはここに謀略が必要であった。G2にはCICという強力な情報機関がある。ウイロビーはこれを全国的に動かしたに違いない。従ってシャグノンもこのCIC関係を利用し、決戦の迫りつつあった対国鉄労組の作戦に利用したと思われる。

日本各地のCIC機関はこのG2キャップの線に沿って活動した。その情報は事細かにウイロビーに報告されたであろう。情報は只単に日本政府の高官や幹部官僚の個人的な動静のみならず、自国人のGHQ要人にまで及んでいたのである。シャグノンもまたこのCIの情報ネットの中に身を縛られていたのである。

従ってシャグノンは下山が国鉄総裁候補になると、情報機関から下山がどのような経歴を持ち、どのような友人を持ち、どのような政党と関係があるか、或いは後援者は誰であるかを悉く知らされたに違いない。そして初めて下山の総裁就任をOKしたのであった。

下山は純然たる技術畑出身である。

学友水野成夫によれば、下山は中学生の頃から、水野と一、二を争う秀才であったが、いつも線路の横に立って汽車の通過を飽かずに見ていたという。当時の下山の汽車といえば学校では有名であったそうである。その下山が鉄道省に入って現場の技術畑を志願したのは自然のコースであろう。

しかし、一方、技術畑出身のため、下山は運輸次官となっても、省内になんらの勢力的な地盤も無かったのである。国鉄総裁となっても職員局あたりとはうまく行かなかった。これが下山の悲劇の遠因になった。むしろ、その点は副総裁である加賀山の方がずっと有力な背景を持っていた。加賀山の岳父は十河《そごう》信二であり、十河の実力は、国鉄に親分的存在として隠然たる勢力を持っていたから、省内の政治的立場は、加賀山と下山とでは、かなりの隔りがあったようである。

かねてから、下山は、鉄道が新しく公共企業体になったのを契機として、次官を辞め野に下って参議院に出馬したい下心があった。その準備も進行中だったらしい。そこに、初代国鉄総裁に就任の交渉を受けたのであった。

「白書」にもある通り、下山はこの総裁の地位を受けるかどうかにかなり迷ったが、しかし彼は遂に受諾することとなった。下山は、初代国鉄総裁の地位は未曾有《みぞう》の国鉄職員整理という大問題と取組む任務であることを知っていた。いわば首切りのための暫定総裁である。そこで、その仕事が一段落すれば、彼は総裁を辞めて参議院議員に立候補する気持だったのである。或る一部の人々は、下山が参議院に出るために国鉄総裁の地位を承諾したと云うが、それならば運輸次官の前歴で十分に間に合った筈である。

ともかくも下山は初代国鉄総裁を受諾した。彼は村上義一の所にも行き相談をしたが、激励されて、非常な乗気とは云えないが、それを引受けることになったのである。

ＣＴＳのシャグノンとしては、下山になにもヒモが付いていないことが一番の適任者と思えたであろう。彼は、初代国鉄総裁が、日本側よりも、むしろＧＨＱの内部、殊にＧＳ側にコネを持っていてはならないと考えていた。というのは、国鉄総裁はあくまでもシャグノンの命令下に自由に動く人間でなければならないし、少くも、シャグノンの政策に喙《くちばし》を容れたり批判してはならなかった。ただ唯々諾々と命令を遵奉する人間が最適任者だと思っていた。すべての命令、すべての人事はシャグノンから出される。ＧＳにヒモのある総裁では、それが円滑にゆかないからである。シャグノンは、その意味で下山定則を総裁に据えた。だが、果して下山はシャグノンの気に入ったであろうか。

下山はシャグノンの考える意味での理想的人物ではなかったのである。

下山としては自分が暫定総裁であろうし、GHQの狙う本命は、副総裁の加賀山であることも承知していたであろうし、たとえ暫定総裁にしても悉くGHQの命令で動くことを彼は潔しとしなかった。しかし、例えば国鉄整理人員のリストにしても一方的なGHQのお仕着せだけでは満足出来なかったし、また氏に冷たい職員局の作成するリストを鵜呑みにすることも彼としては我慢がならなかったであろう。加賀山副総裁の勢力下にあった職員局は、何ら派閥をもたない現場出身の下山総裁に協力的ではなかった。そんなところで作ったリスト（GHQの意向を多分に盛ったもの）に従うのは、彼の自尊心が許さなかったに違いない。シャグノンにとっては意外にも、下山には反骨精神があったのである。

新しい独立採算による合理化という名の下に、真の狙いである国鉄内の共産党分子の追放計画はGHQの調査では甚だ粗漏なものがあった。ろくに調査もされないで赤色分子と見られ、馘首の対象になった人間は、確かに多かった筈である。このようなリストを見ても、人情家といわれている下山は、そのまま受け入れることが出来なかったであろう。彼としては、自分独自のリストを作り、シャグノンに抵抗したかったに違いない。

しかし、それは下山が独りの判断で出来る仕事ではない。誰からか国鉄労組の情報を入手する必要があった。下山に来る情報といえばＣＴＳから日本政府を経由して流れるただ一方的な情報であり、これはアメリカ側の情報である。下山は独自の立場で自分の情報網を持ち、判断をしたかったに違いない。加賀山が『日本』に書いている中にも「下山氏は非常に情報好きであった」と云っている。情報好きであったかも分らないが、国鉄総裁を引受けた彼は、自らの立場を守るためには、必然的に独自の情報を得なければならなかったのである。

「白書」には時の運輸次官伊能繁次郎が述べている。

「総裁の椅子が下山に廻って来る色が濃厚になったので、当時自分は下山の所を訪ねて、もし総裁を引受けるとすれば条件を付けなければいけない、その条件は首切りの数を減らすこと、給料を減額することで、その手段方法は総裁に一任さして貰い、その結果政府に迷惑はかけないということで話をつけた方がいい、と言っておいたが、下山は政府に条件を申入れた気配はない。内部事情を知っている者は総裁就任を避けていた気配もある。それで臨時に持ってこられたものと思う」

つまり伊能も下山も考えたであろうが、日本側では首切りを、単なる経営上の合理化ということだけで考えていた。しかしＧＨＱでは首切りはあくまでも米軍のための問題であり、それ故の整理であったのだ。これを知らずに国鉄の大量馘首があくまでも経済上の問題だと考えていたところに日本側とＧＨＱの真意との食い違いがあり、下山の不運があったのである。当時の日本の上層部でも、アメリカ軍が極秘のうちに日本国内で何を作戦しているかは誰一人として気づかなかったのではないか。国鉄職員の整理ということは単に独立採算制とか定員法とかによる経済上の理由によるのではなく、米軍作戦という苛烈な狙いがあって、日本側の政治上の駈引とか妥協とかいうものは許されなかったわけである。国鉄整理は、G2の打ち出す強力な作戦計画の中の、一つの重大な要素であったわけである。

これに対して、国鉄労組側はどうであったか。

国鉄労組もまたこの大量首切りをGHQの作戦軌道の一つとは気づいていなかった。彼等はただ国鉄が共産分子を含む急進主義者を含めて大量馘首に出ることに反対したが、それは経済闘争と考えていた。琴平大会では国鉄馘首に反対して実力を含む強力な反対闘争を決議したが、二・一ストの際のマッカーサー命令でも分っている通り、彼等はその完遂が不可能であることも、承知していたに違いない。しかし民同派を除いて国鉄労組の主流派は、敢然と実力行使を含む闘争宣言をしたのである。実力行使については、徳田球一などが、「それはまだ早過ぎる」と云って、危ぶんだぐらいであった。

しかし、国鉄労組のこの闘争方針は大そう世間に注目された。七月五日に予定された馘首の発表があり次第、「直ちに実力行使の闘争に入る」という国鉄労組の方針に、国民は不安を抱き、不穏な空気がなんとなく漂っているように感じられたに違いない。

多分、シャグノンは、この不穏な空気をかえって歓迎したことであろう。彼は何か衝撃的な事件を起す準備を考えていたし、そのための背景になる国鉄労組の不穏な空気はむしろよろこぶところであった。

首切り発表が迫るにつれ、下山定則は眠れなくなったそうである。家人の言葉によると、彼は毎夜薬を飲んで眠りを無理にとったということである。

七月五日の朝、八時二十分に上池上の自宅を出た下山総裁は、大西運転手の車に乗って東京駅前のロータリーまで来て「買物があるから三越へ行け」と云い、途中で「白木屋でもいいから真直ぐ行け」と云い、白木屋の表戸が閉まっているのが見えると、今度は「神田駅に回ってくれ」と云う。そしてまた結局は「三越へ行け」というようなことを云った。それは前に書いた通りである。しかし、その行動の謎は何であろうか。

また、その時、国鉄本庁前から三越本店へ行く途中、下山は千代田銀行本店前で車を停めさせ、約二十分間銀行に入っている。何の用事があったのか。

後で調べてみると、これは同銀行内の貸金庫の中に下山の戸棚があり、その中には新聞包で百円札の束が一万円ずつ三束残っていた。それと株券を入れた大きな茶封筒と、自宅の家屋登記書を入れた白い封筒があった。そのほか、一番下に折畳んで紙入れがあったので、それをあけて見ると、春画だった。この春画が置いてあることが、下山総裁は自殺ではないという、他殺説の一つの根拠になっている。自殺を志す人間は、ふつう環境の整理をするものである。他人に見られてはならない物、或いは遺族の眼に触れては恥かしい物は処分するのが人情だ。ところが、この貸金庫の中には、見られて恥かしい物の一つである春画があった。もし覚悟の自殺ならば、そんな物は必ず持ち出して処分しているであろう。まして、下山総裁は日頃から見栄坊であったという。

6

では、下山はなぜ銀行の貸金庫に行ったのであろう。そして、どのような用を果したのか。車でぐるぐると二つの百貨店の外をめぐり、途中で、思い出したように銀行の自分の秘密金庫に飛込んだのは、何かをそこに入れたか、出したか、のほかは考えられない。百円札の束には或る銀行の五月十五日付のスタンプが押してあった。これが三万円の束である。下山がその朝、三万円の札束をポケットから出して金庫の中に入れたとは考えられないから、もとの金庫の抽出しには三万円以上の金があって、それを取出しに行ったのではあるまいか、つまり三万円は、とり出された残りの金であって、持出された金は幾らか分らないが、或いは同額ぐらいの金を取りに入ったのではないか、とも想像されるのである。

それなら、それはどのような理由で金を取りに行ったのであろうか。銀行の貸金庫の

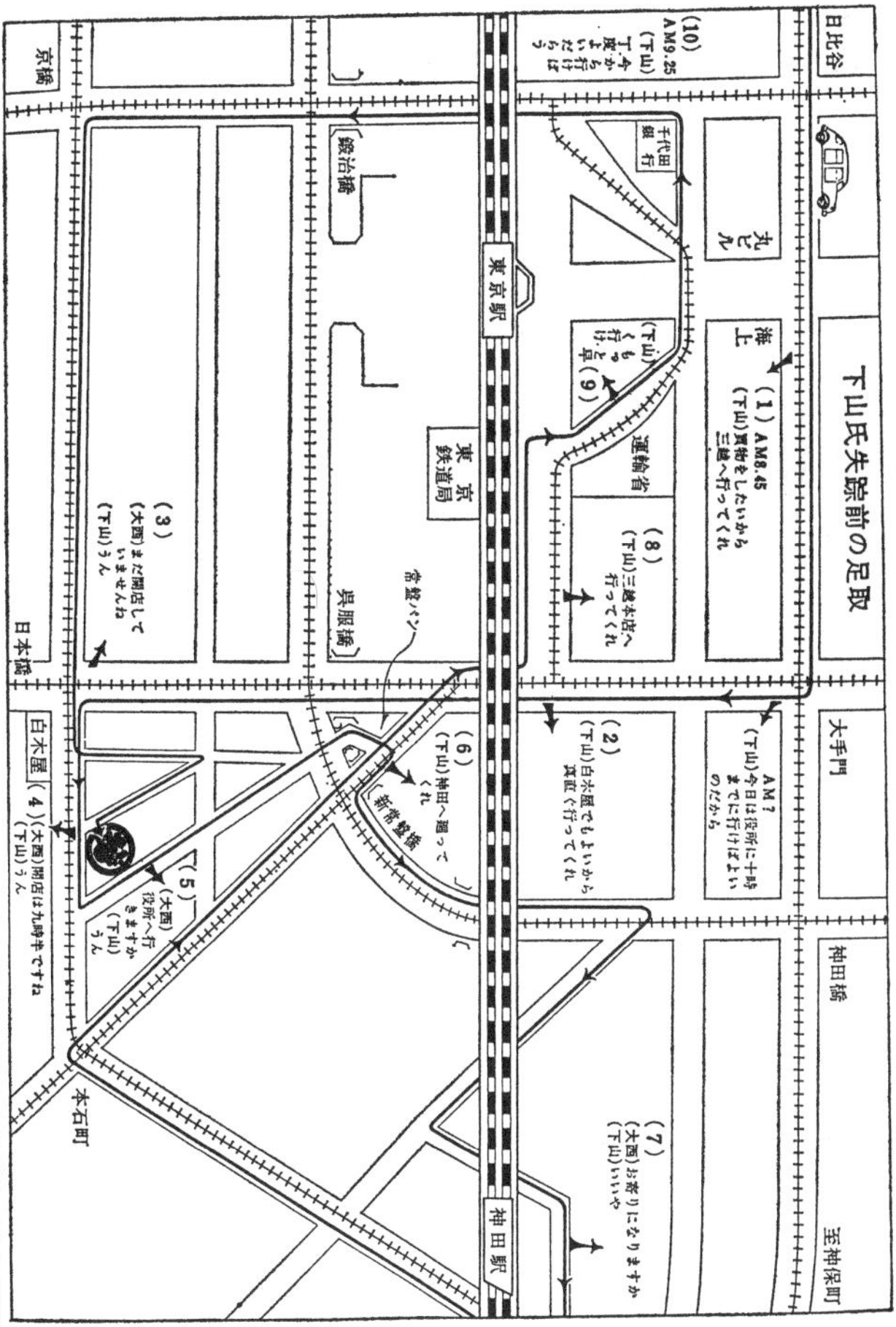

下山事件研究会編「資料・下山事件」（みすず書房）より

抽出しの中から、仮に二万円なり三万円なりを取りに行ったとして、下山のその用途はその金を誰かに与える必要があったのではなかろうか。

金を与える相手は誰であろう?

まず、女が考えられる。しかし、森田のぶさんとのことはその後警察で調べてみて、のぶさんが平塚の方に行って留守であることがはっきりしている。従って愛人ではあったが森田のぶさんに、その日渡すべき金ではなかった。

そのほかにも下山には愛人らしい女性はあったようだ。が、これも調べてみて、当日には下山が会っていないことが分った。

それでは誰であろう?

ここで、私が云うところの、下山がひそかに情報網を持っていたことに結びつける説明が出来そうだ。つまり、下山は、五日の朝、自分に情報を提供してくれる或る人物に会う必要があったのだと考えられるのだ。その人物は、国鉄労組の内部について極めて高度な情報を提供してくれる男であった。単に、労組内に出入りする、聞きかじり的なチンピラ情報屋ではなく、国鉄中闘委の政治的な動向の機微にまで触れ得る人物であったと私は推測する。

五日、午前十時から下山は整理問題の最後の重要会議があり、その報告のために十一時にはGHQに行かねばならなかった。下山としては、ぜひとも、その前に、いつも高度な情報をくれるその人物から大事なレポをとる必要があった。

それには、金が入用だったのである。むろん、彼には日ごろから手当を出していたに違いないが、このときは、それが切れていたのを思い出したのかもしれない。とにかく、下山は彼に金を渡す必要があった。その会見の場所は三越の店内で、地下道に近いところに違いない。この地下道は三越側から降りてもよいし、白木屋側から降りても通じていた。だから下山は大西運転手に「三越でもよいが白木屋でもよい」と云った。どちらでもよいという含みがあったのである。白木屋なら地下鉄で三越の隣駅である。この辺は運転手への気配りがある。

それでは、「神田駅に回ってくれ」と下山が運転手に命じたのは何であろう。

下山が、その人物に、単独で会う必要があったからだと私は思う。三越から入っても、白木屋から入っても、彼は、誰にも気づかれないように、相手の人物に会見したかったのである。両方のデパートがまだ開店前で閉まっているから、神田駅に回って駅の地下鉄を利用して三越の前に出る気持になったのではないか。それだけの時間をかけると三越は開店になっている筈だ。また大西運転手にも自分の行動は秘匿せねばならなかった。下山が目的地点に到着するには、神田駅前から、地下鉄で次の「三越前」で降りてもよく、或いはその次の日本橋白木屋前で降りてもよかったのである。つまり下山は或る人物との会見に三越、白木屋、神田という、三つの地下鉄のトンネルを結んでいる或る地点を会見場所にしていたと思うのだ。

では、神田駅の所に来て下山は、なぜ、車から降りなかったのであろうか。

ここでは、下山にはふと心に或る考えが起ったと思う。それはこれから会う相手の人物に金を渡す必要を思い出したからだろう。つまり、運動資金か、手当かを対手に渡さねばならぬと神田駅の前まで来て急に心に浮んだ、と思うのである。

だから下山は、大西運転手に神田駅前から三越の方に行けと云ったが、その時、既に途中で千代田銀行に寄って金を金庫から出す決心をつけていたのだ。

会見時間は決められているので、既にそれが切迫している。銀行内に寄って金庫から金をとり出すには、それだけの手間が掛かるのである。そこで下山は、大西運転手にスピードを出させて「早く行け」と怒ったように云ったのだと私は思う。

下山は千代田銀行の前で車を停め、独りで中に入った。秘密金庫は本人の鍵でなければ開かない仕掛になっており、そこには誰一人として他人はいないのである。彼は金庫の抽出しを開けて幾らかの札束を出し、ポケットに入れた。無論、自殺する気持はないから、そこに春画があろうが何があろうが構うことはなかった。もし実際に彼が死ぬ気でいたら書置のようなものをこの抽出しの中に入れて置いたかもしれない。勿論、そんな物は入っていなかった。

下山は二十分を費して銀行から出た。表には大西運転手の車が待っている。彼はそれに乗った。大西運転手は下山が「早く行け」と云うのでスピードを出して三越の正面入口に着いた。下山は降りる。すでにデパートは開店している。恐らく大西運転手も、下山が三越に入ってから買物をして出て来る時間は考えたであろうが、いつもの下山の癖で長いこと待たされる覚悟もあったのであろう（友人である伊能運輸次官の証言でも「下山という男は車を乗捨てる癖があった」と云っている）。だから後はそれから午後五時まで、八時間ばかり車を駐車させたまま三越前に待っていた、という大西運転手の供述となる。

以上は私の一応の推定である。こう考えなければ、下山が三越、白木屋をうろうろし、神田駅に回り、更に銀行に寄り、大急ぎでまた三越に引返した行動の謎は解らないのである。

しかし、下山は果して当の人物Xに地下道で会ったであろうか。私はこの事について疑問を感じる。既に下山を待っていたのは当のXではなく、或る謀略を持った別の人物に代っていたと私は推測するのである。

「下山白書」で三越店員高田喜美子、同じく長島シズ子が下山総裁らしき者を目撃したと証言しているのは、いずれも午前九時半から十時過ぎの時間である。この時間から考えて、その人物はまさしく下山本人であったと思う。殊に高田喜美子の口述に、

「年齢五十歳前後で、背は五尺六寸ぐらい、十七、八貫もあろうと思われる肥った社長

タイプの人を見かけた。その男のあとを二、三人の男が同時に階段を降りて行ったが、その男達は伴れかどうかは分らない」とあるのは注目してよい。

それから次の、電車で見かけたという飲食店業西村豊三郎や五反野駅員萩原の口述にあるのは本物の下山定則ではない。末広旅館の長島フクが見た客も本物の下山ではなく、以後の五反野駅付近で夕暮の六時以後に見かけた十数人の目撃者達の相手の人物も下山ではないのである。

そのことは加賀山之雄が書いた「私はそれらは替玉だと思う」という推定に尽きるのである。加賀山はその文章の中で「私は推理小説を書くつもりで推定する」と書いているが、推理小説とすれば甚だしくドキュメンタリーな小説と云わねばならない。

本人の下山はXに代る人物に三越で会ってどこに行き、五反野付近をうろついている下山の替玉は、どこから来たのか。

まず替玉の方から書くとする。

それがニセの下山であることは、長島フクの所で休憩した時の動作でも分るのである。ここでは三時間半ほど休憩しているが、あれほど煙草好きの下山が、一本も煙草を吸っていないのである。吸殻が一つも残っていないことでその事が分る。普通、思い悩んでいる人間は、煙草を吸う人である限り不断より余計に吸う筈なのである。三時間半もいて一本も吸わないという理由が分らない。私がこの稿の取材に遭難現場に行ったとき、下山さんの遭難碑の前に誰が供したのか中身のつまったピース一箱が置いてあって、それが雨に濡れていたのは印象的だった。供えた人は、下山の煙草好きを知っていたのであろう。

もう一つ、旅館に休憩したその男が煙草を吸わなかったのには、それだけの理由がありそうだ。

云うまでもなく、吸殻についた唾液を残さぬ要心からである。唾液から、下山のＡＭＱ型と違う血液型が検出されたら一大事である。

後年起ったスチュワーデス殺人事件で、主要参考人として警視庁に呼ばれた或る教会の神父が唾液が残ることを恐れて茶碗に口をつけなかったのは有名である。

女主人の長島フクさんが「宿帳を書いてくれ」と頼むと男は「それは勘弁してくれ」と逃げて筆跡を残さないようにしている。枕に毛髪が二本付いており、下山の髪の毛によく似ているという推定はあったが、当人かどうかははっきりとしない。また夕暮時の午後六時から七時の間に、たくさんな目撃者が線路をうろうろしている下山を見ているが、悉くその服装を正確に云い当てているのである。人間の眼が当てにならないことはこれまでしばしば云われており、実験の結果も報告されている。服がネズミ色であり、ネクタイが紺色に金糸が入っているなどと細かな観察を事件以後相当な日数を経ても云い得るというのは驚歎すべきことである。

私は捜査当局が目撃者達を誘導訊問したとは思わない。しかし、下山事件は連日大きく新聞に報道されていた。これらの目撃者達が新聞記事による印象をいつの間にか自分の意識の中に沁み込ませていたということは云えそうである。捜査二課がそれらの内の何人かを事件直後に調べた時にはそのような点は出なかったという言葉と対照すれば妙味がある。

下山をどこかに連れ出した人間と、替玉の人間とは無論別々である。別々であるということは或る大きな計画が別々のグループに分けて行なわれたということが云えそうである。

下山になりすました替玉はむろん日本人であろう。二世ではあるまい。彼はどこから来た男であろうか。もちろん彼は自分自身の単独の意思で来たのではない。誰かから命令されて擬装行動をしたのである。その男は今となっては永久に追及することは出来ないに違いない。

ここでもう一度大野達三氏の文章を引いて参考にしたいと思う。

「アメリカ・スパイ機関はこれら日本人のスパイに報酬を支払った。売込んで来た官僚にはそれぞれの位置に応じて抜擢してやった。本人達が自覚していると否とに拘らずこういう親米分子が政界・官界に組織された。G2は警察、検察庁など全体として完全に掌握していると共に特にこうして強力なスパイ分子を握ることが出来た。上級スパイは個人々々で掌握されていたが、下級スパイは班を作らせていた。そしてスパイを作る作業もさせた。班を作った時は通常中尉か少尉の二世が指揮官として配置された。旧軍人、旧特高、旧右翼などの組織は一段高い格を与えられて作られた。この場合は通常一人の責任者を決め、この責任者が旧部下を集めるという方法を採った。そしてその責任者の名前を取って機関名とし、必要な機関には一切の資金を供給していた。これらのスパイ及び機関がアメリカ・スパイ機関の活動を助けて下請をした。そして、その大部分の機関は今でもなお形や資金網こそ違え相変らず謀略活動を続けている」

この文章の中には日本人の名前がいろいろと出ている。しかし悉く現存の人であるから私の文章には引用するわけにはいかない。ただ、右の記述によればこれらの機関のキャップと云われる人々が旧軍人の相当の位置の人であり、また右翼や共産党転向組も含まれていると書いておくだけに止めたい。

下山になりすました替玉はどの機関から派遣された者か凡その推定はつくが、確かなことは云えない。とにかく彼は或る指示を受けて、下山が三越から消えた瞬間に彼になりすましていたのである。そして、替玉自身はその任務だけの単独命令をうけていたので、下山の実際の運命は知らなかったのであろう。

前記の黄昏《たそがれ》どきに五反野付近で下山を見かけた目撃者達の証言は、殆ど下山の洋服の色、ネクタイの模様などを云い当てているが、実はこの洋服及びネクタイは本物であろうと私は考える。その理由は、下山の死体が下着だけの裸であったと思われることである。

死体を検死した時に下着にべっとりと黒い油が付いていたということは前にも述べた。普通、油が付く場合、例えば機関車から油がこぼれて轢死体にかかったという場合は上着の方から次第に下着の方に沁み込んで行くのが当り前であろう。従って上着の方が余計に汚れて、下着の方は殆ど汚れが薄くなって行くというのが理屈である。下山の場合は反対である。

まさに下山の死体は上着に汚れが無く、下着ほど汚れが濃い。

殺人者が下山を裸体にした理由は二つ考えられそうである。一つは殺害方法の理由によって氏を裸の状態にしなければならなかったことと、一つは替玉が必要のために上着、ネクタイを下山から取らねばならなかったことであろう。五日の午後六時四十分を中心とする目撃者達の証言時刻には、既に、下山は別な遠い場所にいた筈である。しかるに、目撃者達の見た、五反野の線路付近をうろついている人物が身に付けていた洋服、ネクタイは下山自身のものであることは前述（二十八頁）の山崎タケさんの表現でも分るのである。

この山崎さんの証言を裏書するように鑑識課では次のように述べている。

「現場で発見した下山総裁の着衣内ポケットから発見した烏麦殻と現場付近より採取し

た烏麦殻とは同一種類のものであると鑑定された」（白書）

確かに目撃者の話と鑑識の結果がぴたりと合うのである。まさに替玉は、紛れもない下山の洋服を着て、草の葉をいじり、烏麦殻をポケットに入れたのである。

では、靴はどうか。

靴のことでは流石の知能犯人も一つの失敗をしている。下山総裁の靴は前に述べたようにラバソールのチョコレート色の短靴である。この靴は毎朝同居人が赤色のクリームを塗る習慣であった。下山は街頭で靴磨きなどに決して靴を磨かせなかった人だった。ところが発見された靴には茶のクリームが塗りつけられてあった。恐らく下山の習慣を知らない別の者が、あまりに靴が汚れているので、うっかりと同色に紛らわしい茶かと思い、茶のクリームを塗ったのであろう。

この、靴が汚れたので茶クリームを塗ったであろうことは、われわれに一つの示唆を与える。というのは下山の靴には、ゴミかホコリがかなり付いていたのであろうという想定だ。そのゴミ、ホコリが調べられると現場――つまり下山が殺された現場の推定ができるような特殊なものだったのではあるまいか。犯人の方では、それに気づいて靴をきれいに磨き、茶のクリームを塗ったに違いない。遺品のうち、靴だけ、いやに叮寧に扱ったものである。しかし、茶のクリームを塗ったことは犯人のうかつな失敗であった。

靴の裏には前に書いたように葉緑素が付着していた。警視庁の鑑識課では「靴の底に付いている泥は轢断現場付近の泥と同じものであるかどうか分らない。靴底のクロロフィールは植物性である」と云っている。そこで捜査一課は「靴の裏に付いたクロロフィール（葉緑素）は現場の草の汁である」と推定したのであった。

ところが、東大の薬物学教授秋谷博士は「この靴の裏の青い汁を検査してみると明らかに染料だった。しかもその染料は衣類から出たのと同じ染料だ」と云うのである。云うまでもなく草の汁は自然現象の有機物であり、染料は加工された無機物である。

もしこれがワイシャツ、洋服を調べる時に出て来た色の粉と同質であるとしたならば、下山はそのような染料や色の粉の置かれてある場所か環境の中に監禁されたということが考えられるのである。それに、茶のクリームを塗る以前、靴に付いていたホコリやゴミの汚れの本体が分ると一層その推定は容易になったであろう。

7

ここで本ものの下山はどこに行ったかを考えよう。下山は、三越の地下鉄付近で或る人物と秘密会談する約束をしていた。それは当日の五日以前、多分前日の四日ぐらいではなかろうか。この人物こそ下山にとって高度で、しかも確率の高い情報の提供者であったと思える。高度で、しかも確率が高いということは、当時にあっては、一方に国鉄労組の中にも情報ネットを持ち、一方GHQのG2またはレーバー・セクションの側にも情報関係を持っている人間と考えなければならない。そうでなければ下山ほどの人物がわざわざ独りで会いに行くことはないのである。いい加減なミナな情報屋だったら彼は一顧もしなかったであろう。もっとも、下山は彼がG2側にクッションをもっている人間とは知らなかったと思う。ここに、下山の悲運が生じたのだ。そして、シャグノンは整理問題で下山が自分に抵抗しているのを腹に据えかねているところへ、このようなネットを密かに使っていると探知して激怒したのである。つまり衝撃的な事件が起きるなら、その主人公に下山が仕立てられる可能性があったといえよう。

その人物が誰か、探しても判明することはないだろう。私の直感では、今となっては彼は永久に地上から姿を消してしまったと考えている。

前日の四日の午後一時、下山が増田官房長官と一緒に吉田首相に会う時に用を云い立てて中座したことを前に書いた。そして後で調べてみて国鉄になんらの重要会議がなかった事実と思い合せて、下山はその時刻に情報提供者と会う約束ではなかったか、という推定も前に書いた。

しかし、下山が五日の朝、時間に急《せ》かれながら金を銀行から出し（推定）、三越の地下道に入ったのは、前日の午後一時にはその人物と会えなかったためではなかろうか。つまり、その事から推定すると、前日の午後一時に一旦相手が会見を約束した（その会見は吉田首相との面会をとりやめにするほど重大なものであった）が、情報提供者の方の都合でそれが出来なくなり、五日の午前九時過ぎ（九時半からデパート開店）に落合うよう約束を変更したと思える。このような約束は、いつも電話による秘密連絡だったと思う。

現在となっては永遠に名前の判らぬこの情報提供者に、下山はしばしば会っていたに違いない（大西運転手はそれらしいことを云っている）。「白書」には、島秀雄氏（下山氏の友人）の口述として、

「下山は総裁になってから情報屋を使っているかのような口吻を洩らすことがあった」

とある。しかし、警視庁では、（情報屋などを使っていないのに恰も使っているかのようなことを外部に語っている）と、例のカッコ付きの注釈をしているが、警視庁に判る筈がないのである。或いは判っていても発表すると都合が悪いためかもしれぬ。秘密は厳守されていたに違いないし、下山と、当の情報提供者以外には、その関係が知られていなかったであろう。

むろんこの人物と下山との秘密の会合はしばしば持たれたであろうし、そのつど場所は変えられたに違いない。大西運転手の証言でも下山はたびたび情報屋に遇っていたようだという。しかし、下山が彼に会いに行ったのは、三越だけではなかった。その都度、場所は循環的に変っていたことと思う。下山に信頼されていた大西運転手はこの間の事

情を或る程度知っているのではないか。むろん相手が高度な情報屋とは、運転手は気が付かない。その密かな会見の相手を下山の愛人を仲介とするチンピラ情報屋と考えているのではないか。そして今でもこれと同じ考えを持っている人が一部にあるようである。

さて、下山は三越の地下道に降りた。そこで下山は彼Xに会ったであろうか。もし「彼」に会えば話は二十分ぐらいで済んだに違いない。或いは五分か十分かも知れない。話はしなくても「彼」から情報を書いたレポを貰っても済むことである。が、下山はそこでは「彼」に会えなかったのではないか。そのことは下山がその日の午前十時に会議があり、十一時に加賀山副総裁などと一緒にＧＨＱに出頭する約束であったことと思い合せるとよい。

即ち、下山は車の中で「今日は十時までに役所へ行けばよい」とつぶやいている。だから三越の地下道で九時過ぎにその男と会い、直ぐに話を済ませ、十時までに国鉄のオフィスへ行くつもりであったのであろう。ところが、実際には下山は、地下道へ降りて別の場所に案内されたのである。

なぜ、そこでレポを受取らずに別の場所に下山は連れて行かれたか。これは、或いは脅迫されてそこに行ったのかとも思えるが、そうではあるまい。私の考えでは、「彼」に会えなくて、誰かが「彼」の居る場所に連れて行くと云って誘い出したのではあるまいか。つまり、代りに来た男は、「彼」が約束の場所に来られない或る事情を下山に告げ、彼に新しい場所への足労を頼んだのであろう。ニセの理由は、いくらでもつくられる。たとえば本人が病気になって入院しているから病院で会いたいといってると云えば下山は誘われる。この場合、代りの男が下山にかけた電話の暗号は、正確だったので下山は疑わなかった。

しかもその連れて行かれる場所は、午前十時の国鉄会議までに間に合う、極めて近い距離を告げられたに違いない。下山はそれにうかつにも乗ったのである。遠い場所だったら彼は断ったであろう。近いと云うから気軽に乗った。

では、当の「彼」が三越地下道に現れなかったと、なぜ私は推定するか。それは前日の午後一時の約束が既に果されなかったことでも一端が分るのである。下山が増田官房長官と一緒に吉田首相の所に行って居ながら、用事を云い立てて途中で帰るほど約束の時間に「彼」に会いたかったが、相手の「彼」に重大な支障があって、そのときは連絡がとれなかったと推定するのである。そして、多分、五日の午前九時すぎ、三越地下道の会見が改めて約束されたのであろう。読者はこの支障の意味を考えて貰いたい。その「支障」こそすでに「彼」が謀略の手に落ちていたことを意味するのではあるまいか。その従って、下山に約束変更の電話をかけたのは「彼」の代人と称する者であり、「彼」から連絡用の暗号などを拷問などによって知り得た者であろう。

私の考えでは、その前日の四日、下山が警視庁総監室や法務庁や、国鉄の公安局長室などをうろうろとし、非常に落着きのない不審な挙動をした原因は、或いは「彼」の支障の意味を下山が予感したからではあるまいか。支障、つまり、「彼」が連絡を絶ってしまったので、労組側に正体を見破られ、拘禁されリンチなどうけたのではあるまいか、という下山の不安である。そのため、下山は警察や保安関係をうろうろと廻ったが、打ち明ける決心はつかなかった。ただ昂奮して、奇妙な言動をするばかりだった。

そこに、待ち兼ねた「彼」からの連絡があったので下山はとびついたのだ。労組との交渉は最後のドタン場に来ているので猶予はならない。久しぶりの連絡電話が代人による「彼」の伝言でも疑わなかったのである。そして、下山はその通りに三越に来た。が、対手の本人は来ていなかった。

8

しかし、下山は姿を見せない「彼」に会えなかったとしても、「彼」とほぼ同等の立場にある人間、たとえば連絡員のような人物に会った。それから地下鉄には乗らず、大西運転手の待っている三越正面側とは別な三井銀行本店側の地下鉄口を出たのであろう。ここは大西運転手からは見られることのない角を曲った場所である。謀略側ではその間一人も下山の顔見知りの人間が付近に居てはならなかったのである。

下山が反対側の地下道を上ると、或る乗用車がすでに待っていた。下山はそれに乗せられた。この時、下山は謀略に気づいたであろうか。私は恐らく下山は気づかなかったと思う。もちろん、謀略側では、下山が罠に落ちたと気づいた時の万一の処置も抜かりなく施していたに違いない。

読者は鹿地亘氏が誘拐された時の事を想起されるであろう。しかし下山の場合は白昼の出来事だし、しかも、下山は日本の高官である。まさか殴ったり蹴ったりして押し込むわけにはいかない。気づかれた場合の用意として下山の横腹には左右からピストルが突き付けられたという空想はあながち嘘にはならないだろう。しかし、幸か不幸か、そのことなくして、下山は「彼」に会うために車に乗った。下山は目的地が僅か三分か五分の距離だと対手から教え込まれていた筈である。

このような時、これまでのやり方としては、拉致者の乗った車を中心として前後に別な車がピケを張っているのである。よそ目にはピケとは見えない、さり気ない車である。下山の場合も多分三越と三井銀行本店の間のあの狭い道路には前後、四つの目立たぬ車がピケを張っていたと思う。が、下山はそれに気が付かなかった。これはあとでも触れる。

車は走り出した。この車は三越を出発する時には恐らく日本の白ナンバーであったであろう。しかし、その車がどこかに向って走り出し、その後をピケの車が尾行した。そして途中で、車は確かに、他の車に乗替えられた筈である。乗替えさせられた車は黄ナンバーであろう。当時の黄ナンバーは外国人用のカーであり、日本側の警察官が検問する自由は全く無かったのである。

その車に乗替えさせられた場所がどこであるかはほぼ想像が付く。即ち当時CICの本拠となっていた郵船ビルあたりと思える。ここにはG2の別室があった。下山は途中で初めて自分が罠にかかったことを気づいたであろう。が、既に遅かったのである。米軍のビルの中に入ってしまえば外部に救いを求めることは不可能なのだ。

黄ナンバーのカーはそれからどこに向けて出発したか。

加賀山之雄は次のような意味のことを書いている。

「下山総裁を乗せた車を目撃した人がある。その車は議事堂から狸穴《まみあな》の方に向って行ったと言うのである。これは下山氏の顔を知っていた人の話であって、少くとも下山氏に一度も会ったことのない他の目撃者の談話よりも確かであると思う」

加賀山副総裁（当時）はまことにいい「推理小説」を書いて呉れたものである。私の推定もほぼこれに近い。なぜかというと、恐らく彼等の手段として目的地に向い、直接コースをとることはないのである。一つは車の中での会話が下山と拉致者との間に交される時間が必要だったし、一つは、目撃者の目をごまかすためであった。

下山を収容した車は、多分、ジグザグにコースを走ったであろうが、結局、南から北へ、甲州街道、青梅街道を横切り川越街道を突き抜けたことであろう。

では、下山が連れ込まれた場所は何処であろうか。これは、下山の下着にべっとりとついていた黒っぽい「油」と、美しい「色の粉」が決定してくれるのではなかろうか。

しかし、下山が殺害された第一現場の推定は、話の順序として後回しにしたい。

下山はその現場でいかなる方法によって殺害されたであろうか。この文章の最初の所で書いた、下山の死体に血が非常に少なかったことを思い出して貰いたい。警視庁では「当日雨が降っていたので血は雨のために洗い流されたのである」と云っている。しかし、最初に発見された時に、斎藤駅長が下山の死体を持上げた時、下の小石が乾いていたのである。血が流れたなら、当然下の石に血が付いていなければならないのである。雨で洗い流されていたならば下の小石も雨に濡れていなければならないのである。それが雨にも濡れず、血にもまみれていないのは轢断当時は雨が降ってなく、且、初めから下山の血液が少なかったことを証明するのである。

捜査陣は現場の土を相当深く掘った筈である。ところが、その土を検査しても血液の滲透は無かった。この血液が非常に少なかったことと、下山の死体の位置とを考えると、一つの殺害方法の暗示が出てくる。

下山の死体の位置は、線路の上にうつ伏せになり、左手は曲げていたが、右手は線路の外に突出されていたのである。ちょうど線路の軌条の所には下山の右腕の付根が当てがわれていた。死体が四分五裂の肉片になっているにも拘らず、右手だけは付根から切断されて、上膊から先が完全であった事実を思うがよい。つまり付根を切断されたことで右腕の腋下あたりの部分がメチャクチャになってしまっているのだ。

人を殺害する方法に刃物や注射以外に人間の血液を抜く方法がある。それは主に日本人の殺害感覚にはない。日本人になかった何か。外国では、例として全身の血を抜き取って死に至らしめる方法がある。下山の場合は腕の付根をメチャクチャにされているところから見て、或いは右腕腋の静脈から血を取られて、その痕跡を消すために軌条に注射場所を轢かせたのではないだろうか。この推定は、古畑博士も云っていることだ。

下山の死の状態が実は裸だったらしいこともこの殺害方法と無縁ではない。つまり彼は下着だけの姿になって、暴力で抑えられ、血液を抜かれたのではなかろうか。或いは急所を蹴られて悶絶している間に、血を抜かれたかもしれない（陰茎と睾丸とが内出血している）。

次に、この第一現場が何処であるにせよ、下山の死体は第二現場――つまり轢断場所にどのような方法で運ばれたであろうか。

考えられるのは、第二現場が線路上であるので、死体運搬は汽車がいちばんに考えられ、次は自動車であろう。しかし、死体を汽車に乗せて現場に運ぶことは、「白書」は不可能といっている（と一応断っておく）。

次は自動車である。ところが、あの現場を見ても分る通り、その線路までは自動車は来られないのである。自動車の通れる道は轢断場所から甚だ遠い所にあった。従って自動車で運ぶ場合、死体はそこから降ろして人の力で線路に横たわらせなければならないのである。

警視庁捜査一課では、初め他殺の場合を想定して実験を行なった。それは下山の体重（二十貫であった）と同じ重さの人形を作り、捜査員が現場に運んだのである。「白書」にはそれを次のように書いてある。

「常磐線荒川放水路鉄橋を渡り対岸の千住方面から死体を運んだものとして捜査の結果、鉄橋通路は約二尺幅の板を敷いてあるだけで、その板も不完全で所々壊れている。従って昼間身軽に歩くにも困難を感ずるぐらいだ。最長二十三分、最短四分間隔で上り下り電車が通行する。単独で歩くと約十分かかる。夜間の通行は出来ないし、二、三人で死体を運搬して渡ることも不可能と認められる。しかも鉄橋から線路横を通って現場まで約三十分を要するから、運搬しているとすれば列車、電車の乗務員の眼につかないことはあり得ないと思われる。常磐線と東武交叉ガード下現場へ死体運搬を想定、七月二十八日午後九時より人体模型二十貫の砂袋を通行可能道路について実施した結果、不可能ではないが極めて困難であることが認められた」

すると、自動車で運んだのではなさそうである。

自動車通行可能道路から現場に来るまでに三十分を要するとし、死体運搬は不可能とするならば、汽車以外の運搬は絶対に不合理である。つまり汽車が現場を通行する時列車の上から現場の線路に死体を投げおろし、それを一旦隠して次の列車に轢断させる方法しかないのである。

では、この推定で現場の模様が合致するかどうか。

現場の枕木に点々と血痕があったことは前に触れておいた。枕木に付いていたこの血痕はなぜか後にジープでMPが来て削り取らしたものであるが（このMPはCID＝犯罪捜査機関＝から来たものと推定される）、ルミノール反応を試験して血痕の存在を確認したのである。この血痕があった所は轢断現場から上野寄り——つまり轢断貨車が進行して来た方向に向って約二百メートルの所に信号灯があり、それから更に三十メートル上野寄りに踏切がある、その踏切の下り線路枕木で発見されたのである。この血痕のルミノール反応は途中百メートルばかりは切れていたが、現場に接近するにつれて再び血痕が現れる。合計五十二カ所で血痕が発見されたのである。

枕木のほかにも血痕があった。線路の土手を降りて現場の、上野から見て右側の低い所に細長い小屋が一軒建っている。そこは麻ロープをよる所であった。そのロープ小屋にルミノール液をかけて見ると、小屋の扉に相当の反応があった。

枕木の血痕（削り取られないものが朝日の矢田記者によって発見されたもの）は下山総

裁の血液と合致するかどうかが東大法医学教室で試験された。すると血痕は甚だ少ないが漸くのことでその血液型がＡＭＱであることまでは分った。ＡＭＱは下山総裁の血液型で、一般に珍しい血液型である。

そうすると、この血痕の順序に従えば、最初に血痕のあった枕木の所で死体が列車から降ろされ、誰かによって運ばれる途中、血液が線路に落ちた。そして現場付近からロープ小屋に運ばれて、一旦そこに死体は隠された。この時運んだ人間が大男であったために、扉に付いた血痕はかなり高い所に恰も手に付いた血痕を拭うような形で付いていたと推定されそうである。

なぜ列車から降ろした死体を一旦人の眼に触れないロープ小屋（当時人のいなかった一軒家）に運んだのであろうか。云うまでもなく次の轢断列車を待つためである。では、死体を運んで現場に降ろした列車は何か。それは轢断列車の前を走った列車を見るとよい。

警視庁でも一応はこの場合を想定した。そして轢断列車第八六九貨物列車の前を走った第二九五貨物列車について調査している。「白書」にはそれを次のように記載している。

「七月五日午後十時五十三分、五反野現場通過の第二九五貨物列車は空車六輛、客車二十六輛、機関車、車掌車計三十四輛で、長町駅行代用車連結なし。本列車に死体を載せて現場付近で降したという推定は事実捜査の結果認められない」

　この貨物列車には捜査の結果列車から死体を降ろした形跡は無いというのである。ところが、この項に続いて次のような記載がある。

　この列車は「五日の午後七時五十八分東北線上り田端一番線に到着、その後貨車編成入替をして同駅三番線を九時五十九分発車し、午後十時十三分北千住駅着、約三十二分停車し、その後綾瀬には無停車、金町駅で停車中、第一二〇一列車第二二〇七Ｍ電車を追越（さ）した。当夜日通人夫なども乗っていた。沼田車掌は模範車掌である」

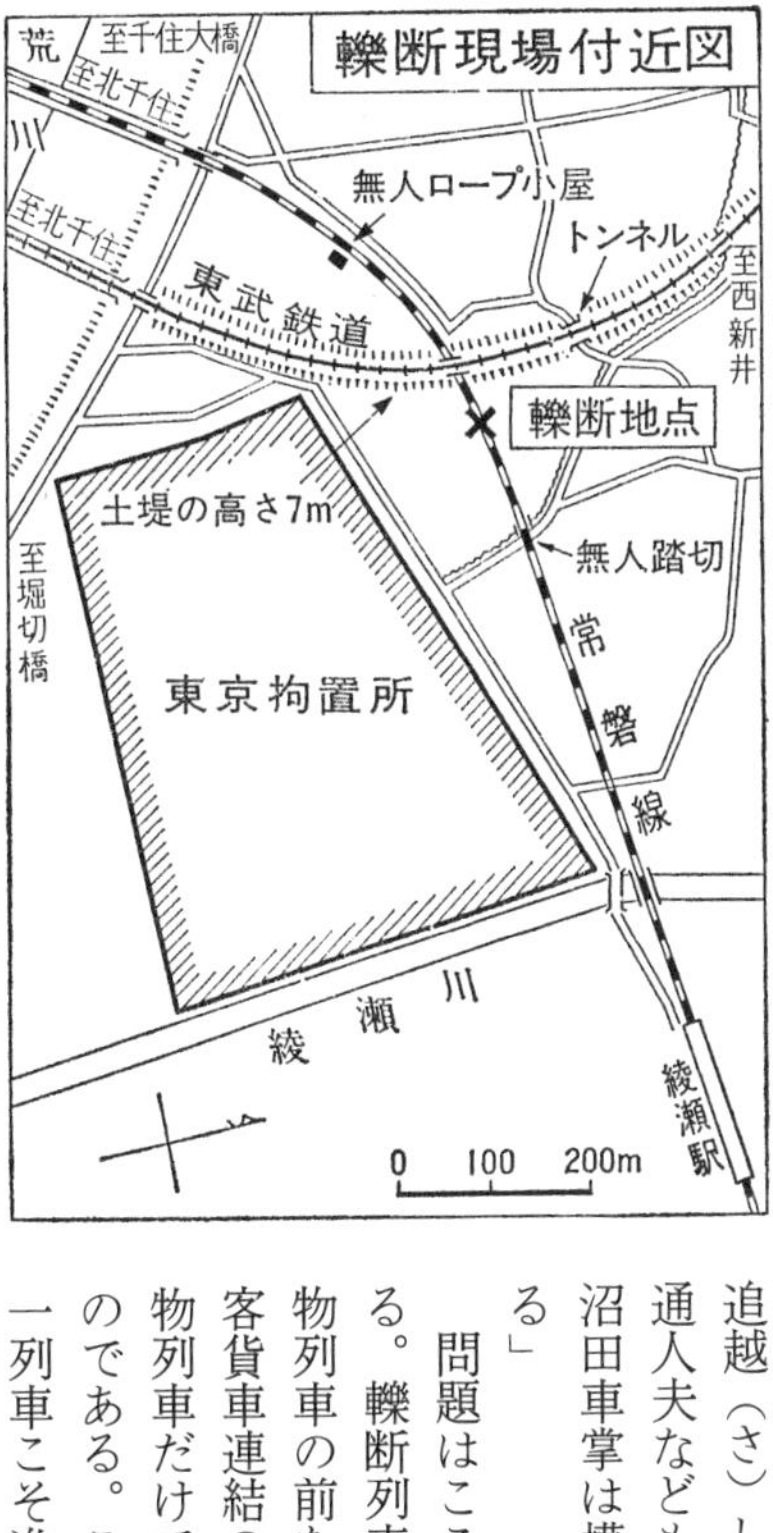

　問題はここに見えている。轢断列車第八六九貨物列車の前を走ったのは客貨車連結の第二九五貨物列車だけではなかったのである。この第一二〇一列車こそ進駐軍用列車

なのである。

「進駐軍用列車が現場を通過したのは午後十一時十八分である。轢断列車の直前下り列車第一二〇一号機関士荒川九二八、助士二名、車掌一名は、五日午後十一時十八分、現場を通過しているが、同列車は進駐軍関係列車にて、一般人の同乗は勿論、時間其他についても制約されているので、容疑の点は認められない」(白書)

分り易いようにこれを表にしてみると、次のようになる。

〈列車〉　〈現場通過時刻〉

二九五貨物列車……………十時五十三分

一二〇一列車(進駐軍用)……………十一時十八分

八六九列車(轢断列車)…………〇時十九分

二四〇一M電車(死体発見)…………〇時二十五分

警視庁が捜査して第二九五貨物列車に死体を降ろした形跡が無いならば、第一二〇一列車(軍用)についいて同じ調査をなぜしなかったか。警視庁記録には、

「進駐軍列車だから容疑の点は認められない」

と書き、頭から除外しているのである。しかし、いかなる方法を推定しても、この軍用列車以外に合理的な推測は考えられないのである。

ここでシャグノンの言葉を思い出す。彼はいつも「マイ・レールロード」と云った。

日本の鉄道は彼の勝手になると揚言していたのである。この下り第一二〇一軍用列車を臨時に、例えば或る目的のために発車させても、彼の権能からいえば造作のない事であった。RTO（輸送司令部）は彼の管掌で、そのダイヤは進駐軍に握られていたのである。当時の警察力としては、記録にもある通り、進駐軍関係列車であるから容疑の点は認められない、と片付ける以外に、たとえ或る濃い疑いを持っても、悲しいかな調査の方法は無かったのである。

進駐軍軍用貨物列車が現場を通過したのは十一時十八分である。すると轢断列車の通過が零時十九分であるから約一時間の余裕があった。

これを推測するに、第一二〇一列車から死体を降ろし、一旦ロープ小屋に運んで行き、それから約一時間後に来る轢断列車の前に置くには十分の準備時間があったということである。

その轢断現場は、当時GHQで使っていたペンシルヴァニア鉄道会社のカレンダーの写真と非常によく似ているので話題を投げたものだ。そのカレンダーは下山総裁が運輸次官の時次官室に掲げてあったのである。

しかし、それは偶然の一致であると考えてよかろう。

ただ問題は、この現場のカーヴの具合である。下山総裁の轢断された所はカーヴから約五十メートルばかり綾瀬駅の方に寄った方である。

カーヴと云えば、松川事件でも北海道の芦別事件でも同じカーヴ近くで事故が発生している。

これは偶然であろうか。三つとも同じカーヴが使われている相似点から、恐らく偶然ではなく必然性があると思う。つまりこの種の謀略犯人は必ずカーヴを利用するという癖または手口を持っていたのである。

もし下山の死体を汽車から降ろすとしたら、その汽車はカーヴの所から、必ず徐行したに違いない。そのカーヴの利用については事前に犯人達によって十分な研究がなされたであろう。

だが、このような地形は日本の到る所にある。ただ、犯人側は、カーヴの具合と、その付近の立地条件を十分計算に入れなければならなかった。

もし、仮に一二〇一列車に死体を積み、五日の午後十一時十八分にそれを降ろす計画をたてるとき、絶対の条件がある。それは付近に一人の通行者もあってはならないし、一人の目撃者も佇んでいてはならないのである。このために犯人側は、その時刻の現場の状況を、七月五日以前、数日に亙って調査したことと思う。そして、午後十一時十八分頃には、東武線と国電（常磐線）の交叉した地点を逆に土手に沿って東武線を浅草寄りに歩いても絶対に人に会うことがないと確かめたであろう。この確率は高かった。この付近は両方とも人家の裏になっているし、土手の下には小道があるが、その両方とも人が出ていないこともはっきりした。つまり、エンジンの音の高く聞える自動車を使用しない限り、誰にもそこでは何が行なわれたか気づかれない筈であった。

こうして十分な現場調査がなされた結果、下山の死体をその付近で遺棄するという計画が決定したと思う。

さて、そこで降ろされた死体はどうなったか。多分、列車の通過を待って線路の土手下に潜んでいる何人かの男が居たに違いない。彼等は死体が列車から現場に降ろされると、忽ちこれを担いで、直ぐ横の土手下にあるロープ小屋に一旦入れたのである。この付近の線路上にＡＭＱの人血の反応があったのは、腋下の動脈を切断された死体の血の滴りであろう。

こうして、ロープ小屋に死体は一旦運ばれた。この時、担いだ連中の手にも死体の血が付いたので小屋の扉になすったのだと思う。予定の列車が来るまで約一時間の間があった。それから八六九貨物列車が付近に差しかかる前に死体はロープ小屋から約一五〇メートル離れている綾瀬方面に運ばれた。つまりガード寄りの方に運搬されたのである。この地点でも人血の反応が認められている。更に、そこから轢断現場までは六三メートルあるが、同じ血液反応は四カ所に発見されている。

この場合、列車で死体を運搬して現場付近で落す役目の班と、これを待受けて轢断場所に置く班とは別々であったと思う。この二つの班の間には横の連絡は無かった。彼等は、個々に上からの命令に単独に従ったのである。

多分、列車の死体運搬班は或る地区の要員であり、死体を受取って線路上に置く班はまたほかの地区の要員であったと思う。

この方法は下山事件にかかる謀略については全部云えることである。彼らのやり方としては決して実行班たちの横の連絡は取らせなかった。また一つのグループですべての処理を済ませるということもなかった。必ず各地の地区要員を集めて個々にやらせるのが通例であった。

従って下山事件でも、誘拐した組、第一現場において殺害した組、第一現場から運搬（汽車）した組、死体を受取って線路上に置く組などに分れていた。そして彼等はそれぞれ独立した命令を受けていたので、他の班がいかなることをしているかは絶対に知らなかったし、知らされなかった。むろん、これらのすべてを指令する人間は、どこかの建物の奥に居て、各機能を動かすボタンだけを押していたのである。例の替玉もまた別な地区の要員であった。

そこで、思い合わされるのは、下山事件が起きる前に田端の機関庫内でさまざまな不思議があったことである。

事件の前日――七月四日午前十時半頃、上野広小路にある鉄道弘済会本部の社会福祉部に勤務している宮崎清隆という人に電話が掛かった。それは、

「一言伝えておくことがある。今日か明日、吉田か下山かどっちかを殺してやる。お前が騒いだり人に云ったり邪魔をしたらお前も生かしておかない」

という声である。

「お前は誰だ？」

と宮崎が問い返すと、

「誰でもいい。いずれ革命の時期が到来したら戦場で黒白をつけよう。その時になったら分る」

と云って電話を切ったというのである。

四日の午前十時半といえば、下山総裁が失踪する前日である。

もう一つは、前に書いたように、事件当日の五日午後七時から七時半頃までの間、東鉄労組支部のある労組員が支部の部屋に入って行き、そこに居合せた多数の労組員に、

「いま電話が掛かって来たが、総裁が自動車事故で死んだそうだ」

と伝え、みんな喊声を上げたという。

この電話を掛けた所を後で調べてみると、それは構内の鉄道専用電話で、交換手の話では、

「七月五日午後七時から七時半頃までの間、六七番（六七番は国鉄労組東京支部）という電話があったが、その呼出灯のついたのは交換台の左の上の方で、二二三八番（旧乗

務員控室）か二二一八番（田端機関庫手詰所）」

ということで、早速、両方の電話が調べられた。前の方は問題でなかったが、田端は五日のお昼少し前開通したばかりで、しかもこの電話のある部屋は六日朝に鍵が壊されていた。従って誰かがこの部屋から新設されたばかりの電話を使って「総裁が自動車事故で死んだ」と伝えたのである。誰がその電話を掛けたか捜査しても分らなかったことは本稿の初めにも書いた通りである。

また五日の夜勤者を調べるために捜査員が宿直簿を見たところ、七月一日から五日の分までがむしり取られていたことも既記の通りである。

外部から侵入した謀略班の仕業かもしれない。そして、これらの班は、「下山総裁が事故で死んだ」とか、「吉田か下山を殺してやる」とかいう電話を掛けるだけの役目であったろう。

更にもう一つ、新宿の甲州街道寄りの陸橋に「下山を暁に祈らせろ」とか「下山を殺せ」とかいう文字を書いて貼ったのも謀略班の仕事に違いない。このビラは下山総裁が行方不明になる二、三日前から貼ってあったらしいのである。

つまり謀略班は、一方では殺人予告をしておいて、十分に下山総裁が怪死する雰囲気を作っておいたのである。従って下山総裁の生命は少なくとも失踪の二、三日前から決定していたと思われるのである。むろん、このビラ貼りや電話を掛けた連中自身は実際に下山総裁がやられるとは知らなかったであろう。ただ、人騒がせな「予告」を命令されたとしか考えなかったに違いない。

9

いよいよ油と色の粉の問題である。

読売新聞記者堂場肇の『下山事件の謎を解く』という本には、それを次のように記載している。

「自殺説の警視庁一課はこの油に関する捜査には全然タッチしなかったということだが、最初から丸っきり問題にしないという態度を取ることに決めたらしい。軽くいなすように〝あれは機関車の油だよ〟といった調子である。（中略）しかし、秋谷博士はこれに対して自信満々着衣の油と機関車の油が完全に別物であることを断言している。東京地検と捜査二課は秋谷博士の鑑定に基いて油の捜査を行なったが、その結果は、次に述べるように機関車の油とは別の油であることが明白になったという。総裁の着衣の油と機関車の油とは別物であるという根拠は次の通りである。

第一に着衣の油は機関車に使用する油とは丸で性質の違う油であることだ。事件当時油が不足で、鉄道関係でも常に一定の油を使用するというわけにはいかなかっただろうが、不足していた油は動植物性油で、鉱物油はそれほどでもなかった。（中略）第二には付着していた量が多過ぎることだ。前記のように総裁の着衣から抜き取った油は全部で三〇〇グラム（約二合）あった。靴下でも下帯でもぐしょぐしょするほど油が沁み込んでいた。轢死体は機械油で汚れていることはあるが、総裁のは汚れているというよりは油びたしになっていたと言う方が適切なぐらいだった。その後洋服三着をD五一機関車に轢かせて、どのぐらい油が付くかを調べてみたが、お話にならないほど少ししか付かなかった。それから総裁を轢いたD五一六五一の下にもぐり込んで機関車の底を布で拭き取ってみた。油の沢山ありそうな付近の所などは特に念入りに拭いてみたが、一五グラムばかりの油が布に付いいたにすぎなかった」

その秋谷博士の研究は次のように結果が明らかになったと云われている。

一、着衣の油はヌカ油と微量の鉱物油と判定する。

二、このヌカ油は昭和二十四年春（下山事件発生の数カ月前）に搾油されたもので、その後油糧公団東京支所を通じて都内約九百の工場に配給されている。

三、事件当時、この油を使用していた業種は

1、石鹼製造工場（石鹼の原料）

2、製鉄工場（鉄をなます際に使用）

3、皮革工場（皮をなめす際に使用）

などが主なものだが、油不足の頃だから、このほかにゴム工業などでも使用していたようだ。

警視庁捜査二課ではこれらの点をもとに油の捜査を行ない、百数十種類の油を東京都内外の工場から集めて着衣の油と比較検査をしたが、完全に同質のものは遂に発見出来なかった。

非常によく似ている油は向島のM産業、三河島のS工業、千住のN皮革、田端のS工業、本田渋江のD工場、葛飾のTゴム、小松川のK製油、五反野のM油脂工場の八工場から発見されたが、特に千住のN皮革については、この工場専用の船着場から川を上流に遡ると轢断現場の直ぐ近くまで船が行けるので特に念入りに捜査が行なわれた。しかし、いずれの工場からも怪しいものは現れなかった。

この油捜査の途中、最も熱心であった捜査二課係長吉武警部補はなぜか上野署に遷されてしまった。

油捜査の結果は、遂に全く同質の油は都内のいかなる油店からも発見されなかった。また色の粉についても捜査は行詰っていた筈である。この市販には見られない油と色の粉については、私は或る程度下山が殺害された現場が想定出来るように思う。

油は下着にべっとり付いていた。なぜ下着にだけ付いていたか。線路上に横たわった下山の死体は、確かにワイシャツと上着が掛けられてあったと思われる。つまり裸の上にワイシャツと上着が被せられた状態でなく、掛けられていたのである。そのことは死体が轢断されているのにワイシャツも上着も少しも破れても裂けてもいなかったことで立証出来る。もし、死体がそれらのワイシャツ、上着を着ていたならば、肉体と共に切られたり裂かれたりしていなければならないのである。

多分、第一現場で殺された時の下山は裸の状態であり、運ばれた時も裸の状態であり、線路上に横たわった時も裸の状態であったろう。そうすると上着とワイシャツなどは死体とは別々に運ばれたのである。そして裸の死体が線路上に横たわった時上に掛けられたのであろう。

では、なぜ線路上に横たわる死体にワイシャツや上着を着せなかったのであろうか。

ここで考えられることは、その轢断予定列車である八六九列車が八分定刻より遅れて田端機関庫を発車したことである。この時は誰かの手によってゲージが下げられ、機関士も助士も起し番が起し忘れたので発車が遅れたのだ。

そのことは死体轢断班に通知されていたと思う。八分遅れて発車する予定を知っていた彼等はその列車が八分遅延で現場を通過するものと考えていた。そのつもりで死体を置いてワイシャツと上着を着せようとした時、八六九列車は遅れを取戻すためにスピードを上げて、現場付近に差掛った時は殆ど定時になっていた。これを見た死体処理班は、あわてて逃げ出したのだと思う。ワイシャツを着せる余裕もなく、むろんその上に上着を着せる暇もない。ただ死体の上に掛けるのが精一杯だったと思う。靴もその通りで、両方を履かせる余裕がなくて、片足はそこに置いたままだったので、足は轢断されているのに、靴は切れていないという妙な現象が起った。

この下山の下着に付いていた「油」と、ワイシャツや上着から出てきた「色の粉」とは、何を意味するか。この疑問に二つの解答が考えられる。

一つは、その油の付いている場所で下山が処置されたという推定である。同じように、上着とワイシャツもその色の粉のある場所に置かれていたということである。

もう一つの考え方は、油は、下山の死体が運搬される途中に付いたこと、また、色の粉は上着とワイシャツとが運ばれる時に付いた、という解答である。

下山の死体が現場に運ばれた方法は、今は、確実に推定することは出来ないが、もし容器の中に入れられたとしたら、そして、その容器の底に油が残っていたとしたら、当然死体に油が沁み込む筈である。ここで問題になるのが日暮里駅の便所の荷物置台に書かれた「5.19下山缶」という六字である。缶はドラム缶と考えられている。ドラム缶ならばそのような油があっても不思議ではない。しかして死体の油は右脇に主にべっとりと付いていた。ドラム缶に残っている油なら底の方だから、死体を入れた位置として下帯までべっとりとぬれる筈はなさそうである。むろんドラム缶を横にした場合はその可能性がある。しかし、ドラム缶は横にするより縦に置く方が普通であり安定度が強い。

この意味から私はドラム缶ではなく、四角な箱のような物ではなかったかと思う。つまり寝棺のような役目をする物だ。それに下山の体は右脇を下にした状態で置かれたのではあるまいか。その想定からすると、その箱は幅が狭く、縦が長い、という形が浮ぶのである。缶は棺の意味かもしれない。これが現場の線路上に降ろされた時は、死体はそこから出されて容器だけは列車と共にどこかに運び去られたのであろう。そう考えないと、容器もろとも投げ出した場合、下山の体にだけでなく、線路上の枕木や、ロープ小屋に多少油が残っていなければならない筈である。

次に「色の粉」であるが、上着とワイシャツが死体とは別々に運ばれたことは容易に推定出来る。恐らく上着とワイシャツは紙のような物に包まれて現場に運ばれたであろう。この時は例の替玉は既にその役目を終り、上着を脱がされて、誰かによって死体処理班に受継がれたと思われる。「色の粉」は或いはその包装紙に付着していたものではなかろうか。それが落ちてワイシャツと上着に掛かったという推定も出来る。犯人の方ではうかつにも包装紙に粉がついていたことに気が付かなかった。というのは、その紙はそのような「色の粉」(染料か)のある場所に置かれたものと思われる。いずれにしても、その缶と云い、紙と云い、下山が殺害された或る場所に、常から置かれていた「物」であった。包装紙も同じ現場の「物」であると推定してよい。

その現場とは何処か。恐らく、建物の内でも、われわれが考えるよりもっと広い、大規模な設備の場所が考えられる。例えば「工場」のようなところである。その「工場」にしても、相当な敷地を持つ大きな建物と考えてよい。色の粉とヌカ油とから推定し得る工場は何であろう？　私は死体を汽車で運んだという想定から、その場所は、発車駅に近い位置にあったと考えてみたい。

問題の一二〇一列車は進駐軍専用列車であるが、これはどこで編成されたかというと、もとは品川機関庫である。（注。国鉄の「鉄道終戦処理史」のダイヤによると、一二〇一列車は横浜が始発になっている。次が、東京、上野、土浦、水戸となり終着駅が青森県尻内になっている。すなわち田端駅には停車しないから、この著者の説は成立しないという反論がある。しかし、謀略は通常のダイヤを見てはいえないのである。）しかし、一旦田端機関庫に引込む。ここには各線の貨物列車が入って来て、そこでさらに連結して発車させるのである。従ってその連結の貨車を運ぶには、連絡のある線が考えられる。「工場」ならば誰でも引込線を頭に描くであろう。

「工場」からの引込線による貨車は田端機関庫に運ばれ、そこで他の貨車と長々しい編成になって輸送されるのである。一二〇一列車は進駐軍の列車であった。従って引込線を有する「工場」とは当然日本人側の経営する工場とは考えられない。

田端機関庫に近い米軍施設の「工場」を考えると、誰でもそこには当時、厖大な地域を有した或る施設を頭に浮べるだろう。その施設の位置は、引込線が本線に入って一本になると、王子、田端、日暮里と直線になる筈である。

日暮里と云えば、すぐ想い出されるのは、同駅の便所に書かれた例の「5.19下山缶」の落書である。このことは私のこの推定に無縁であろうか。判断は読者にして頂きたい。

また色の粉と油についても、その施設の内容に結びつかないだろうか。その付近に「兵器」の補修工場はなかったか。例えば、色の粉についても、青味の多い緑色というのは非常に興味がある。白、赤、茶などは少量だったということも面白い。占領当時、外国の兵器を見た人は、その色が濁った暗いグリーン色だったことを思い出すだろう。迷彩の色も思い出す。

私はこの意味から下山総裁の殺害現場は北区にある一地点であると想定している。そこには、修理と補給の「工場」が在った筈である。付近の人々は、戦車や高射砲などが引込線から駅に積出されるのを見た筈である。それらの兵器の色彩を考えるがよい。その引込線は、或る駅まで繋がっていた筈である。その施設からは引込線によって貨車が運ばれていた。

既に機械類がそこで「修理」されている以上、色の粉とは密接な関係がある筈である。ヌカ油についても塗料工場だとか皮革工場で使われていることを考えるがよい。皮革も亦、この「工場」では必要品であったし、ヌカ油の利用には、塗料のほか、研磨機用や製鉄用も含まれている。そしてこれらの用途は悉くこの工場で必要であった筈である。

油の入った缶がその工場に豊富に置かれていたであろう想像はここから成立つ。

この「工場」の内部には、ＣＩＣの分遣隊も置かれていたと推定される。

第一現場の要員は、第一現場から第二現場に死体を運ぶまでの任務であり、第二現場の要員は汽車に死体を轢かせるまでの任務であった。替玉班も、独立した任務であり、誘拐班もそれのみの仕事であった。互の間には横の連絡はなかったのである。

10

新谷波夫という人が『週刊文春』に次のような意味を書いている。

彼は大阪のＣＩＣ要員であったが、チーフのジョン・田中中尉という二世に連れられて東京に来た。任務の内容は分らなかった。ジープを運転して小川町の三菱銀行の所で車を停めていると、十五分ばかり経った頃、黒塗りのビュイックが銀行の横から出て来た。すると、

「〝あの車をつけろッ〟田中が命令を下した。私はそのビュイックの後を追って走り出した。松住町から万世橋へ。万世橋のガードにかかった時、相手の車に近づき過ぎたためか、〝先に行け〟と道を開けられてしまった。そこで仕方なく先に行ったが、途中で曲られてはかなわないので、次の交叉点で待ち、再びビュイックの後につくようにした。

ビュイックは天神下から御徒町に抜け、松坂屋前から再び戻って神田駅に出る。神田に出るとビュイックは同じあたりを二度ぐるぐる回った。こっちもそれを追って二度回った。すると田中は〝もういい。もう一度国鉄本庁へ行け〟と言った。ほかの車にバトン・タッチしたらしい。

国鉄本庁に戻ると、田中は五分ほど中に入っていたが、出て来ると〝急いで三越に行け〟と言った。私は三越の裏側から入り、田中を送り込むと駐車場に車を置いた。

暫く待っていると、二十分ぐらい経っただろうか。田中は大きな茶のハトロン封筒を持って出て来た。そしてそれを私に渡して〝これを持って大阪に真直ぐ帰れ。俺はまだ用事があるから、待たずに直ぐ行け〟と言い、そのまま再び三越の中に姿を消してしまった。私は狐につままれたような感じで一瞬ぽかんとしていたが、その晩私は言われた通り真直ぐ大阪に帰ったのである。封筒の中身は国鉄の人員整理名簿であった。私は下山事件が起ったのを新聞で知った。しかし、その事件に自分が少しでも関係しているとはゆめ思わなかった」

ジョン・田中中尉というのは確かに大阪のＣＩＣにいたそうである。大阪ＣＩＣはジョン・田中中尉の下に元憲兵軍曹、元京都地検検事正、元中部憲兵司令部特高係などが一つの班を構成していたという。新谷波夫の場合はその下部構成員であったわけである。

これでも分る通り、それぞれの任務は絶対に何事も知らされず、細胞のぽつんと切れた点であった。この点に横の連絡は絶対にない。上下の連絡はそのキャップだけが知るだけであった。これらのさまざまな班を動かしたのは中央の上級者であった。そして下山事件に関する限り各班は各地から招集されたであろう。いかなる任務かは云い渡されることなくその適性に応じて上級者に選択され、上京を命ぜられたのである。東京に来て、彼等自身理由の分らない任務を終った途端、再び早急に東京から散って行ったのだ。

この要員のうち最も重大なのは第一現場の要員と第二現場の要員である。彼等の多くは現在どうなっているであろう？　一年後に起った朝鮮事変は、もしその要員達が軍人であったなら、或いは最も危険な戦線に投入されたのではあるまいか。いずれにしてもその全貌は或る時期が来るまで分らないだろうし、犯人を検挙することも未来永劫に出来ないであろう。

ヌカ油（いわゆる下山油とよばれている）は、日本側の工場に似たものはあったが、下山の身体についたものと同一のものはなかった。色の粉の正体も公表されていない。秋谷博士は鑑定書を書いて検察庁に提出しているが、その内容に関しては絶対に口を閉じている。「これをしゃべると、驚天動地の事実が判る」と云っていることで、「油」と「色の粉」の正体が判るであろう。

下山事件の命令者が誰であるかは永久に判らぬだろう。これは想像だけでは云えないことだ。証拠のないことである。しかし、次のことだけは云えそうである。加賀山の文章は云っている。

「しかし、私は下山総裁の死は徒死ではなかったと思う。この事件を契機に国鉄の大整理も漸次進行して無事終了した。そしてこの大整理以後は、今まで組合に押されて来ていたアプレ経営陣も腰を据えて会社の建直しに力を入れ始めた。その意味でこの年は日本の経済が立直る契機を作ったエポック・メーキングな年でもあった。だから下山総裁の死は貴重な犠牲であったのであり、そう思うことによって下山総裁も僅に慰められるところがあるものと秘かに思う次第である」

これは下山事件における結果論である。しかし、結果論は逆にも考えられる。つまりつまり、これは、国鉄の大整理を「無事終了」させるために、また、日本の「行き過ぎた民主運動」を鎮圧し、来たるべき外国共産勢力との対決に備えるため一本の方向に持って行く謀略でなかったとは、誰も云い切れないのである。

謀略側では、下山総裁を「自殺」に計画した。ところが、メトロポリタン・ポリス・ボード（警視庁のこと）の内では、自殺とは見ず、他殺と断定して、この線を追い始めた二課があった。謀略側としては、他殺とみるならそれでもよいが、ただ、その場合、これを共産党側の仕業と見せかけたかったのである。事実、そのように宣伝されていた。ところが、東京地検と警視庁二課の他殺の追及の線は、捜査が進むにつれて妙な方向に曲って来た。つまり、謀略側にとっては自分たちに甚だ気に入らない線になりはじめたのである。それは危険でさえあった。そこで他殺ならば日共側の謀略としたかった彼らは他殺捜査を中止させざるを得なかったのだ。東京地検ならびに警視庁二課の捜査の線が挫折したのは、この理由によるものと思われる。

つまり、この謀略には、自他殺両様のお膳立がしてあった。自殺のほうは例の「替玉」の用意である。では、なぜ「赤」の謀略とみせかけるような他殺工作だけにしなかったのか。このへんは次のような解釈が妥当と思われる。

大ざっぱに云って、当時の日本の治安関係機関は、G2が国警、GSが自治警を握っていた。また、検察庁もGSが掌握していた。

米謀略機関の首脳が下山総裁の謀殺を考えたとき、事件発生後の捜査には、当然、GSの勢力下にある東京警視庁が当ることを考え、また、東京検察庁がその指揮を取ることも考慮に入れていたと思う。さらに、警視庁の捜査機能が世界にも名だたる優秀さであることも考えの中に入っていたであろう。「共産党員やアカの尖鋭分子が下山総裁を殺した」という線が、検察庁・警視庁の捜査で見破られた場合も予想の中にあった。かかる場合、G2と対立しているGSが、その謀略を非難してくるかもしれない。もちろん、それは日本国民の前には公表されることなく、マッカーサーや本国への報告というかたちになるであろう。それでなくともGSは、G2部長ウイロビーの汚職関係を調べているときだった。

だから、謀略班の最大の危惧はGSだったのだ。従って、アカの仕事という下山総裁他殺の線が捜査の段階で破綻した場合の収拾策も、あらかじめ用意しておかなければならなかった。それが即ち下山総裁の自殺説の準備、ひいては替玉の伏線となったのだと思う。いわば謀略班は自殺、他殺の両様を演出していたわけだ。もし、G2が治安機関を一本の線で握っていたとすれば、下山の謀略工作はもっとすっきりと行なわれたに違いない。

替玉の人物については私にも一つの想像がある。ましてや、当時の検察庁がそのことを知らぬはずはない。事実、替玉への捜査が進められたふしもあるが、下山総裁自殺の線が出てから、その追及は打ち切られている。

私が以上のように書くと、替玉の件はあまりに辻褄《そり》が合い過ぎるという声がある（例えば、評論家の平野謙など）。しかし、下山総裁と当時反の合わなかった加賀山副総裁さえ替玉説を唱えているのだ。私は以上の推定を間違いないと信じている。

では、なぜ「自殺」とはっきり警視庁は断定しなかったのであろうか。また、謀略側は、なぜ、その辺を明瞭に発表させなかったのであろうか。

これは公式には未断定のまま、他殺の匂いを残し、日共、もしくは過激な国鉄労組員がやったのではないか、という疑惑をいつまでも一般世間の印象に揺曳させたかったためめではなかろうか。更に一つは、さすがに「自殺」を公式に発表するには、警視庁としては逡巡を感じたのではないか。

しかし、何とか結論めいたものを出さねばならないので、ここでいわゆる「下山白書」による非公式の発表となったものと思える。

伝えられるところによると、この白書は、警視庁の金庫から知らぬ間に持ち出されて、雑誌社に或る男から売り込まれたのだが、これにはG2側の或る人間からの工作があった、とも云われている。

また、この事件については世間にさまざまな風説が流れた。例えば、昭和二十七年七月頃、各労働組合に英文の怪文書が配られ、「下山国鉄総裁が殺された地点の近くの地面には、大型の米軍軍靴の跡があった。犯行が行われた所、犯行現場付近の橋を一台の米軍用トラックが通過したという事実が、現場付近に行っている数名の者から警察に報告されている。また、運輸省の某官吏は、下山氏が一米人と米国の自動車に乗っているのを議事堂脇の道路で見かけた、と証言している。これらの証言は注意深く取り上げられなかった」と書いてあるのが、その一例である。また、キャノン機関が噂されたが、前述のようにキャノンのような下級の一機関が企画するところではない。

以上は、私の推理小説的推定である。もし下山事件を推理小説に考えるならば、これほどスケールの大きなトリックはないのである。

「下山白書」は自殺の線で固められた報告書で、他殺の材料はこれから追い出されている。無論、私は、捜査一課の第一線捜査員諸氏が、最初から何らかの拘束を受けて自殺のカンを働かしたとは、絶対に思わない。ただ、重大な過誤は、彼らが現場に到着して第一に感じたカンが自殺の線であったことである。つまり、堀崎捜査一課長が云ったように「永年、殺しをやっていると、現場に行けば、これは殺しだというカンがぴんと来る、ところが、下山事件の場合はこのカンが来ない。だから自殺です」（加賀山氏の文書）ということになる。恐らく、これが捜査一課の最初の印象であったであろう。

また自殺説の有力な根拠として、死体にかかっていた下山の上衣のポケットに現場の雑草が入っていたので、既記の目撃者山崎タケの証言と一致するといっているが、こんなものは、あとでいくらでも入れて置けるものだ。

下山が殺されたのは、このように日本の「行き過ぎの進歩勢力」を後退させるための謀略であったが、この衝撃的な事件の主人公に下山がわざわざ選ばれたのは、国鉄総裁としての彼が、あくまでも独自の立場で、ＧＨＱまたはシャグノン案に抵抗したからであろう。下山は、国鉄整理問題をあくまでも行政問題、または経済問題と解釈していたところに彼の錯誤があり、オールマイティを信じているシャグノンや、その背後の巨大な一派を激怒させているとは、少しも知らなかったのである。その迂闊さに下山総裁の悲劇があった。

下山総裁は、国鉄整理に当っては、GHQお仕着せの杜撰《ずさん》な原案にあくまでも反対した。彼がシャグノンのせっかちな請求にも拘らず、何とかして独自案を作成しようとして日を延ばしたのはそのためである。

下山は図らずも総裁の地位に就いたが、国鉄労働者に対しては、私的にはかなりな理解があったと云われている。当初示されたGHQ整理案は厖大な人員だったが、彼はこれに抵抗しつづけていた。下山総裁が非業の死を遂げると、国鉄労組では、副委員長鈴木市蔵が弔辞を書いたほどである。しかし、これは霊前では遂に読まれなかった。

「弔辞

下山さん、突然お変りになったお姿に、いま六〇万全組合員の、心からなるお別れの言葉を申し上げに参りました。

国有鉄道はいま極めて困難な問題をつゝんでいます。この時に当り、初代総裁の任につくことを回避する向きが多かったのに、あなたは敢然と、からだをはってやってみようと引受けられたと、もれ聞いています。

私どもは組合の代表として、あなたの心境がよくわかっていればこそ、強く私どもの立場を主張しました。その都度あなたは誠意をもって接せられました。あなたにだけ私どもの真意がわかって戴けたものといまでも確信しています。

今回の行政整理は労働組合と日本の運命を左右するほどのものであり、私どもはあなたと肚をわってお話し、交渉する熱意をもってあの七月二日の交渉に臨んだのでありました。しかし、意見が対立のまま暗礁にのりあげ、あなたは遂に打切りを宣言されました。私どもはその時あなたの苦衷がお顔にサッと表われたことを知っています。

これは今回の犠牲者の身の上に思いをはせられた人間下山と、無理な政治的要請との板ばさみにあった断腸の思いのあらわれであったと考えられます。それから私どもは改めてとっくりお話合いのできることを念願し全国民もこのことを期待してみまもっていましたのに、はからずもここにお変りになったお姿に接し、つぐないようのない損失として心から悲しく思っています。六〇万全組合員は本日あなたの御人格をしのびつゝ、ひとしく哀悼のまことを捧げています。

お別れにあたって私どもは国鉄を再建し、日本を復興するために誠意をもって事態の円満なる解決を念願していることを申上げたいと存じます。どうか国有鉄道のために永遠のいしずえとしてやすらかな眠りにつかれますようお祈りしてお別れのことばと致します。

一九四九年七月九日

国鉄労働組合」

下山事件の捜査はすでに事実上打ち切られたものであり、この謀略の実際の姿は、世界における日本の現在の位置が変更せぬ限り、永遠に発表されることはないであろう。

「もく星」号遭難事件

前頁写真　大島の三原山山腹に激突し散乱する機体
（毎日新聞社提供）

1

昭和二十七年四月九日午前七時三十四分、日航機定期旅客便福岡板付行「もく星」号は羽田飛行場を出発した。折柄、空には密雲垂れこめ、風雨が頻りであった。この機は離陸後館山上空を通過したのち、離陸二十分後に消息を絶った。

日航や海上保安庁そのほかの関係方面では、「もく星」号の行方を捜索中、午後三時十五分になって、航空庁板付分室は米軍からの情報を入れた。それによると、「もく星」号は静岡県浜名湖西南十六キロの海上でその機体を発見して、米軍巡視艇によって全員が救助された、というのである。

それから二十五分経って、更に詳しい発表がなされた。国警静岡県本部の発表である。

「米第五空軍捜索機は、遭難機を浜名湖西南十六キロの海上で発見、米軍救助隊が出動して、乗員、乗客全部を救助した。尚、救助の時刻、救助隊の入港する場所は不明である」

午後三時、航空庁も、横田米軍基地からの通信として、別な、やや違ったことを発表している。

「日航機は、舞阪沖、北緯三十四度三十五分、東経百三十七度三十分の地点で遭難している。目下、海上保安庁の巡視船と名古屋の空軍基地から飛行機が現場に向っているが、付近は濃霧のため機体を発見していない」

これと同時に航空庁は、「もく星」号の機種について発表した。

「マーチン二〇二型双発機、全員三十七名のほか郵便物一一七キロ、貨物九キロ、手荷物二一四キロ、燃料一〇〇〇キロを積んでいた」

それから少し時間がたつと、この情報は次のようになった。

「現場の状況は、機体は海中に没し、尾部のみが見える」

この確認のため、名古屋航空保安事務所通信課長がB－29で現場に急行した。

日航本社では語った。

「救命ボート、救命着などは同機に積み込んでいない。遭難場所が海上であった場合は救助が困難と見られている」

すでに、「もく星」号の乗客の家族は、日航本社に続々と詰めかけた。ラジオは絶えず同機の行方の捜索について刻々情報を伝えた。その日の東海道一帯の天候は、極めて悪かった。一〇〇〇ミリバールの低気圧が潮ノ岬から東海道に沿って北上中で、午後、関東沖に抜ける見込みであった。このため、伊豆半島から大島にかけて海上、陸上とも地表から五、六千メートルの高度まで雨雲が垂れこめ、視界は殆どゼロに近かった。気流もひどく悪く、午前七時半に羽田を出発すれば悪気流の真ただ中に飛び込むわけで、「もく星」号は相当に悩まされたものと見られた。富士山頂観測所からの報告は云った。

「気温は、零度から一度くらいで、氷混りの強雨が降っている」

日航本社では、操縦士について発表した。

「もく星号の機長はアメリカ人スチュワードで、三月十五日、日本に着任、日本では七十時間、アメリカでは八千時間の飛行時間を持った経験者である」

遭難地点と見られている、舞阪沖に日本巡視艇が急行し、空からは飛行機で捜索を行なったが、機体の発見は出来なかった。米軍掃海艇「ハロン」、「ファイヤークレスト」の二隻が全員を救助した旨の情報を一旦キャッチしたのに、機体は幻の如く消え失せたとみえる。九日の夜に入って、この二掃海艇が米軍当局に、一名の救助者も乗せていない旨の報告を寄せたのである。

ここで今までの状況は全く覆り、日航機の搭乗人員全員が絶望視されるに至った。捜索は、レーダー、探照燈を頼りに徹夜で行なわれたが、十日は、その捜索範囲も遠州灘に限定せず、消息を絶った館山付近から伊勢湾に至る海域全般を再び捜索することになった。出動巡視艇の捜索範囲は、「むつき」が大島、野島崎線、「しぎ」が大島、石廊崎、伊豆線、「はまちどり」が御前崎、伊豆線、「こうず」「さちどり」「あいち」は御前崎、鳥羽線、「はちじょう」は鳥羽近海、「こたか」は伊勢湾とそれぞれ予定されて、重点配置に切替えられた。

遭難が伝わると、搭乗客の家族は日航本社に駈けつけたが、九日午後十一時十分、日航会長藤山愛一郎は家族に、

「重大な段階に入ったと申上げねばなりません」

と沈痛な面持で説明した。

十日、日航、海上保安庁は、米空軍協力の下に「もく星」号の行方を捜索したが、この日は前日と打って変った快晴であった。

午前八時四十三分、日航捜索機「てんおう星」号は、三原山噴火口東側一キロ、高さ二千フィートの地点に横たわっている「もく星」号のバラバラの機体を発見した。同時に、米空軍第三救助隊の捜索機のうち一機も同じく「もく星」号の機体を認め、第三救助隊の降下医療隊員二名は惨事の現場にパラシュートで降下し、遭難機が日航のマーチン二〇二であることを確認した。更に生存者は一名も居ないことを知らせた。

大島地区の救助隊は、午前十一時、遭難現場に到着した。そこは三原山東方二千メートル、白石山附近で、機体は山頂に向って帯状に四散し、全員死体となって発見された。

これが大体「もく星」号の遭難経過である。

この機には三十三名の乗客が搭乗していたが、八幡製鉄社長三鬼隆、漫談家大辻司郎などの名前があり、その他はいずれも各会社の社長、重役クラスであった。「もく星」号はどのような理由で大事故を起したか。日航では当時各方面の質問に「全く見当がつかぬ」と云っている。大体、日航の羽田下り便は、離陸後千葉県館山に向い、約三〇〇〇フィートの高度で館山上空において旋回し、大島のラジオビーコン（航空管制標識）によって高度六〇〇〇フィートで大島を通過することになっていた。ところが、二四〇〇フィート（七五八メートル）の高さの三原山に激突したのが重大な謎であって、この謎をめぐって原因の調査会が設けられた。

日航その他航空関係者の間では、その原因として、

(1)　エンジンの故障で連絡する間もなく急に失速したか

(2)　翼の一部を天候でもぎ取られたのではないか

(3)　無電が故障し、規定の高度で飛ぶと強風で流されてしまうので、雲間を低空飛行したためか

等の見方をした。が、いずれも推測以上に出なかった。

この時捜索機に乗った航空庁輸送課長は、次のような推測をした。

「現場から考えて、ラジオビーコンの上を飛んだことは確かだ。だから大島の上空であることは機長も判っていた筈だし、ここでは日航機の下りは六千フィート、上りは七千

フィートの高度を取る規定になっているのだから、どうして二千フィートで飛んだのか判らない。では、不時着でもするつもりだったのかというと、その場合には無電通知をすることになっており、不時着のつもりはなかったようだ。では、無電機の故障か。しかし、僅か二、三分前に館山から通信している。調子はあまり良くなかったとしても、短波、超短波の二つの無線機が同時に故障を起すとは考えられない。どうにも想像がつかぬ」

しかし今日でも「もく星」号の墜落についてはさまざまな臆説が行なわれている。その原因は「もく星号は三原山に激突して墜落した」と直ぐに発表されたならば臆説はあまり起らなかったかもしれない。起ったとしてもそれほど世間に好奇的な印象で拡がらなかったであろう。が、ふしぎなのは、有りもしない「もく星」号の姿を遠州灘沖で発見し、全員を救助したという米軍からの情報であった。幻を見たにしてもこれほど奇怪なことはない。

当時、日本は米軍の占領下であった。もちろん、航空関係も米軍の管理下にあった。その米軍が流した情報である。正確と信じて誰も疑わなかった。ところが、それが誤報と判ったのである。新聞社の誤報ではない。米軍のれっきとした関係から流された情報なのである。ここに、さまざまな臆説が伝わる原因があった。

その、まことしやかなのは、「もく星」号は時限爆弾で墜落したという噂である。

その搭乗客の中にただ一人の女性が居た。彼女は銀座の宝石デザイナーであって、GHQの高官と親しく、ダイヤを密輸するため乗っていた。それを或る機関に探知され、途中で宝石を奪還するために「もく星」号を墜落させたという話である。つまり、二千四百フィートの三原山に「もく星」号をラジオビーコンによって誘導し、低空で爆発させるため、コントロール・タワー員に誤った高度を指示させたというのである。このダイヤは時価一億円であって、密輸業者の仲間か、その敵側かが、ダイヤを奪う目的で時限爆弾を仕掛けたというのである。地表上に衝突したのでない証拠は、衝突によって起る穴が地面になかったからだ、という。

この噂は、事件当時捜索で活躍した前航空庁名古屋航空保安事務所長奥田鉱一郎によって某週刊誌に発表された。しかし、この説は、はっきりと時限爆弾による墜落という痕跡が証明されない以上成立たない。又、唯一の女の乗客というのは小原院陽子であるが、彼女が果してダイヤの密輸を行なったか、或いは当時一億円のダイヤを持参していたかという証拠がなければ、単なる臆測に止まる。

但し、小原院陽子という女性には問題がある。彼女の実際の素性はよく判らない。小原院という優雅な姓をつけているが、偽名である。彼女は米軍、殊に立川基地の高官連と密接な関係があったと噂されていた。それ以前は山梨県甲府の軍政部に五、六年も勤めていた。そこのBOQ（青年独身将校寮）に雇用されていたが、全国で女性は彼女ひとりだったということで、奇怪なことに彼女の登録簿の記名は男性名を用いていた、という。一月に一度、本隊から検査があるときは、その都度、どこかへ遁げていたそうである。むろん、独身で、両親も兄弟もなかった。ただ、甲府にいるときは、軍政部のクラークという大尉の内妻みたいになっていたが、解散になってからはクラークは米国に帰り、彼女は東京へ出た。それから、いつの間にか宝石デザイナーの肩書を用いていた。

謀略説は、彼女が「もく星」号に持ち込んだ宝石に因縁を結ぶのである。「もく星」号は福岡行だが、途中、大阪の伊丹空港に寄る。彼女の行先は伊丹で、そこから米軍用機で沖縄行に乗りかえるつもりだったという説もある。彼女が日本から運び去ろうとした米軍関係の、非常に良質な、多量のダイヤをめぐって、反対派の時限爆弾に仆《たお》れたのだというのである。この説だと、三十三名の乗客と、乗務員《クルウ》とが捲き添えをくったことになる。恐ろしき伝説である。しかし、その伝説の登場人物らしい雰囲気を小原院陽子はたしかに身につけていたとはいえそうである。

空中で爆発したなら、機体は不規則円形に飛散する筈である。しかし、実際は、山頂に向って帯状に長く粉砕されていた。この状態は、山腹に激突したという見方もある。恐らく、突然、雲の間から現れた山を見て、操縦士が驚き、機首を上げようとした瞬間に衝突したのであろう。だから、正面からの衝突でなく、機体は上に斜めになって山に突き当ったのだ。帯状に散ったのもそれで分るし、衝突の地面にひどい穴ができなかったのも、それで解釈できる。しかも、この時限爆弾説が一時は一部の間に相当広く信じられていたらしい。

　もう一つの原因は、ジョンソン基地の航空管制室に勤務する米軍人担当員が酔っ払っていたというのである。彼は泥酔して高度の指示にデタラメを云ったというのである。「もく星」号はその指示に従って、妙だとは思いながら遂に三原山に墜落したというのである。しかし、これは取るに足らぬ説で、米軍は勤務に関しては非常に厳重である。殊に航空関係については、少しでも酔っているとその日の勤務から外すようにしている。酒の匂いがしても勤務に就かせないようにしているくらいであった。ましてや巷間に伝えるように、コントローラー（航空管制員）がベロベロに酔っていたということは信じられない。

　同じような理由で、「もく星」号のスチュワード機長が泥酔して操縦していたという説もあまり気にかけなくてよい。このようなことは到底考えられないのである。ところが、或る方面の説では、謀略によってスチュワード機長を酔わせ、操縦を錯覚させたというのである。

　噂の一つに、前夜、機長を銀座の某キャバレーに誘い、したたかに酒を飲ましたので、二日酔のために操縦を誤ったというのがある。

2

さらに悪質なデマの一つに、三鬼隆氏の立場を失墜さす何者かが謀略をたくらんだというのがある。デマというものは思いもよらぬところから出てくる。それはそのころ、三鬼隆氏の亡き後、八幡と富士とが血で血を洗うような争闘を展開した鉄鋼界の当時の状況から見て、もっともらしい錯覚を聞く人に与えそうである。

又、別な噂としては、それに付随して、三鬼氏が赤坂、新橋辺りでよく遊んでいたので、それに引っかけたデマもある。こうなるとデマも想像力を絶する。

三鬼隆氏は、当時、財界で非常に信望のあった人である。彼は多芸な人で、謡曲、小唄、長唄は玄人の域に達しており、長唄は名取りだったという。それは財界では有名だった。

或る時、名器と云われる三味線を買った人が、一流の弾き手に弾かせて三鬼氏に聞かせたところ、三鬼氏は二の糸が細いようだと云い出し、調べたところ、その通りだったという話がある。

又、二十人くらい並ぶ長唄の三味線弾きの中で、一人だけ根締めの糸を強く締めていた妓があり、三鬼氏は直ぐにそれを指摘したと、氏の師匠は云っている。耳のカンは鋭かったわけだが、それだけ芸ごとに深かったのである。

スポーツも、弓は学生時代から引いて得意な技の一つであり、ゴルフも相当な腕前であった。

氏は、夫人を早く失ったが、その子供のために後妻を娶《めと》らず、ずっと独身で通した。この辺のところがその遊び方の水際立っていることと相俟《あいま》って、赤坂や新橋の花柳界で騒がれたゆえんであろう。金はよく使ったらしい。これで新橋や赤坂でモテなければどうかしている。

財界でも、三鬼隆氏ほど当時人望のある人は無かった。或る人は「政界入りをする前の藤山愛一郎氏の人気に似ている」と云っていた。

蔭で三鬼氏を呼び捨てに云う者はなく、みんな「三鬼さん」と云っていたということである。悪質のデマが起りそうな火種は、どこにもないのだ。しかし、これが逆になった。つまり、財界でも人望があり、新橋や赤坂あたりでも、人気のあるのを敵視や嫉視する者があって、「謀略」が行なわれたというのだ。噂というものは思いも寄らぬところで立つものである。

運命の「もく星」号に乗った人には、後で思い合せると、いろいろな不吉な兆候があったように周囲の人々は考えがちである。微細なことまでそれを運命の予感に結び着けるのは人情である。

日立製作所常務取締役天利義正氏の家族は、天利氏が家を出る時、「きれいな下着に着替えておけば死んでも見苦しくない」と話していたという。このようなことは、われわれでも通常遠い旅に出る前には考えがちであるが、ふと洩らしたこの言葉は死の予感として受取られるのである。

大辻司郎の場合は、講談の貞山と一緒に長崎の平和博覧会に行くつもりだったが、彼は何かの都合で後から飛行機で追うことになった。その「何か」の都合が無かったら彼は生命は助かったであろう。

三鬼隆氏の場合は、十日に八幡で行なわれる第四製鋼工場の操業披露式に出席することになっていた。最初は汽車にするつもりで、八日東京駅発の「つくし」の一等寝台車が予定されていた。ところが、八日は財界その他にどうにもならない至急の用事が出来てしまった。これが彼の出発を延期させたのである。

操業披露式には社長としてどうしても出席しなければならない。どうにもならない財界の用事というのも氏には大切であった。思うに、その「財界の用事」というのは日経連の後任の会長問題であったようである。当時の会長は石川一郎氏で、早晩、後任を決める必要があった。誰が考えても、鉄鋼界の総帥であり、財界の総まとめ役であった三鬼氏が最適任者であった。その話が三鬼氏をして汽車を破棄させ、飛行機を選ばせたのである。運命というものは人間をどこで見えない罠にはめるか判らない。

以下、少しく叙述を描写的に書きすすめることにする。

九日の早朝、六時四十分頃に、三鬼社長は自宅を出た。グレーの合服、黒と白のチェックのスプリングに革カバンという身軽な姿であった。乗用車には長男の彰氏と家族が二人乗ったが、彰氏は父の出張にはいつも見送ったことはなかったが、その朝に限って羽田空港まで一緒に行っている。これもいわゆる虫の知らせであったかも知れない。

折柄、外は雨が降っていた。車は次第に強くなって来る雨の中を羽田空港に到着した。空港には、「もく星」号に乗る乗客三十三人と見送人とがいた。マーチン二〇二の「もく星」号は既に整備を終って、待合室のガラス窓からその機体を見せていた。雨雲の垂れている灰色の空を背景にして機体の色は鮮かに光って見えた。

乗客の中には大辻司郎の顔もあった。これはみんなから余りにも知られすぎている顔なので、グリルの周囲の人々が彼を見て笑っていた。大辻司郎も亦キンキンした特徴のある声でしゃべり、和やかな雰囲気をまいていた。この空気から見ると、誰も数十分後に訪れる黒い運命を予想する者はなかった。

しかし、更に雨は激しく降って来る。雲はいよいよ黒くなって来た。中には、心配そうに空模様を見る乗客もあった。三鬼氏の家族もその一人で、天気のことを気遣っていると、折柄、場内拡声機が気象状況を知らせた。

「只今、大阪は雨が降っており、九州は一帯に曇りですが天気は次第に西の方から晴れてくる模様でございます」

三鬼隆氏は、何度も空路を往復している経験から、家族に、「なあに、雨が降ってる方が飛行機は却って揺れなくていいんだよ。眠っている間に福岡に着いてしまうよ」と、こともなげな調子で云っていた。

「もく星」号の出発が間近となった。十分前には拡声機で搭乗開始を知らされた。乗客はゲートに向ってぞろぞろと歩いた。その中に小柄な婦人が一人いた。小原院陽子である。贅沢な洋装で男客の間に交り、俯向き加減に歩いていた。

三鬼隆氏は、待合室から出て、見送りに来ている家族に向って、帽子の庇《ひさし》に軍隊式の挙手の礼をして、「行って来ます」と、にこにこして云った。その直ぐ後ろに瀬口秘書が従っていた。

乗客は、雨の中を飛行機の方に歩いた。「もく星」号の機上入口には、スチュワーデス権田節子が美しい微笑で乗客を迎えていた。

この時、空に米軍機が一機旋回していた。「もく星」号に乗る客の何人かは、爆音を轟かせている空をふり仰いだことであろう。米軍機は二五〇〇フィートの高度で空港を中心にゆっくりと旋回していたのである。これが「もく星」号を不幸な運命に落し入れようとは誰も気がつかなかった。——

3

「もく星」号は、滑走路に向ってノロノロと歩いた。この時、機上では羽田航空管制塔の指令を受けていた。指令は、若い声でレシーバーに囁いていた。

“ATC clears to Itami airbase via amber 3, green 8, green 10, maintain 2000 until 10 minutes after Tateyama”

「管制承認、目的地伊丹基地、航空路橙三番、緑八番、緑一〇番、館山通過後十分までは高度二〇〇〇を維持して下さい」

橙三番、緑八番、緑一〇番というのは、当時の航空路名であった。羽田から館山まで三七マイルが橙三番、館山から大島まで二八マイルが緑八番、大島より伊丹までが緑一〇番であった。これはつまり、これらの基地を結ぶ空の色のテープだったわけである(現在、これを緑四番と云っている)。

ジョンソン基地は、埼玉県所沢にあった。ここでは、関東地方の凡ての航空管制をやっていたのである。だから、「もく星」号の航空指示は、ここから出て羽田の航空管制塔に中継していたわけであった。従って、「もく星」号のパイロットの聴いた声は、ジヨンソン基地の指令を羽田の航空管制員がそのまま伝えていたのである。

館山から高度二〇〇〇フィートで十分間行けというならば、八分にして大島に達するわけである。大島の三原山は海抜二四〇〇フィートである。八分後にこの三原山に到達するのに、高度二〇〇〇フィートで十分間飛べと云えば、衝突は必至であった。

ジョンソン基地の管制員《コントローラー》は、若い下士官であったかしれぬ。彼は、朝六時四十五分の勤務交代のために、五時に床を起きた。前夜、彼が遊び過ぎていたかどうかはさだかでない。もし、街に出たり、酒保で遊んだりしていたならば、寝不足の眼を擦りながら勤務に就いていたに違いない。

管制員は、一時間に、約二十機から四十機くらいを受け持つので、相当な頭脳を使うわけである。しかし、「もく星」号の出発は、朝の七時三十四分であったから、六時四十五分に勤務に就いたその兵隊が、仕事のために頭脳を疲れさせていたとは云えない。彼は、「もく星」号に対して、前記のような指示を与えたのか。

もっとも、二〇〇〇フィートで飛べという指示には、根拠があった。「もく星」号が、まさに離陸しようとする時、折から軍用機が、着陸を待って羽田の上空二五〇〇フィートの高度で旋回していたのだった。のみならず、「もく星」号の飛ぶ予定方向にも米空軍機約十機が飛行中であった。これを避けて「もく星」号には「館山通過十分間高度二千フィート」と指示したともいえそうである。

羽田の航空管制塔は、この指示を鵜呑《うの》みにして「もく星」号に伝えた。ここでも、羽田の管制員が、当然不審を持つべきである。館山から十分間、二〇〇〇フィートを飛べば、途中で三原山に衝突することを、なぜ考えなかったのであろうか？　人間は、習慣的になると、時に、何事も疑わなくなるものである。ジョンソン基地からの指令を始終中継していたこの管制員は、習慣的に中継機になってしまっていたのであろう。だから、これを、折から滑走路に出るまで、のろのろと歩いていた「もく星」号の機長に伝えた。

「館山通過後十分間高度二〇〇〇フィートでは低すぎる。何かの間違いではないか」

スチュワード機長はすぐに管制塔のクリアランス（航空管制指示）に反問している。これは当然で、二千フィートなら館山から七、八分間の先に二千四百フィートの三原山が噴煙を吐いて屹立《きつりつ》していることは分り切っている。だから通常の下りコースは六千フィートとなっているのだ。

同じく羽田に事務所を置いているノースウエスト航空会社のディスパッチャー（駐在運航係）も、管制塔の指示を傍受して、

「館山通過後高度二千フィートでは低すぎる」

と抗議した。

ノースウエスト社は日航に航空機とパイロットを賃貸している会社である。この時は対米講和条約発効前で、日本の民間航空路が自主性をとり戻すまでの過渡期であった。

すなわち、日航は営業面を、ノースウエストは運航面をそれぞれ受け持つという変則ぶりだった。したがって運航面に責任をもつノースウエスト社は羽田に駐在員を置いていたのだが、その駐在員が管制塔の「低すぎる高度」指示に機長と共に抗議したのは、これまた当然である。

羽田管制塔の管制官も米空軍の軍人である。管制塔はこの抗議を受けてジョンソン基地に問い合せたらしい。その結果の再指示が、「高度二千フィートは羽田から館山までの飛行高度のことである」と訂正してきた。

これによって機長もディスパッチャーも納得し、機はようやく離陸した。

スチュワード機長は、アメリカでは八千時間の飛行時間を持ち、日本に来てからは七十時間の経験者である。七十時間と云えば、日本の空に必ずしも、豊富な経験ではないが乏しくもない。当時のことで、日本人のパイロットはひとりも乗っていなかった。

さて、「もく星」号は、この誤った指示を修正させて飛び立った。羽田から館山までは、いわゆる、橙三番である。館山では、「もく星」号の通過をキャッチしている。折から、密雲は視界を閉ざし、彼女は白い闇の中を進んでいた。乗客が窓を見ると、まるで、古綿の中を突っ込んで行くようだった。硝子に雨滴が一瞬に線となって走る。下界の一物も見えないこの条件の中で、飛行機に慣れた乗客は、座席に首を凭《もた》せて眠り出す者もあったであろう。三鬼八幡製鉄社長も、あるいは、そのひとりだったかも知れない。

大辻司郎氏は、漫談の構想を考えていたかも知れない。小原院陽子さんは、雑誌を読み耽っていたかも知れない。凡ては機長任せであった。

スチュワード機長もまた、その飛行を凡て計器に任せていた。視界ゼロの場合は、計器が唯一の頼りである。地上からは、絶えず、ラジオビーコンによって針路を誘導される。「もく星」号は、館山の無線標識二一六キロサイクルをキャッチした。これは、機内のメーターにそのサイクルを合せると、自然にそこに向う仕組みになっている。

この時も、もし、スチュワード機長が、ここを過ぎて、規定通り下り航路の高度六〇〇〇フィートで十分間飛んでいれば不幸は起らなかったであろう。しかし、機は、まっすぐにそのまま二〇〇〇フィートの高度を続けて、雲の中を大島方面に直行した。館山を通過して八分経った。視界は、ようやく両翼の先が見えるだけだった。雲ばかりである。突然、その雲の中から山が眼の前に突進してきた。操縦士は眼をむいた。とっさに、本能的に機首を上にした。岩肌は滝のように流れて逼《せま》ってきた。人間の感覚が知っていたのはそれきりであった。

「もく星」号が館山通過後も高度二千フィートを維持していたことは、その事故調査委員会（日本側の委員のみで構成。委員長は航空庁長官大庭哲夫）の調査結果でも明瞭である。しかし、羽田の管制塔の指示にあれほど抗議したスチュワード機長がなぜに館山通過後も低すぎる高度の二千フィートを飛んでいたかは調査委員会でもはっきりせず、機長の精神状態に何らかの異常があったのではないかといわれている。つまり、最初の羽田の指示二千フィートがまだ頭の中に残っていて、その錯覚から館山通過後も二千フィートで飛んだのではないかというのである。

これはバカげた臆測である。羽田でノースウエスト社のディスパッチャーと共に二千フィート指示にあれほど抗議したスチュワード機長が、その間違いを脳裡に残していてうっかり間違った高度を飛ぶわけはない。羽田管制塔に高度を訂正させたことは彼には強い印象だったのである。

次に、羽田管制塔の指示は空港の離着陸のコントロールだけであって、館山通過後の管制には関知していない。館山通過後はジョンソン基地にある極東空軍の管制室の指示に変るのである。したがって各機との無電交信も波長が変ってくるのである。

「もく星」号も館山上空にきてからジョンソンの高度指示をうけたに違いない。館山のラジオ・ビーコンはチェック・ポイントといってジョンソンとの交信を義務づけられている。だから「もく星」号が館山から管制指示に従って高度二千フィートで飛んだとすれば、ジョンソン基地の指示しかない。

もちろんジョンソンの管制室も——もはや一管制員の問題をはなれて書こう——その前方に二千フィートより四百フィート高い三原山が当日の厚い雲の中にかくれているのを知っていた。それでも高度二千フィートを「もく星」号に押しつけたというのは、何かよほどの理由がなければならない。また、羽田で抗議したスチュワード機長がその抗議した高度にそのまま柔順に従ったということは、これまた何かよほどの理由がなければならないのである。普通、管制室からのクリアランスは機長に対する「助言」で、あとは機長の判断に任かされているといわれているが、その自由な判断すら機長に不可能にした状況が存在していたのではないか。この場合、天候が悪く、機長はまったく有視界飛行ができず、計器と無線指示だけが頼りの「盲目飛行」だったことを考慮に入れなければならない。言いかえると、「館山通過後十分間高度二千フィート維持」というジョンソン基地からの管制指示に、「もく星」号の機長は金縛りにされた何らかの状況がそこに発生していたと思われるのである。

果してジョンソン基地の管制室は「もく星」号にどのような高度指示を出していたのか。それを知るにはその指示を記録した管制室のテープレコーダーを聞くほかはない。しかし、これは調査委員会がどのように米空軍側に要請しても、米側は遂に出さなかった。文書で「六千フィートを指示した」と回答してきただけだが、文書では信用できない。物的証拠は録音テープである。が、これの提出を米側は最後まで拒んだ。

ここに奇妙なのは、「東京モニター（監督調整係）」なるものがジョンソン基地の「もく星」号への高度指示は「館山通過後十分間二千フィート」だったと言っていることである。「東京モニター」はジョンソン指示を傍受していたのであろう。このことはその後、事故調査委員会の結論について開かれた衆議院運輸委員会での村上勇運輸大臣の説明にもふれられている。「東京モニター」の言うことは、「もく星」号の遭難状況にぴったりとはまる。が、米空軍側は肝腎のテープレコーダーを隠したままで「六千フィート指示」の文書回答で押し通した。

この物的証拠が得られないままに事故調査委員会の結論は、「もく星」号の墜落原因は「何らかの間接原因にもとづく操縦士の錯誤」ということにしてしまった。「何らかの間接原因」とは暗示に富んだ表現である。

なお、米空軍側の文書回答とは逆にジョンソンの二千フィート指示を主張した「東京モニター」なるものは、日本側の航空関係機関ではない。あきらかに在日アメリカ空軍機関だが、これはジョンソン基地でもなく横田基地でもなく、また第五空軍司令部のあった府中市でもなかった。「東京モニター」という曖昧《あいまい》な呼称によってその存在は長らく秘匿されている。

さて、話を「もく星」号が消息を絶った時点に戻す。

「もく星」号の消息不明を知ったジョンソン基地の管制室では、雲中飛行中の同機が三原山に衝突したことをすぐに予想したであろう。二千フィートを指示した管制室としてはこの直感は当然だ。

幹部の間で、すぐに善後策が講じられた。名案はなかった。無論、権威ある米軍が、その手落ちを率直に告白することはできなかった。それは、占領軍の威信に拘った。その協議の席は、苦渋に満ちていたであろう。うまい結論は出ない。この時、ふと、ひとりの係官が意見を出した。まず、当面の捜索の眼を三原山に向けてはならないことである。もし、三原山で事故が起ったとすぐに判ると、明らかに、航空指令のミスを表明するようなものであった。「もく星」号は、館山通過後、名古屋までの間、どこで落ちたか判らないことにしなければならなかった。それを、何処に当てたらいいか？

ここで突拍子もない「善後策」が内部から出された。とにかく、大島を通過したことにしよう。すると、「もく星」号は海上に墜ちたことにしなければならない。海上は、地図から見て、遠州灘がよかろう、舞阪の沖あたりが適当と思われる——この意見は皆の賛成を得た。名案だった。そうだ、三原山に衝突したと即座に知れてはまずい。

占領軍の威信のため管制室の手落ちも発表できなかった。いわんや、これほど重大な失策をしたのだ。

過失を糊塗するために、捜索の眼を、大島から他所へむけさせる、という方策がとられた。のちの状況からみて、ジョンソン基地よりも、名古屋の米空軍機関がこれを行なったフシがある。つまり、ジョンソン基地から名古屋の司令部に報告、そこで協議した上、遭難地点は「舞阪沖」の線が決定されたのではあるまいか。

なぜなら、九日の午後三時十五分、「静岡県浜名湖西南十六キロの海上にその機体を発見、米軍巡視艇により全員救助が開始された」という航空庁板付分室に入った情報は、名古屋から流されたものであり、三時四十分、国警静岡県本部が発表した「米軍からの情報によると」に始まる「遭難機発見、乗員、乗客全員救助」の報告も名古屋から流されたものである。

これが後になると、「機体発見に向った、救助に赴いた」という米軍の情報を、日本側が誤って、「機体発見、全員救助」と「勘違いした」ということになっている。しかし、名古屋から流された「米軍情報」は一回だけではない。その全部を日本側が聞き違えるわけはないのだ。あと始末の訂正のために、日本側の「勘違い」にしてしまったのである。当時は占領下である。新聞社がいい加減に「米軍情報」と堂々と紙面に出す筈がない。米軍関係は、戦前の宮廷記事のように慎重だった筈である。

この「米軍情報」のために、九日いっぱいと十日の午前中まで、海上保安庁の巡視艇は総出で、舞阪沖を中心に、館山沖から遠州灘一帯を空しい捜索に奔走させられたのであった。日航機も、僚機の機体発見を求めて、海上をさ迷ったのであった。

「全員救助」の情報は、憂慮していた乗客の家族を一時よろこばせた。三鬼隆氏の家族の場合は、舞阪沖に不時着水という第一報をうけ取ると同時に、長男の彰氏と長女の則子さんとが自動車を駆って東海道を西下した。そのほか八幡製鉄関係の人が四人同行した。フルスピードで走る車の中で六人の心は喜びにはずんでいた。

三鬼氏の家族の場合は、金があるから自動車で舞阪まで急行できた。そのほかの家族は日航本社に詰めて吉報を待っていた。長崎の一新聞が、大辻司郎の「談話」を予定記事にして載せたりした。

それが、忽ち誤報と分り、家族一同を落胆させ、ついで三原山腹で機体の残骸発見が報告されたのである。

時限爆弾や、そのほかの謀略による墜落ではなさそうである。謀略が無かったから、本題の「日本の黒い霧」たり得ないか、というとそうではない。

事故発生後、自らの手落ちを隠すために、擬装工作をしたアメリカ側のやり方である。遭難地点は舞阪沖だという情報を流して、日本側の捜索の眼を、まる一昼夜、そこに釘づけして、三原山衝突から眼をひきはなしたことである。つまり、米側の手落ちをウヤムヤに消してしまったことだ。ジョンソン基地の管制室の過失をかばったといえば人情的に聞えるが、そうではない。これはあくまでもアメリカ占領軍の権威のためであった。

繰り返すと、ジョンソン基地の管制員が「もく星」号に与えた飛行指示は、テープレコーダーに記録されているが「事故調査会」には、遂にこの重要資料のテープレコーダーは米側から提出されなかった。こちらで催促しても出さないのである。村上運輸大臣の名前による「事故報告」は一カ月を費してようやく発表されたが、結論は、「全員が死亡したために直接原因を確認することは困難でありますが、詳細な調査の結果から操縦士が航法上何らかの錯誤をおこした」ことになっている。死者に錯誤をおしつけるのは便利である。

占領中のアメリカ軍のこのやり方は、小さいながら一つの謀略である。事故が起きた、真相を蔽うために工作をする。この方法は、事件を起す、その真実を隠蔽するために工作をする、という他の事件の手法にも通じないだろうか。

二大疑獄事件

昭電・造船汚職の真相

前頁写真　日野原節三・元昭和電工社長、昭電公判で
（毎日新聞社提供）

1

連合軍総司令部民政局（ＧＳ）の次長であったチャールス・ケージスと恋愛関係を噂された鳥尾夫人が、その手記に、次のような意味のことを書いている。

彼女の夫は、当時、日本自動車株式会社の重役であったが、会社の方の資金繰りが相当苦しく、その窮状を夫人が、或る日、遊びに来たケージスに話した。するとケージスは、「日本には、復金といって企業の復興に金を出す金庫があるじゃないか。そこから借りたらよいではないか」と云った。彼女が「復金は、口では貸しましょうと云ってくれるが、実際にはなかなか貸してくれない」と云うと、ケージスは「それはおかしい。それではすぐＧＳで復金の研究を始めてみよう」と云って、実際、ＧＳですぐ復金（復興金融金庫。昭和二十一年に設けられた「経済復興」を目的とした政府機関）の研究を始めたらしい。

それから暫く経って夫人の家にやって来たケージスが、「研究してみたら、復金の内情がよく分った。あれは昭和電工という所に非常にたくさん貸出していた。中小企業にはとんと金が廻ってない。これは不合理でもあるし、おかしいから、よく調べさせることにした」と云った。それが確か二十三年春のことだったと思う。

その時は何でもないことのように聴いていたが、あとになって、ケージスからこんなことを聴いた。「この前話した復金のことについて警視庁にやらせたところが、藤田刑事部長の手許に復金の書類が集っているのに、捜査の手は一向に進まない。だから、今度、藤田から書類を取上げて、検事総長の福井盛太を司令部に呼んで、復金問題を徹底的に洗うように指令して、そのためGSの一室を日本側に与えて仕事をやらせることにした」と。

昭和電工事件が表面化したのは、その年の八月だった。

この手記の一部分は、大そう示唆に富んでいる。天下に汚職の名を轟《とどろ》かせた大事件昭電問題が、鳥尾夫人とその恋人ケージスとのむつごとから発覚したというのは、話として大へん面白い。が、ケージスは、本気で鳥尾夫人にその話をしたのであろうか。藤田刑事部長から捜査権を取上げたのは事実だが、意味が違う。また、彼がその時初めて、復金の金が殆ど昭電に行っている、という事実を知ったというのは、おかしい。また、事件の発端は、必ずしも鳥尾夫人の手記の通りではないのである。

この事件の存在を最初に摑んだのは、警視庁刑事部であった。しかも、その時期は、二十二年の十月、十一月頃だった。

それ以前から、昭和電工日野原社長をめぐって、いろいろな投書が警視庁に集っていたのである。刑事部捜査二課では新任刑事の訓練のためもあって、傍証を固めるために、まず聴き込み戦術を採ったらしい。すると、いろいろなデータが現れ、生々しい事件が続々と浮び上ってきたのである。特に日野原社長については、その私生活は豪奢を極めるものがあった。

この昭和電工という会社は、千葉県興津の一漁家の生れである森矗昶《のぶてる》が、昭和十四年に、アルミニウムの日本電気工業と肥料の昭和肥料を合併して出発したものである。これが途中で、味の素の鈴木三郎助に助けられて、森・鈴木の提携となり、事業的には森が表面に出たが、実勢力は鈴木味の素であった。森は、その晩年、遂にこの社長の椅子を鈴木に譲る結果となり、鈴木社長時代は終戦直前の二十年四、五月まで続いた。この間に、森は寂しく死んだが、鈴木社長の下には、森の二代目暁が平取締役で就任していた。

ところが、鈴木は老齢のために社長を退き、ここに暁の社長と安西正夫（森の女婿）の専務時代が現出した。尚、森の義弟が三木武夫である。

暁の評判は、外部的には決して悪くはなかった。しかし、一部の人々は、だんだん良く云わなくなった。父矗昶よりも劣る、と云い出す人もあり、経営者としての才腕を云々するという人物も現れてきた。

ところで、昭和二十二年三月になって、社長森暁以下米村、安西の二専務を初め、都合九重役が一挙に退陣した。追放令にかかったからである。

そのあとへ日野原節三社長が就任したのである。これは当時、全く意外なこととされた。というのは、たいていの会社の首脳陣は追放令を受けて退いたが、そのあとは社内から昇格若しくは留任の形が普通だったからである。

ここで、日野原節三という人物について簡単に云わなければならない。彼は、明治三十六年、山梨県生れで、あまり富裕な家庭に育ったのではなかった。しかし、甲府中学から一高、東大を卒業するという、いわゆる秀才街道を歩き、その時の学友が二宮善基であり迫水久常であった。それから常磐生命や日本特殊鋼材などの社長を歴任し、菅原恒覧《つねみ》の女婿となった。そして永らく鉄道工業の常務取締役として、義兄の菅原通済の下で働いた。

日野原は、昭和二十一年七月に、日本水素工業の社長に就任した。奇しくも終生のライバルである森暁が昭和電工社長になったのと同じ時期だった。

日野原の日本水素工業社長の期間は、十カ月にも満たなかった。二十二年三月から、問題の昭和電工社長に、突然、就任したのである。

三鬼陽之助は次のように書いている。

「今、われわれは、森氏の自信をめぐるものを端的な筆に乗せることを遠慮しなければならないが、宏壮な紀尾井町邸を『客』に開放し新たな空気を呼吸した彼には、新しき権勢に対する依頼心がもくもくと湧いて来たのであろう。一種の信仰すら生じていた。『お前は代表的な肥料会社の若い社長だ。お前の位置は孫子の代まで動かさないであろう』と囁かれて、有頂天にもなったらしい」（『財界夜話』）

この本の出版は昭和二十四年で、当時の事情として、このような迂遠な云い廻しをしなければならなかったが、ここに出てくる「客」とはＧＨＱ高官のことであり、「新しき権勢に対する依頼心」とは、無論、この高官に対する気持を云うのである。「お前の位置は孫子の代まで動かさないであろう」というのも、同じくこの方面の甘い声であった。もっと詳しく云うならば、Ｇ２（参謀部第二部・作戦部）の線であった。部長はチャールス・ウイロビーである。

ところが、三月二十四日頃、つまり、日野原の社長就任を決定する株主総会の三、四日前に、時の末広興銀副総裁は、復金理事の二宮善基から、次のような進言をうけた。

⑴　融資会社たる昭和電工の川崎工場がＧＨＱより帳簿検査を受けたところ、昨年十一月から空白部分が多く、監督不行届のかどで復金も叱られたこと。⑵　森社長の後任は、フレッシュで、しかも肥料事業に経験と熱情を有する者を選定することを関係方面から申し渡されたこと。この二点を中心に、後任社長の選定を考慮して欲しい、と二宮は云

うのだ。

そこで、候補者として、信越化学の今井文平、保土ケ谷化学の磯村乙巳があったが、フレッシュという点で日野原が強く浮び上り、末広副総裁と二宮理事とは相談をして、結局日野原に決めた。これをすぐに特殊会社整理委員会の笹山委員長に齎《もたら》した。この時の興銀総裁が栗栖赳夫であった。笹山委員長は、これを委員会にかけ、二宮の提出した原案は通過した。

この決定を、森暁社長の忠実なる重役であった常務の市村寅之助に申し渡したところ、市村は色をなして抵抗した。「それは金融資本の産業資本圧迫であり、陰謀であり、断じて承認できない。総会をあと二日後に控えて原案を撤回することはできないし、その席上で突如、後任社長を発表することも社内外の情勢からできぬ。取敢えず総会は延期したい」と抗議した。

そこで、末広、二宮は、激昂した市村を自動車に乗せ、持株会社整理委員会に出かけ、直接に笹山委員長から決定的なものを与えることにした。その時、笹山委員長からは、「市村氏の異議は承認されない。日野原選任は軍の占領目的から出たものである」といった意味の重大な答弁が発せられた。「軍の占領目的から出た」と云えば、さすがの市村も了解せずにはおられなかった。こうして、二十八日の臨時株主総会で、昭和電工新社長として日野原節三が登場したのであった。

さて、誰でもここでおかしく思うのは、あれほど当時のＧＨＱを頼みにしていた森が追放を受けたばかりか、そのあとの日野原の登場を森側は全然知らず、しかも、それを云い渡されるや、笹山委員長から「軍の占領目的から出たものである」とはっきり云い渡された矛盾である。それでは、森に対するＧＨＱの方針が急転したのであろうか。いやそうではない。これは同じＧＨＱの中でも別の線から押し出されたものだった。つまり、ＧＳ（民政局）やＥＳＳ（経済科学局）の線が突如として出たのである。

私は、日本のＧＨＱ占領史において、絶えずＧ２とＧＳの線が酷烈な闘争を行なっていたことは「下山総裁謀殺論」でも少し触れておいた。昭和電工事件を真に理解するには、やはりこの闘争を頭に入れなければ真相が分らない。

森暁一派が頼っていたのは、Ｇ２の線であった。一方、日野原節三が頼りにしていたのは、ＧＳの線である。ＧＳ及びＥＳＳが森一派の後ろ楯になっているＧ２に対抗するために日野原を強力に推した、という見方は少し早計である。無論、その含みはあったにちがいないが、まだその時は、このＧＨＱの二つの派閥闘争ははっきりした形を取っていなかった。だが、その闘争の序幕は開かれていたのだ。無論、ＧＳとはホイットニー、ケージス、マーカットの線であった。かれらはニュー・ディーラーとよばれ、日本を民主主義の国にしようという理想主義者であった。

云うまでもなく、Ｇ２は日本占領政策を戦略的にのみ了解していた。それでＧＳがいわゆる日本民主化として占領軍的政策を緩和する政策を採るのを不快に考えていた。

筆者が昭和電工事件のいろいろな記録を見て未だに合点がいかないのは、日野原が日本水素から昭電に乗込んだ実際のいきさつである。日野原が昭電に乗りこめた背景は何であろう。

安藤良雄編著『昭和経済史への証言』下（毎日新聞社）にある脇村義太郎（当時の持株会社整理委員会委員・東大名誉教授）の談話中に、

「この事件は日野原氏と当時の興銀の栗栖総裁の相談の上、自分たちが仕組んだ乗取り陰謀で、司令部をうまく抱きこんで、持株整理委員会を使ったのが真相のようです。そこまで仕組まれ、栗栖氏と近い笹山氏や委員会の幹部スタッフが利用されていたことを、私は見抜くことができませんでした」

という一節がある。けだし、この謎を解いたものであろう。

森暁があれほど「自分の追放は大丈夫だ」と云い、その決定後も、なおも昭電社長の椅子に未練を残していたくらい心の拠りどころとしていたG2の勢力線は崩れた。彼の追放直前、突然、昭和電工川崎工場は帳簿の不備を衝かれたのである。なぜか。

実は、二月に、ESSの線にあるアンチ・カルテル・トラスト課の、一機関が突然、昭電の経理検査を行なったのである。この課は独占禁止法の実行をチェックする任務で、課長は、ウェルシュと云い、バークレイ・ヘンダーソンと共にESSのメンバーで、マーカット経済科学局長の腹心なのだ。この突然の帳簿検査は、Ｇ２に頼ってぐずぐずしている森一族を、何としてでも追放する決意が見えている。ここで、帳簿記入が無い上に復金融資の使途不明が摘発されたが、そのために昭電はもちろん、融資機関である復金の首脳部担当筋も厳重な警告を受けたのである。

突然、経理検査を行なうのも変だ。それに帳簿検査自体も、そのやり方は担当者の肚一つでどうにでも操作できるのである。ＧＨＱは川崎工場の帳簿に不備があったというのをどこで誰が知ったか。そのことがあってＧＨＱでは、と云うよりもＧＳの線は、森暁社長とその一族の退陣を強く迫ったのである。その現れが、持株会社整理委員会をして遂に、彼等を退陣せしめよ、という正式の内命となった。これが、前述のように、笹山委員長が市村常務に「至上命令だ」と云って納得させた経緯となる。

ところで、このことが決定すると、ＧＨＱはすぐに、新社長の人選を最大の債権者である復金に命じたのであった。その時、条件として出したのが、新社長は財閥関係者でないこと、肥料工業または化学工業の経験者であること、社長クラスであること、壮年であること、であった。これは既にＧＳで後任昭電社長の肖像画を描いていたわけである。

果して、この意向によって、前記のように日野原、磯村、今井の三人が三月中旬にリストに載り、ＧＨＱに提出したが、その使者がのちの疑獄に連坐した栗栖赳夫興銀総裁であった。そして日野原を決定したのだが、他の二人については相談しなかった。それは日野原が先に決定したので相談する必要はなかったと云うが、実は、最初から日野原の線が決っていたのである。

それには別な傍証がある。持株会社整理委員会の方で「社長決定は、数日後に迫っている株主総会に持出すのは事実上困難であるから、先に延ばしてくれ」と云ったのに対し、GHQでは「どうしてもその日に決定しろ」と強要しているからである。これは既に新社長の線が密かにGHQで決定していなくては、それほど強く云えない筈なのだ。GS、ESSの強さに押されて、日野原は特殊な線から社長に就任したのだが、この時から既に日野原の運命は決定していたといってよい。

GS、ESSの敵手であるG2が、このやり方をいつまでも黙って見ている筈がない。日野原が政界や官界方面に派手に金をばら撒かなくても、いつかはG2から眼にもの見せられる時期は決定的にあったと思われる。況《いわ》んや、日野原に対して恨みを持っている反対派が陰に陽に日野原の日常の生活を窺い、その身辺から情報を取り、いちいちこれを某方面に内通するにおいては尚更である。

日野原は昭電に乗込む時に、この重大な話を親友の栗栖から聴かされ、さすがに躊躇し「僕は果してやれるだろうか?」と訊き、栗栖はそれに対して励ましたと伝えられるが、まだ皮相な観察であった。一体に日野原は自信満々、野心に充ち満ちた性格だったが、日本水素という小さな会社の社長になって僅か数カ月後に、この大会社の社長の機会が転げ込むとは夢にも思っていなかった。株主総会の前日に、日野原は鎌倉円覚寺を訪ねて、朝比奈管長に社長就任の心構えを訊いている。その時、管長が書いて渡したのが「唯尽風情　別無聖解」の一句であった。

日野原は相当な手腕もあり、度胸もあり、勇気もあったが、一面、このような文学的なところがあった。その弱さが昭電事件を起させた一因かも分らない。

彼は、その帰りに義兄の菅原通済を訪ねている。巷説によると、「この義兄弟は冷たかった」という。それは、あとで昭電事件に火がついた時に、通済がその圏外に独り逃れたことを指すのかも知れない。しかし、通済の方では義弟を昭電に乗込ませる積極的な意志と働きがあった筈である。通済は当時GSの線に接近していたが、G2にも眼を配っていた。今日、通済は、とぼけた独特の随筆を書いたり、映画に出演したりして、飄々たる一面を見せているが、彼の本質はそのように甘くはないのである。

2

日野原は昭電再建を目指し、特別融資のあらゆる便宜を頼むため、官界、政界に派手に金をばら撒いた。そのやり方は新聞に報道された通りであるから、ここでは詳しくそれに触れる要はない。ただ、私生活もまた彼の性格として非常に派手であった。会社再建のために、殆ど日夜を分たず努力したのは、重役の中でも彼一人と云われた。彼の有力な相談相手が栗栖興銀総裁であった。また、日本側関係筋や、ESS、GSの高官を連日のように招待したのも日野原である。つまり、この野望に燃えた若い社長は、朝から金融と関係筋の了解に走り廻り、夜は連日のようにその招待に身を尽したのである。しかも、朝は六時に起きて、二時間は必ず読書するというほどの勉強家でもあった。

例の話題になった秀駒をひかせて、杉並区和泉町に料亭を持たせたのも、あながち彼の虚栄心からだけでなく、当時、うるさくなり始めたヤミ料理屋や外部からの眼を忍ぶために、招待の宴会場とする目的もあったのである。それにしても日野原は、絶えず自分の私行が筒抜けに反対派に洩れていたので、問題が白熱化した三、四月頃には、彼は自分の周囲にすら或る種のスパイの存在を気づいた様子である。親しい連中をつかまえて、「君は僕の行動を外部に洩らしているというじゃないか」と笑いながら、しかし全部は笑わずに云うこともあったという。こうなると、まさに身辺は暗黒だったと云わねばならない。

日野原に悪意を持つのは、独り追放された一派だけではなかった。日野原は昭電社長に就任するや、それまでの部課長に至るまで二十七名を勇敢に整理してしまった。重役陣ならいざ知らず、部課長から社員の末端にまで彼の粛清が及んだところに、日野原昭電乗込みの特異性がある。

ここで疑問なのは、なぜ日野原が末端の社員に至るまでいわゆる「日野原旋風」を吹かさねばならなかったか。森系の温存勢力を撲滅する目的だ、と云えばそれまでだが、社長就任早々、一挙にして社員を整理した例は珍しい。その意義は別な意味で考えられそうである。

それと、GS、ESSの線が既に日野原を推す持株会社整理委員会を強く支持していたことだ。ニュー・ディーラーたちは大資本の会社の社長や重役連を独占資本家として排斥していた。そのような経歴のない新人を欲していた。その点、小さな会社の社長でしかない、若い日野原は打ってつけであった。

G2の勢力下にあった警視庁刑事部では、二十二年秋頃から早くも昭電事件の大きさを察知していたか、若い刑事達を四方八方に走らせて、いわゆる聴き込み戦術に出て、これまでの投書や内通を裏書きする資料を相当集め得たのである。この時の警視総監が斎藤昇であり、刑事部長が藤田次郎であった。そして十二月には、民自党関係者から斎藤総監にいろいろデータを提供して、徹底した捜査を依頼している。これは云うまでもなく、時の内閣が芦田、西尾の連立であり、昭電の金がばら撒かれたのが主に社会党方面だったためである。明けて一月になると、衆議院の不当財産取引調査特別委員会（敗戦直後、華々しく活動した衆院隠退蔵物資等に関する特別委員会の解消発展したもの）は、民自党の高橋英吉や田中角栄などによって、「日野原社長に不正あり」と追及させ、真正面から攻撃の火蓋を切った。そこで、警視庁首脳部の肚もいよいよ決り、本格的に摘発に乗出すことになったのである。

高橋代議士は、四月二十七日に、いわゆる「昭電問題調査要求書」を提出したが、その大半は警視庁が本格的内偵に乗出して得た資料に基いて書かれたものであり、昭電乗取、不当融資、不当政治資金、同目的のための不正子会社の存在を指摘した詳細を極めた内容であった。

しかし、これは表面の事実である。実際は昭電問題は、日本の新聞が騒ぐ前にアメリカの新聞が騒ぎ立てたのである。この意味は何であろう。

G2は、昭電の日野原について、その周辺にESSやGSの高官がかなり介在していることを探知した。当時、日本の警察力を使っていちいち尾行を付けたのである。殊にケージスと鳥尾夫人の間柄については興味があったらしい。そのことは、鳥尾夫人の手記にも次のように出ている。

「当時、私とケージスにスパイが付いていたことは確かだった。写真機をぶら下げた男がいつも私達のあとを尾けていた。ケージスがよく『ほれ、またいた』と言った。最近、或る警視庁関係の人が或る人を通じて『あれは当時のG2ウイロビー配下のスパイだった』と言ってくれたが、私の想像では、ケージスが藤田刑事部長を袖にしたので、この方面からの腹いせでスパイを付けたのではないかと思っていた。その証拠に、或る時、藤田刑事部長がアメリカの新聞記者を集めて、『ケージスにはスキャンダルがあるんだ。その証拠となる彼の怪写真がある』と言ったことを聞いた」

これは鳥尾夫人の思い違いで、藤田刑事部長をケージスが袖にしたからスパイを付けたのでなく、スパイが付いたから藤田刑事部長がケージスの抗議に遭い、左遷されたのである。刑事尾行のことはケージスも怒って、斎藤総監に抗議している。(「下山国鉄総裁謀殺論」参照)

事件の途中、斎藤総監は初代の国警長官に転出した。そのあとの警視総監が田中栄一である。この田中、藤田の時代に帝銀事件が起る。

GSは、しきりとG2系の藤田刑事部長の更迭を望んで止《や》まない。そこで、斎藤昇が、藤田を国警の一翼である皇宮警察に入れて、GHQ方面の緩和を図ったのである。その後、更に藤田は京都国警隊長に移り、そこで死亡している。

一体、昭電問題は、それまで日本の一部のジャーナリズムには分っていたが、それが新聞に出ることはなかった。これは報道関係を統制していたGSの新聞課が抑えていたからである。G2としては、なんとかしてこれを問題にしなければならない。そこで考え付いたのが、一部日本人を使って情報を在日外人記者に流させ、それを本国に送るという手である。当時の外国報道関係の集りは、丸の内の常盤家の前にあるコレスポンデンス・クラブにあった。G2がその知り得た昭電の情報、つまりGS、ESSの連中が関係したと見られる事件の情報を、日本人側から流させたのである。外国記者と云っても、主に米国記者であった。

アメリカ通信記者の中には、日本に来てGHQの権力に快《こころよ》からぬ思いを持っている者もいた。とくにマッカーサーの権力の絶大さに反感を持っていたのである。このG2が直接に情報を流すことなく、日本人から米記者に伝えさせるという方法をもってなされた謀略は、GSに打撃を与える目的を成功させた。つまりアメリカ通信社I・N・Sのハルトマンや、ビル・コステル、ゴードン・ウォーカー、マーガレット・バートン、ヒュー・ディンなどGHQに批判的だった記者連中は勇躍して本国に打電したのである。

その一部は、APやUPの通信網に乗って流され、ニューヨーク・タイムズ、ニューヨーク・ヘラルド・トリビューン、シカゴ・トリビューン紙などに掲載されたが、多くの情報は国務省の中に持込まれたのである。周知のように、トルーマンは民主党であり、マッカーサーは共和党であった。GHQを構成するメンバーは殆どマッカーサーの所属する共和党派であり、殊にホイットニーは軍人でありながら共和党に入党していたくらいである。この政党的な絡み合いと、マッカーサーの日本政策に批判的だった米政界人が、GHQ内部のスキャンダルを得て騒然となったのであった。

米紙に載った昭電問題は、これが跳《は》ね返りとして逆に日本の新聞に載り始めた。実は、これがG2の狙いだったのである。アメリカの新聞記事を日本の新聞が転載することまでGSが抑える権限はない。日本国内の報道はナマのままでは抑えられたが、外紙からの転載はどう防ぎようもなかった。

更にG2は、民自党の線に極めて好意を持っていた。同党が「昭電問題調査要求書」を突き付けたのはG2の線からの後押しとみてよい。この要求書の内容は警視庁の資料に基いて書かれたと云われているが、その中にはG2が直接に得た情報の部分も入っていたであろう。要するに、形の上では、このようにして日本の新聞が騒ぎ出したので警視庁が初めて捜査に乗り出したという進行形態がとられた。

警視庁首脳部が、いよいよ昭電内偵に本腰を入れる決意を固めるに前後して、端なくも浦和地検が、昭電秩父工場所有の錫、銅、黄銅など十五種類二百トン、時価数億円といわれる大量物資が横流れしている事実を知った。同工場を調べたところ、その他にも同工場製造の石灰窒素三千二百袋を初め、ソーダ、アルミニウムなどが米、麦などの主食と交換のためヤミ売りされていること、そして、これを幹部の慰労金や退職手当に当てていた事実が発覚した。同工場長ほか三名は責任者として強制収容されたのである。これなども謀略的な情報が浦和地検に流れたと見ていい。

なぜなら、秩父工場に次いで、警視庁では富山、大町両工場を襲い、ここでも物価統制令違反を挙げたのである。当時は、この種のヤミ行為は他の会社や工場で殆どやっていたことだ。食糧が無く、従業員も食うのに困っていた時代で、その厚生給与としてヤミ米や麦粉などを自社製品と交換していたのは殆ど常識だった。だから昭電の秩父、富山、大町の三工場がそのヤミ事件の摘発をされたとしても、捜査は結局竜頭蛇尾に終るのではないかといわれたくらいである。

事実、日野原社長もさまで狼狽《あわて》ずに、このヤミ摘発事件には楽観していた。が、何ぞ知らん、警視庁の狙いは、ここを橋頭堡《きょうとうほ》として昭電の内部に攻撃をかけつつあったのである。その現れが、五月二十五日、折から昭電横浜工場では、日本軽金属の蒲原工場にならって、アルミニウム復活の前景気を祝って、ボーキサイト祭りを催し、それに日野原社長以下の重役、幹部社員が出かけた留守に捜査第二課では溜池の本社を急襲し、トラック二台に二十数名の武装警官、係員を乗せていって捜索し、帳簿を山と積んで引揚げたのである。

それにしても、川崎工場の帳簿検査といい、秩父工場の経済統制令違反といい、あまりにタイミングが合いすぎるのにびっくりする。実は、これこそ、G2お得意の下部謀略班が内偵して、摘発の緒をG2が検察側に作らせたのであった。

3

五月二十五日の昭電本社の急襲は、日野原社長は予期しなかった。まったく虚を衝かれたのである。この時、警視庁の係員は重要書類を入れた彼の赤鞄や秘書の手から贈答先のメモ帳を押収した。

ところが、多くの会社がそうであるように、この会社も二重、三重に帳簿が作られてあり、重要な個所は全く書き変えられてある始末で、警視庁の連中は帳簿を大量に押えたものの、問題の核心はなかなか摑めなかった。しかし、苦心の末、前年末の帳簿で、宴会費に七百万円、贈答品費として四百万円の数字が浮び上った。ここで、これまでの投書や陳情や聴き込みを裏書きする、彼等のいう「氷山の一角」を摑み得たのであった。

六月六日、まず社長秘書と商工省化学局肥料二課硫安係主任技官津田信英が贈収賄の容疑で検挙されたが、引続き、十五日に、もう一人の社長秘書が津田技官への贈賄嫌疑で検挙、更に翌日は、商工省肥料第一課長が収賄の疑いで検挙された。これらはあまり大して当時の新聞に注目されず、一段見出しで片づけられていたが、しかし、一部では、その成行きを興味をもって見る新聞もあった。多くの大きな疑獄事件の端緒がそうであるように、昭電も最初は小官吏の汚職事件から出発したのである。

六月二十二日には、警視庁首脳部と東京地検と打合せをして、日野原社長を検挙することを話合っている。翌二十三日には、伊尾検事の指揮によって警視庁捜査二課が三班に分れ、玉川等々力の自宅、赤坂本社、杉並和泉町の別邸（秀駒の経営する料亭）を急襲した。が、日野原はどこにも居らず、警視庁は空しく引揚げたが、午後三時半になって、日野原は藤田刑事部長（まだ在任中）を訪れたのである。

それ以後の贈収賄の人物の喚問や収容は、これまで知られていることだから、この短いスペースでは詳述することができない。要するに、昭電側では、取締役藤井孝、常務鳥巣正之、経理課長岡崎一雄、総務部次長吉田清彦、大蔵省では、主計局長福田赳夫、興銀では副総裁二宮善基、政界では、安本長官（前興銀総裁）栗栖赳夫、前副総理西尾末広、元農林次官重政誠之、元自由党総務松岡松平、民自党顧問大野伴睦、市中銀行関係では、富士銀行常務丸山二郎初め六名、更に昭電傍系会社、工場その他を合すると三十五、六名から四十名近い名が数えられた。

現在、これらの人々の多くは、既に裁判による無罪の判決を受けている。したがって、ここでそのいちいちの内容に立ち入ることは許されない。

しかし、贈賄側が何を贈り、受入側が何を取ったかは記録で明らかとなっている。ただ、贈る側についてはそれが収賄の意義を成立するとし、受入側については政治献金だとなっている。常識から云って、収賄があれば贈賄があるわけである。一方が無罪となり、一方が有罪を構成するのは合点がいかない。難しい法理論はとも角として、われわれ庶民の感情から云って誰しも一方の無罪は納得できない。

この事件で明るみに出たのは、日野原の豪勢な饗応である。殊に彼の私生活は、薄給の警視庁の係員を瞠目《どうもく》させたであろう。彼が麻布四ノ橋の天ぷら御殿の常連であることも分ったし、次に、交際費と宴会費が何十万円、何百万円などということも分った。秀駒をひかせて別宅に住まわせ、そこで料亭を営ませ、豪勢な宴会をつづけていたことも若い刑事達を刺戟したであろう。

が、日野原としては、昭電再建のためにはどうしてもGSまたはESSの線と密着しなければならなかった。事実、ケージスなどその方面のアメリカ人がしばしば天ぷら御殿や杉並の秀駒の料亭に招待されていたのであった。

G2としては、日野原が何をやろうと問題ではなかった。ただ、そこにGS及びESSの連中が介在していることを摘発するのが目的だったのである。当時の情勢から云えば、G2とGSはまだ決定的な闘争になってはいなかった。GHQの主導権は、完全にGSとESSに握られていたのである。なぜかというと、GSは「日本民主化のために」という旗の下に人的に日本改造（追放）を進行させていたし、ESSは「日本財閥解体」という組織の面での日本改造を行なっていた。事実、いかなる企業も経済科学局の権限の中に入らないものは無かった。つまり、人的にも組織的にも「民主化」の下に、日本のあらゆる層はGS、ESSの権力下に握られていたわけである。

G2としては甚だ面白くなかった。もとより、彼らは日本占領目的をあくまでもアメリカの戦略的見地から考えていた。したがってGSの線を容共的だと見ていた。G2の親分ウイロビーとしてはホイットニー、ケージス、ダイクを本国に追い帰す機会を狙っていたと思われる。

そこに昭電事件が起り、ケージス一派がしきりと日野原から饗応を受けているのを聞いて、或はCIC（軍諜報部隊）などを使い内偵させて知り、雀躍したであろう。

これはGHQ内部の反対派に対してであるが、一方、日本人側に対しては、時の内閣――社会党を主軸として構成する芦田内閣をなんとかして倒し、次に、G2の欲する戦略的な日本治安のために有益と思われる民自党の吉田内閣を成立させたかった。だから、一方の見方から云えば、昭電疑獄はG2が、GS側の芦田内閣を倒壊させるために起した陰謀とも云えるのである。その証拠に、時の首相芦田均は、昭電疑獄の罪状ではなく実に土建業者から収賄したという全く別個の形式で起訴されている。これなどはよくG2の謀略性を語っていると云っていいだろう。

昭電事件についてはまだまだ語ることが多い。しかし、この小論は、昭電事件そのものを語るのではなく、昭電事件の真の性格を云いたいのである。

斎藤昇の『随想十年』に以下のような記述がある。

「二十四年九月二十日、私はGHQの公安課の呼び出しを受けた。そこには警視庁の公安委員長小畑氏が既に見えておられた。公安課長のプレアム大佐は不在であったが、次席の中佐から、昭和電工事件の捜査を警視庁は速かに停止して、これを国警において行なうべし、という命令が伝えられた。

昭和電工事件は、警視庁が着手をして既に半歳、いよいよそのクライマックスに達しようとする時であった。この事件は、昭和電工の些々《ささ》たる経済統制令違反に端を発して、それが某官庁の下級官吏の瀆職《とくしょく》事件となり、更に拡大して、当時の芦田内閣の要人の贈収賄事件に発展したものであるが、公安課の言うには、警視庁の捜査が悉く外部に洩れ、こんなことでは公正な捜査ができ難い。したがって、警視庁は直ちに捜査を停止して、国家地方警察が引続いて捜査をすべし、というのであって、この要望はＧＨＱの公安課の要請に基くものである、ということであった。

当時、容疑にのぼった閣僚の名前や、いつ幾日召喚されるであろう、というような記事が新聞に連日連載されていたし、また、この事件にＧＨＱの某要人が関係があるとか、或いは、揉み消しに暗躍していると噂され、しかも、このことは外電によって頻々とアメリカに送られているというような実情であった。殊に、捜査の内容がアメリカの或る新聞記者によって頻々と漏洩されるということを最も重大と考えたものらしかった。

私は『警視庁は内容漏洩の責任があるかどうか。また、たとえあるとしても、そのゆえに警視庁が昭電捜査を中止し、代って国警が捜査することの適否は別だが、法律的に国警がこれを捜査し得るや否やは疑問である。私は、新警察法の法律解釈によれば、これは不可能であると考える』と言ったのであるが、『これほどの国家的事件を国警がやれないという理由《わけ》はない。法律には明瞭に書いてなくても、警察法の立案の趣旨は左様である』という答であった。しかし、私は更に『GSの意見を再考してもらいたい』と言って、辞去したのである。翌日、GSのケージス大佐から呼び出しがあった。そこには福井検事総長も見えていたが、同大佐もまた同様の要求があった」

この文章の中にある通り、ケージスは警視庁から国警に昭電捜査を移したかったのである。これでみると、国警は、のちの現象でみるようにはまだG2の線にそれほど押えこまれていなかったようである。警視庁にはG2の勢力が伸び、藤田刑事部長はその手先である、とケージスは考えていた。そこで彼は警視庁から捜査を取上げることが結局出来なかったため、藤田刑事部長の転出となったのである。更に、斎藤昇の手記にあるように、「外電によって捜査の内容が頻々とアメリカに送られる」というのは、前にも述べた事情で、G2の策略によって、コレスポンデンス・クラブの記者連中にG2がキャッチした捜査内容を洩らし、本国へ打電されたことを意味する。

この昭電事件の性格は、大体、G2、GSの縄張り争いによって、計画的にG2が暴《あば》き立てた疑獄と云ってもよかろう。したがって、これは最初から計画された疑獄であり、一つの軌道を捜査が走ったという感じがする。これが昭電事件の特徴である。後述する造船疑獄は、これとは全く反対の形であった。GSが、この昭電事件によって芦田内閣がゆさぶられても次の吉田内閣を成立させないために、その延命を図り、強引にその存続を企画していたのは、次の事情でも分る。

「芦田均は、同内閣時代のことを『僕の在職中、司令部の民政局は絶えず使いを寄越して、頭のてっぺんから、靴の先まで指示すると言っていた』と追想しているが、全くその通りであった。二十四年に昭電事件が勃発して芦田内閣が危機に瀕した時のことに移るのだが、安本長官の栗栖赳夫が検挙された時、芦田は既に辞意を固めたのだが、前にも言ったように、民政局が『辞めてはいかん』としきりにつっかえ棒を出したため、芦田も辞めるに辞められぬ羽目に陥っていた。芦田内閣が倒れた原因は、言うまでもなく昭電事件であるが、なぜあの事件があぁまで仰々しく発展したか。これには純司法上の問題もいろいろあろうが、その背後には、ＧＨＱのＧ２と民政局の政治的角逐《かくちく》、その主導権争いが潜んでいたからである。Ｇ２が日本の検事局と警察側に働きかけ、昭電疑獄事件に点火することによって民政局のケージス一派を掃蕩しようとする陰謀と計画があったことは確かのようだ。当時の検事総長だった福井盛太が、その当時、『今は何も言えぬが、これにはいろいろな事情が伏在している』と、昭電事件には混み入った裏話のあることを知人に洩らしていたそうだ」（細川隆元著『昭和人物史』）

いわゆる当時の福井検事総長の云う「いろいろな事情が伏在している」とは、この間の消息だが、もう一つ、重大な意味の内容がある筈だ。昭電の裁判記録にはＧＨＱ関係の高官の名前が一つも無い。厖大な捜査調書から、アメリカ人の名前を片端から、抜き取ってしまったからだ。そのヌキ取りの命令者が誰であるかは、知る人ぞ知るである。

芦田内閣が倒れても、GSは吉田茂を後継者としたくなかった。そこでGSが画策したのが、時の衆議院議長山崎猛にアッピールして内閣を造らせようとしたことだ。これは再びG2の反撃に遭って崩壊したが、同時に、世に云うところの「山崎叛乱」となって、山崎猛は議員を辞職した。いかにGSが最後までねばったかがそれでも分る。結局、昭電事件によってケージスが失脚しアメリカに帰され、G2側の作戦が成功した結果となった。

G2としては、GSとの縄張り争い、主導権争いに勝てばよかったのである。昭和電工問題などはどうでもよかった。あれほど天下を騒がせた昭電事件の最後が竜頭蛇尾になったのは、これもその性格を語っていると思える。

それにしても、日野原節三は一個の若い有能な実業家で、もしG2、GSの争いが無かったならば、たとえ政財界方面に運動資金をばら撒いたとしても、昭電事件が起るようなことは無かったであろう。そして彼は、今では全日本肥料界に君臨する大社長となっていたかも分らない。当時のGHQ内部の紛争は、このような一例でも分る通り、幾多の日本人に悲劇を与えているのである。

それにしても、なぜ若き日野原が在社数カ月の日本水素（この時は、日本肥料から日本水素株二十一万株を肩代りして入社した。この辺のところも微妙）から昭電に入ったか。

誰が背後で彼を動かしたか。更に、いわゆる「日野原旋風」はなぜ部課長に至るまで馘首をしたか。この辺を更に深く抉《えぐ》って行くと、思わぬ事情が伏在していそうである。

昭電疑獄のもう一つの特徴は、時代色とでも云おうか、贈賄側が贈った金品である。品物としては硫安、醤油、ウイスキー、酒、ハム、牛肉、下駄、日本酒などがある。当時の物資窮乏の時であるから、今から見ると興味がある。数量は、牛肉三百匁、鮭一匹、醤油一斗などで、一番多いのが硫安である。これは昭和電工の製品で、お手のものであるから、これを贈って米と換える含みがあったのだ。当時、肥料に困った農家では、硫安ならば喜んで取替えた筈である。

この時、受取った側では、或る官吏は、奥さんが預かったままに、つい生活費に使い込んだ例もあり、或る官吏は、色をなして昭電本社に来て、社長に面会し、叩き返している。疑獄はいつの場合でも下級官吏からの摘発が常識であって、殊に課長補佐あたりが常にその犠牲になる。疑獄が起ると、通例と云っていいほどこのクラスが自殺するのは、捜査陣もここを突破口として取調べを集中するし、下級官吏としては義理に迫られて、止むなく自らの命を断つのである。誰が有罪の宣告を受け入獄したとしても、自殺した下級官吏こそ疑獄の最大の犠牲者であろう。

4

造船疑獄の場合は、昭電事件と違って、全く偶発的に検挙の端緒が摑まれたのである。それと、この事件は、昭電事件のように米軍占領中に起ったのではなく、講和発効後、一応、日本が独立した形態後に生じた事件である。したがって、性格的にもこの二つの事件は明確に相違がある、と考えることを前提としよう。

事件の発端は、金融業者森脇将光が猪俣功という人に金を貸し、これが焦げついて、詐欺の訴えをしたことから始まる。この猪俣功は、例の特二の椅子（編集部注・特別二等車のリクライニング・シート）のパテントを持った人で、当時、鉄道と極めて関係が深かった。この特二の小さな椅子を造る名も無い小会社が、山下汽船、日本通運、日本海運などの一流会社からたくさんの金を借り、それを焦げつかせていた。貸した方を調べると、この金は、会社に内緒で重役連中が勝手に浮貸して利ザヤ稼ぎをやろうとしていたものと分った。

そこで、猪俣に金を貸した各社の重役は自分の会社に対して特別背任を構成するわけなので、検察当局はこれらの会社の重役に司直の手をのばした。

まず、昭和二十九年一月七日に、東京では山下汽船の横田社長、吉田重役を逮捕、静岡では日本海運の塩次社長を逮捕、同時に、家宅捜索をやった。この山下汽船の家宅捜索から、驚くべき書類が偶然に出てきたのである。横田、吉田両人のメモだが、これを合せて世に「山下メモ」と云う。このメモの中に、横田社長らは、三十数名の政界人と赤坂の料亭で会食しては金銭を贈っていたことが、細かに書き込んであった。そのメモは、二十八年の夏、「外航船舶建造融資利子補給及び損失補償法」なる法案が国会を通過成立したが、その時の汚職メモであった。

既に、この法案が成立した時、当時、世間では「汚職がある」という噂があったが、まだ何一つ具体的なものは無かった。

この法案成立の大体の経緯《いきさつ》を云うと、当時日本の海運界は、戦前六百三十万トンもの船舶を保有していたのに、戦争のため百三十万トンに激減し、屏息《へいそく》状態だったので、これをなんとか急速に復興させるため、海運界の要望に応え、この法案が作られた。まず、二十八年一月に、一旦、国会を通過成立したが、業界はこの法案を不満とし、もっと有利な法案を作って欲しいと、各方面に働きかけ、修正案を作らせ、再び国会に持ち込み、審議をした。ところが、これは、同年三月、吉田内閣が例のバカヤロウ解散をしてしまったので、お流れとなった。すぐ選挙があって、また吉田内閣が生れたので、引続き審議され、遂に同年八月、海運業者の望みどおりの法案が成立した。

これに必要な予算は、全部で四百七十八億円である。つまり、海運業者のために国民の税金をそれだけ呉れてやる、という法律だった。

しかし、当時、海運を急速に復興することが国家として必要なことで、この政策それ自体は無論正しいように思われた（その裏には、別な、意外な面があるのだが、後述する）。が、海運業者にとって丸儲けのこの法案を通過させるために、業者が官庁方面や議員連中に贈賄したとすれば、明らかに大汚職となるのである。

この風聞は、前から巷間に噂されていたが、端なくも、ただの会社重役の背任を調べている時、この贈収賄を明細に書き込んだ山下メモが発見されたのである。このメモは、トラック一杯分もあった他の押収書類と共に東京地検に運び込まれ、ガリ版で密《ひそか》に五枚だけ印刷し、検事総長、最高検刑事部長、東京地検検事正、特捜部長、主任検事の五人に配った。このメモの中に三十数人の政治家が混っているが、殆ど、いわゆる政党の実力者は網羅した形となっていた。そのメモに記載された収賄側の名はそれぞれ親分クラスの政治家であり、贈った側は、船主協会と造船工業会及びタンカー協会であった。

これから先の経緯《いきさつ》は、世間で知られていることだし、この短い文章で詳細に書く自由はない。大略を云うと、この「山下メモ」から政界献金の一覧表を入手して、まず、山下汽船をモデルケースに取上げ、経理を初め業務、船舶、発注、増資まで総洗いをした。その結果、建造価格の五パーセントから三パーセント程度が造船所から船会社へ払い戻されているリベートとなり、それを更に政界方面に献金したことが分った。

まず、第一次の手入れは、山下汽船と取引関係のある日立造船、浦賀ドックを摘発し、山下汽船からの贈賄で、運輸省壺井官房長が一月二十六日に逮捕されて、この贈収賄事実から、更に名村造船に手が入った。

日立造船の取引先である飯野海運、新日本汽船、太洋海運、日本油槽船、浦賀ドックの取引関係の八馬汽船、中野汽船、更に名村造船関係の東西汽船、新日本海運の八社が、二月二十五日に摘発された。これが第二次の手入れである。

第三次の手入れは、飯野海運など八社の取引先の播磨造船、川崎重工業、三菱造船が摘発を受けた。

第四次は、日本タンカー協会に飛火し、日東商船、照国海運、三菱海運の手入れとなり、第五次は、飯野海運とのリベートに絡んで石川島重工業が摘発された。

この頃になると、海運、造船業界の捜査段階を終って、政界摘発の基礎を固めた。この間、自由党有田二郎代議士の逮捕を初め、政界人多数の任意取調べが連日のように行なわれ、「外航船舶建造融資利子補給法」の三派修正案の裏取引に活躍をした人々のうち、自由党関谷、岡田両代議士の逮捕、佐藤幹事長、池田政調会長の取調べ開始と、造船疑獄は重大な段階に至った。

この間の主なものを拾うと、二月十九日には、「造船利子補給法の成立の前後、政官界要人が業界幹部と赤坂の料亭で会った事実がある」という、いわゆる「森脇メモ」を田中委員長に森脇が提出、二十日には、社会党の佐竹晴記議員が「森脇メモ」と同一内容のものとして閣僚、政党幹部を含む氏名を発表、参議院議員西郷吉之助（緑風会）は東京地検で参考人として取調べを受けた。

二十二日には、衆議院予算委員会で改進党の中曾根康弘議員が「石井運輸相、大野国務相が業界から金を受取っている」と暴露的な質問を行なっている。

ところで、このことの起りは、森脇が猪俣功なる人物に保管株券を詐取されたとして東京地検に告訴したことから始まった。つまり、河井信太郎検事は猪俣功を調べるにつれて、その背後に、船会社が多数の献金を政界にしている事実を摑んだのである。河井検事は、東京地検の馬場検事正と佐藤検事総長などと協議し、この疑獄に立ち向ったのである。

森脇自身も、このような大疑獄に発展しようとは夢にも思わなかったであろう。いわゆる「森脇メモ」なるものは、丹念に、赤坂の料亭で会合する船舶業者と政財界人との人名を探って、記録したものだ。

或る日のことだった。森脇は赤坂の或る料亭に行って、そこの女将《おかみ》に「近頃の景気はどうか」と訊ねたところ「うちは閑古鳥が啼いていますが、この赤坂村で景気のいいのは、中川や長谷川だけですよ。あそこは、なんだか船会社の人が盛んに使っているようです」と云ったので、そのことからヒントを得て、これは何かある、と思って調査を始めたという。

ところが、森脇が予測しなかったように検察当局でも、これほどの疑獄に発展しようとは思わなかった。

いわゆる政財界と船舶業者の方面でも、まさか一市井の金融業者が訴えた詐欺告訴事件から火が点こうとは思いもよらなかったであろう。すべて造船疑獄の捜査そのものが偶発的だったのである。

5

森脇が猪俣に詐取されたという抵当株券は、日本通運のものだった。これから海運、陸運の疑獄の端緒が摑まれるのだが、猪俣功なる人物は、元々、鉄道方面に深く喰込んでいた。

猪俣は、その昵懇《じっこん》にしている三井一族の一人をバックにして米軍に渡りをつけ、殊にGHQでは、例のCTS（民間鉄道管理局）のシャグノン中佐に渡りをつけた。二人の関係は密接なものとなった。

占領当時のシャグノンの勢力は大層なもので、国鉄部内では誰も彼に頭が上らず、加賀山総裁などは彼の難題に耐えかねて、マッカーサーに直訴状を出すというような話もあった。

このシャグノンが下山事件では重要な役目を務めているのである。

したがって、この造船疑獄にも既に陰ではアメリカ側の関係が多分にある。人は「日本は既に独立し、GHQは消滅したので、この疑獄にアメリカ側の影響は無い」と解しているが、実は、その裏を見ると、やはりアメリカの深い繋がりが見られるのである。

それは後述するとして、まず指揮権の問題である。

有田二郎逮捕の時でも、国会の許諾請求などで揉めたように、検察側では、もしこれを徹底的にやるとすれば、政界に大変な波瀾や抵抗を受けることを覚悟せねばならなかった。そこで、当時の法務大臣犬養健に佐藤検事総長は頻りと検察当局の決意と方針を伝えている。

これは捜査の相談をしたのではなく、犬養法相の腹、つまり政府や与党の腹を探っておき、併せてその捜査方針を決めたかったからである。

ところが、犬養は別に捜査を妨げるようなことは云わず、「いいだろう。やり給え」と云うばかりであった。これに力を得た検察陣は、いよいよ徹底的にこれをやることにした。

捜査最終目標は、この「造船利子補給法案」の国会通過をめぐって、自由党幹事長と政調会長が、海運業界から夥しい献金を取っている事を摘発することにあった。

問題の「造船利子補給法案」は、二十八年一月、最初の案が成立したが、海運業界が不満で、「もっと有利な案を作って欲しい」と働きかけ、その改正案が出来て、国会審議中に解散となって流れた。

で、選挙を控えて、佐藤栄作幹事長は資金集めにかかったが、船主協会の実力者飯野海運の俣野社長の所へも、大口の寄付を頼んだのである。

俣野は船主協会と協議して、三月二十日自由党本部に佐藤を訪ねて、現金で一千万円を献金した。これは党の帳簿についてもいるし、自治庁にも届けられているので、正当な政治献金として問題外だったが、次の選挙で再び吉田内閣が続き、「造船利子補給法案」は、八月に、海運業界の思いどおりに成立した。

その直後に、佐藤幹事長は、選挙の時の八千万円の借金を埋めるために、船主協会から改めてもう一千万円寄付して欲しい、と頼んだのである。

そこで各社が分担して、九月二十四日に、小切手三枚でまた一千万円を佐藤幹事長に渡した。

佐藤幹事長は、また別に、「造船利子補給法」のために儲けた造船工業会へも働きかけて、会長の丹羽三菱造船社長に一千万円の寄付を頼んだ。これも、佐藤幹事長が受けている。この後の二千万円は、帳簿にも載せず、届出も怠っていた。

それが、「これは政治資金規正法違反である」と検事が冒頭陳述に云っているところだ。

　要するに、船主協会及び造船工業会の思いどおりの法案を作ってやったから、そのお礼としてそれぞれ一千万円ずつ寄付してくれ、と云い、頼まれた方は、お礼心に二千万円を出した、ということになるのである。

　要するに、幾多の議員を自由に出頭させたり逮捕したが、最終段階は、この二人に検事局はしぼったのである。

　いよいよ、四月十七日に、佐藤幹事長逮捕のため検察首脳会議が開かれ、詳細な手筈を決めたが、佐藤幹事長の方から検察当局に「事情を話したい」という申し出があった。実は、その四日前の十三日にも、法務省の寮で、佐藤幹事長の任意出頭を求めて、一応取調べたあとだった。その時のことは新聞にも出ていて、有名な、佐藤幹事長の「俎《まないた》の上の鯉だよ」という名言がある。

　十七日に任意出頭した佐藤幹事長の言い分というのは、「造船屋から貰った金は党への政治献金で、自分の私したものではない。こんなことが罪に問われるなら、政党の幹事長は勤まるわけはない」というのであった。

　しかし、翌日から、河井主任検事は馬場検事正や田中次席検事、山本地検特捜部長などと落合って、いよいよ佐藤逮捕の最終段階を協議している。

　これからのことは詳しく云う余裕が無いが、要するに、四月十九日、佐藤検事総長は九時半頃に登庁したが、十時を過ぎなければ登庁しない犬養法相が、その日に限って来ており、佐藤総長が来ると、すぐ大臣室に呼んだ。

この時、犬養法相は佐藤総長に「逮捕しないで、なんとかならないものか」と云い、佐藤総長は、

「今更、逮捕しないわけにはいかないが、お気持は会議に伝えて、もう一度検討してみることにしよう」と答えている。

今まで、どの議員の場合でも、「うん、いいだろう、やり給え」と云い続けていた犬養文人法相が、佐藤幹事長に限って「逮捕しないで、なんとかならないものだろうか」と云ったのは、既に佐藤逮捕困難の意志を検察陣に見せたわけであった。

検察会議は、犬養法相の前を退った検事総長を中心として、法務省側の清原次官以下と円卓会議をした。法務省の方では、既に法相の意思を反映して、検察側の意見に対して、これを抑えようとかかっている。法務省側では、果して佐藤の第三者収賄が成立つか、成立つとしても、公判廷に持ち込まれたのち公訴が維持出来るか、どうしても今直ちに逮捕しなければならないのか、と畳み込んでくる。これに対して検察側は、立派に公訴が維持出来ると、その理由を云い、既に贈賄側を逮捕した今となっては、収賄側を放って置くわけにいかん、と云う。法務省側と大激論が蜿蜒《えんえん》八時間に亙って続けられた。結局、この会議は、法務省側がねばりにねばって時を稼ぎ、結論は翌二十日に持ち越す

ことになった。

一方、犬養法相は、会議中に、大磯から上京した吉田総理と緒方副総理を交えた会談に立会っている。この時、吉田は犬養を激励し、兼任していた国警担当大臣を解任して、専心当面の事態に努力するように激励をしている。

翌二十日、再び会議は開かれたが、その途中、犬養法相は清原次官を呼び出して、一緒に、二本榎の緒方副総理を訪ね、自身で説明出来ない細かい点を次官をして緒方に説明させている。

緒方がそれで承知しないと見るや、会議が終ってからもう一度、今度は井本刑事局長を連れて緒方を訪ねている。

この時は、検察陣でも既に捜査が駄目になったことを悟った。しかし、議員逮捕は大臣の請訓を仰ぐことになっているので、その書類を検事総長が作って、法務省に渡し、法務省では、担当の刑事局長、次官から大臣へと決裁を求めることになった。つまり、「佐藤の逮捕然るべし」という判こを捺《お》して、局長から大臣に渡されたが、それは犬養法相が「重要法案が通過するまで逮捕は保留する。これは検察庁法第十四条に基くものである」とペンで書き、判こを捺して差戻された。いわゆる指揮権発動であった。同時に、犬養は辞表を提出して、その部屋に既に居なくなっていた。（以上は読売新聞社編『捜査』より抜粋）

周知のように、この指揮権発動によって造船疑獄は一挙に潰れてしまったのである。世間では、「吉田首相が犬養をして指揮権発動をさせた」と、吉田に向って悪罵が集中し、犬養にも非難の声が高かった。

ここまで煩く書いたのは、造船疑獄の大体の一瞥《いちべつ》である。

ここで、この表面に出た事実の裏には何があったか、そして、造船疑獄の性格は何か、を見究めたいと思う。

6

日本の海運界は、大戦によって多くの船を失った。

敗戦直後の保有船舶は僅か百三十万トンに過ぎず、それも多く老朽船であった。それを至急に回復したい希望は、ただ船舶業界だけではなかった。外貨を獲得するのにも船舶が無くては出来ない。しかし、アメリカ占領下にある日本は、初め大型船舶の建造を許されなかった。それが昭和二十四年ごろから、大型外航船の建造拡充をＧＨＱから許可されるようになった。時間的には朝鮮事変が近づくころである。

戦後の日本の造船計画は二つの時期に分れている。第一期が国内船建造で、第二期が外航船建造となっている。この外航船は、実はアメリカ統合参謀本部の戦時企画に設計されていた。

この第二期が、昭和二十四年八月から始まる第五次計画造船である。

そして、それまで大型外航船の建造を許可しなかったが、この計画に変って、資金の七割まではアメリカの見返資金から貸すという制度になった。

これはアメリカの極東政策の戦略の変化があったからである。

殊に、朝鮮動乱が終ってからは、この計画は非常に積極的となった。

一面からいうと、外航船建造ということ自体が、朝鮮事変で挙げた利益の保全措置でもあった。

最初、第五次から第七次までは見返資金が注ぎ込まれたが、第七次後期からは開発銀行が見返資金を引継ぐと共に、市中銀行を通じて七割までを国家財政から貸し、残り三割を市中銀行から借りて船が出来る仕組みにした。

この制度になるには、すでにGHQ時代にESSのマーカットの指示があり、その計画を引継いでのちに実現したのである。例えば、復金の意義は既に失われ、造船計画のために、大蔵省、運輸省、通産省が互にその建造予算のために争った。マーカットの線というのは、これらの予算を統合して新たに開発銀行を作り、必要なる国家的事業にはこの銀行から貸出す、という計画を立てたのである。

したがって、造船の場合でも、開発銀行から七割までを造船に貸付けることになったのである。

ここまでの経過はこうである。第三次大戦になるかもしれない朝鮮動乱が起ってから、船腹増強の緊急対策としていろいろな案が生れた。

その資金予算をめぐってＥＳＳと、日本の大蔵、通産、運輸の各省の間でいろいろと検討された。

通産省は、貿易特別会計の余りが五十億円ほどあるから、これを使って一応通産省が外国船を買い取って一両年の間に業者に払い下げよう、という案を出した。

これに対して大蔵省では、預金部資金のオペレーションによって買船の手当をしようという案を出したが、これは市中銀行が反対した。

運輸省はどうか。ここではダレス国務長官の言葉を持ち出して、海運には制限を置くべきでないから、補助金制にするにせよ、しないにせよ、いずれにしても船舶建造は強力に推進しなくてはならない。そこで、船舶建造資金の特別機関を作った方がいい、などと云い出した。

そのためには、対日見返資金をその運営に当てようとの意見を出し、業界と組んでこれを推進させようとした。

大蔵省は、船舶だけの特別金融機関を作ったのでは、他の産業部門がおさまるまいから不適当だと反対する。てんやわんやで、三省の間でなかなかまとまらない。とりあえず、見返資金と、市中銀行と自己資金という形で運営してみたが、業者としては、自分の金をなるべく出したくない（船舶建造には多額の資金を長期寝かせることになる）ので、これでは困ると云い出す。なんとか、財政資金か、金融機関でやって欲しいと船舶運営会や船主協会が動き、結局、マーカット案で、見返資金、貿易特別会計の剰余金、預金部資金などを綜合して開発銀行をつくり、ここから船舶業界に金を出そうということに落ちついた。

こうした動きに重要な役割を果したのがＥＳＳで、戦後大蔵省や通産省を通じて果した大きな影響力は、今も、想像も及ばぬものがあるのである。

この新しい制度では、船会社は一隻十億円の外航船を造る場合、自分では一円の金も出さなくても、アメリカ参謀本部の設計に適った船を造る計画を立てて申請をすれば、七割までは開銀が七分五厘の利子で国家資金を貸してくれ、残りの三億円は必ず市中銀行が貸してくれるしくみになっている。一文無しで十億円の船が財産となって転げ込んで来るのである。

飯野海運の場合は、終戦の時には、二、三隻のタンカーを持っていただけだったが、疑獄事件当時は、三十三万トンの船を持つ日本一の大船主にのし上っていた。一隻でも多く割当を貰うために船主達が政界に働きかけるのも無理はない。

そこで、この審査の鍵を握る運輸省の高級官吏にいろいろと運動するのだが、あらゆる秘術が尽され、更に、顔の利く代議士や大臣に献金して、運輸省の役人に頼むことになる。

一方、船会社と造船所の関係はどうか。

船会社の社長や重役は、あの手この手を使って造船の割当を貰うと、造船所に注文を出すが、その代金は開銀から、契約の時に船価の四分の一、起工の時に四分の一、進水の時に四分の一、完成した時に四分の一という具合に、船会社に分けて融資される。しかし、実際の金は船会社に入るのではなく、それぞれの造船会社の取引銀行の口座に払い込まれるのである。

そこで、注文が決まると、造船会社は、船会社にお礼として注文した船価の何パーセントかを割り戻す習慣《ならわし》が出来た。これがリベートである。

しかし、船会社は最初から自分の金は出さずに、全部開銀や市中銀行から借りた金が船会社を素通りして造船所に払われているのだから、船会社が貰うリベートの金は、船会社としてみれば、割戻しではなくして新たに生れた儲けである。

このリベート金は、大体、船価の三パーセントと云われているが、一隻十億円の船だと三千万円だから、これまた濡れ手に粟の儲けである。この金が船会社の帳簿に載らずに、山下、名村、飯野などの船会社の社長や重役のポケットに入る。

一隻三千万円として、一九八隻の計画造船全部では、約六十億の金がこうして払戻されるのだが、この内、政党献金は一隻につき一千万円が通り相場だと云われているので、二十億円は政党に献金の形となって流れるわけである。

問題の三派修正案というのは、どんな内容かというと、主なものは、
①原案は貨物船だけに利子補給することになっていたが、修正案ではタンカー（油槽船）にまで及ぼした。
②原案は二十八年度第九次以降の分だけ利子補給することになっていたが、これを、貨物船は昭和二十五年十二月以降、タンカーは二十六年十二月一日までさかのぼって適用することにした。
この修正の結果、原案では十三億円あまりで済む筈だった利子補給額は、急に百六十七億円にふくれ上った。

この修正によって船会社が直接、間接にうける利益の総額は、すべてをくるめて、四百七十八億円に上るといわれている。

尚、飯野海運は、わが国最大のタンカー所有社であった。俣野社長が中心人物といわれたのも、これで分るような気がする。

とに角、船会社は莫大な儲けが出来るわけである。そこで、この割当をいくらかでも多く貰うために、どんな方法でもして政党に献金し、割当の枠を拡げてもらうことに狂奔した。中には新しく割込もうとする業者が現れる。S議員が五百万円を貰ったと云わ

れたのは、H造船がこの割当に割込もうとして運動したからである。

五百億に近い利益を取るために、赤坂の待合中川や長谷川では、夜毎に多数の芸者を侍《はべ》らせてドンチャン騒ぎが行なわれた。もとよりこの取引漏洩防止には万全の手を打っていたであろうが、端なくも森脇が猪俣功を訴えたことから、その一部分が検察庁に握られ、森脇が赤坂村の宴会メモを出したことで暴露されたのである。この事件の摘発の偶然性がそこにある。

前章に書いた昭電のように仕組まれた摘発ではないのである。いわば、最初河井検事のグループによる真剣な摘発は、あれよあれよと云ううちに際限なく拡がって行ったのである。

もしここに計画的な態勢が整っていたなら、これほどまで拡がらなくてもどこか途中で抑えられた筈だが、事件の発端が意外な所から起ったので手の打ちようがなかった、というのが真相である。そして、遂に吉田首相が命令したと云われる犬養法相の指揮権発動にまで行かざるを得なくなった。

「森脇メモ」は遂に発表されなかったが、社会党の佐竹晴記が発表したいわゆる「佐竹メモ」は、ほぼ「森脇メモ」の線に近いと云われている。

これによると、八カ月の間に、この種の宴会が四十八回開かれ、延べ六百十九人の芸者が宴席に侍っている。多い時には、数人の客に実に四十五人の芸者が出ている。

その四十八回の宴席とは、飯野海運二十五回、照国汽船四、浦賀ドック四、播磨造船三、日本郵船二、日産二、山下汽船、中央汽船、日本海運など各一になっている。

その席に出た政治家や業者の名前は詳細に挙げられているが、今日、裁判では一応無罪になった人々があるので、ここでは氏名を遠慮する。

この疑獄の進展で二人の人間の犠牲者が出た。

一人は、運輸省海運局課長補佐雛田英夫で、運輸省の五階の窓から中庭に向って飛び降り、頭を砕いて自殺した。

一人は、四月十三日、石川島重工業取締役宮島利雄が自宅の物置で縊死した。

疑獄事件が始まってから、海運局からは三名の検挙者を出していたが、これがいよいよ中核に迫った時、雛田課長補佐の自殺となったのである。同人は酒も煙草もあまり飲まず嘘も云えない人で、検察庁の取調べに対しては、上司との間に挟まって懊悩《おうのう》したのであろう。彼はその部長の下に秘書として働いていたので、船主と業者との実際の連絡に当り、海運局長とも仕事の密接な繋がりを持っていた点から、多くの秘密を握っていたと云われる。

石川島重工業の宮島取締役は、検察庁の火の手が石川島に伸びて、彼は参考人として三度検察庁に呼ばれ、その内容の重大さに愕《おどろ》き、遂に自らの生命を断ったのである。前にも述べたように、疑獄事件には殆どと云っていいほど課長補佐級の自殺者があるが、この造船疑獄にもこのような犠牲者があったのだ。

しかし、検察庁では、この二人の屍《しかばね》を乗り越えて、更に摘発のメスを進めたのである。ここまで検察陣が勇敢だったのは、一つは、馬場、河井のコンビが検察庁内における第三勢力として、それまでの旧司法省系の二大主流に対立していたからであろう。

検察庁は、自由党会計責任者橋本明男を逮捕した。橋本は、三代の幹事長に仕えた会計主任である。献金のルートを実務的に詳知していたにちがいない。佐藤栄作幹事長は、実務は殆ど彼に任せきりであったであろうから、検事に呼ばれても、いちいちの献金先やその配分については、どうしても橋本と口裏が合わなくなってくる。しかも、その入手先や配分については口に出せないことが多々あった。「こういうことを追及されては政党の幹事長は勤まらない」と、担当検事の前で泣いたと新聞に伝えられているのは、この間の事情を語っている。

7

佐藤幹事長は、同様のことを吉田首相にも強く云ったにちがいない。初め、造船疑獄の起る頃は、泰然自若として傍観していた吉田首相も事が内閣を揺すぶり、自由党自体を崩壊させる危機に立ち至っては、もはやじっとしていることは出来なくなった。なんとかしてこの疑獄を雲散霧消する必要に迫られたのである。

ここで指揮権発動という妙案が生れたのであった。

この指揮権発動は、犬養法相がペン書きの付箋に判こを捺したものだが、その法的根拠は検察庁法第十四条に拠ったものだ。元来、この条項は法務大臣が検事総長に命令するもので、その精神は、検察側が当然捜査を行なわなければならない事件に対し捜査を怠っている時、それを捜査すべしというのが条文の主旨であった。

ところが、この法務大臣による検事総長への命令という形式を、この場合は逆に使用したのであった。

しかし、この絶好の条文の利用を発見したのは一体、誰であろう。吉田首相も犬養法相もむろん法律には素人である。誰か、専門家がこれを発見したのでなければならない。

法務大臣は、第四条及び第六条に規定する検察官の事務に関し、検察官を一般に指揮監督することができる。但し、個々の事件の取調又は処分については、検事総長のみを指揮することができる。

この十四条の解釈を発見して雀躍《こおど》りして、吉田、緒方、犬養に知らせた人間がなければならない。

実は、それは、約九名の人達から成る法律関係の連中だった。無論、その道のベテランばかりで、吉田首相もそれを耳打ちされたとき、その奇警にして適切なる着想に思わず微笑したであろう。

吉田首相は、犬養法相の兼任を解いて、この指揮権発動のために専心すべし、と激励した。緒方副総理もまた犬養法相を激励している。

犬養法相が、検察会議のどん詰りまで来ても、清原次官や井本刑事局長を帯同して、芝二本榎の副総理官邸を往復しているのも、犬養が元来文人出身であり、温厚な性格であるための行動で、そのたびに緒方から叱咤《しった》激励を受けていた筈である。

犬養としては、この指揮権を強行発動すれば、世間の非難を一身に受けることは覚悟の上であっただろうし、或いは政治的生命が断たれることも予感していたにちがいない。それにも拘らず唯々諾々として遂にこれを実行した裏面は何であろう。

犬養健が「政界の孤児」と云われて不遇な時代があったことは、周知の通りである。のちに知遇をうけて遂に法務大臣の椅子に就いたのであるから、犬養としては、吉田や緒方には全く足を向けて寝られない恩義を受けたわけであった。

さて、一方、捜査は献金の線を手繰《たぐ》って進行すると、造船だけでなく、陸運関係、鉄道会館などに拡がって行き、殆どその汚職はジャングルの中を彷徨《ほうこう》するように無限に拡がって行ったのである。

それを法務大臣のペン書き一つで押えられた指揮権発動は実に絶大な威力を発揮したと共に、その法的根拠の意味を逆にスリ替えた法務関係ベテランの智能は驚歎すべきものであろう。

しかし、このペン書きで書かれた「佐藤栄作氏の逮捕請求許可の請訓については、事件の法律的性格と、重要法案の審議にかんがみて、別途指示するまで暫時逮捕を延期して、任意捜査すべし、この指示は検察庁法第十四条に基くものである」との文字は、その裏面はとも角として、それ自体はいわれのないことでもなかったのである。

当時、国会では、MSA、教育二法案、警察法改正法案、防衛関係法案という重大な案件を抱えていて、いずれもアメリカ側から一日も早くその法案通過を慫慂《しょうよう》されていたのであった。

だから別な一面から云うと、指揮権発動の文句にうたわれた通りに、アメリカ側の法案通過要求が、指揮権発動となったとも云えるわけである。

ところで、緒方副総理はなぜ指揮権発動にそれほど熱心であったか。当時、緒方は政界稀にみる清廉潔白の士と見られていた。その「看板」で彼は、次期自由党総裁、次期政権担当を画策していたのである。緒方としては、吉田政権が汚職によって倒壊するのは仕方がないとしても、延命を図るわけは無いのである。吉田首相が倒れても、次期政権はすぐに社会党に行くかどうか分らない情勢にあった。もし引続き保守党が政権を担当すれば、彼は当然首班となりうる最大の可能性があった。

それなのに、何ゆえに彼は吉田首相と協力して指揮権発動を犬養に強《し》いたか。これもまた世間に知られていない謎の一つである。

緒方が、指揮権発動に積極的に協力した理由は、造船疑獄で自由党の幹部や代議士の多数が根こそぎ検挙され、閣僚からも縄つきが出るといった事態を懸念したからであると云う人がある。しかし、筆者は、政治家に限ってこのような観念的なものは適用出来ない、という感想をもっている。政治家はもっと現実的であり、もっと利害関係に即して行動する筈だ。

緒方の場合は、某産業のM氏から二千万円の献金がいっている。これは一応緒方が受取ったのちに、あとでM氏に返した形になっているが、M氏はそのとき受取っていないで某代議士に預けた。

しかし、この二千万円の行方は未だにどうなっているか分らないのである。これが緒方にまつわる疑獄の一つである。

緒方といえども疑獄の摘発が進めば身辺が必ずしも安泰ではなかったかもしれぬ。緒方は「清廉潔白」が表看板であるし、それが世間に対する彼の身上であった。造船疑獄の摘発が進み、緒方のこのようなルートが摘発されたら、その清廉の故に世間は何と云うであろうか。「ブルータス、お前もか」ということになりかねない。

緒方には、駐日米特務機関の有力者が彼を吉田首相の後任にするために動いていたらしい。また、「緒方機関」という特殊な情報機関の設置構想をかれは密《ひそか》に進めつつあったらしい。米国の特殊な機関の権威が彼をマークしていたことは、確かのようだ。

彼にとっては、次期総裁という待望の実現の前には、絶対条件が二つあった。その一つは政治資金のルート及び資金の確保である。その二は、「清廉な人物」というレッテルであった。

このレッテルは、造船汚職が表面化した吉田首相に代る者として絶対に必要なもので、次期総裁を意図する限り、剝がしてはならないものであった。

したがって、緒方の資金ルートは汚職に関係していないようにする必要があった。指揮権発動は緒方にとっても、一石二鳥の狙いを生かすものだった。

その一石とは、指揮権発動は彼自身がするのではなくて、実際は法相の犬養であり、発動を命じた者は、総理の吉田であることだ。さらに、それを理由づける存在は佐藤、池田であって、緒方は表面に全然姿を出さないで済むわけである。まさに、彼はカクレ簑を被たままである。

吉田首相はあまり自己宣伝をしない男なので、緒方のこの目的は十二分に達せられた。そして世間は、指揮権発動の元兇として吉田首相を罵詈讒謗《ばりざんぼう》するのである。

緒方のもう一つの狙いは、とにも角にも、このようにして吉田首相が悪者になれば、政権は足音高く彼に近づいて来ると考えたことであろう。

緒方が犬養にハッパをかけて指揮権発動を強制したのは、以上の理由である。世には、吉田首相が指揮権発動の実際の指揮者と云われているが、実は副総理緒方竹虎なのである。このことは犬養も秘して云わないが、彼自身が充分に承知していることであろう。

造船側より贈られた献金は、それ以前にも同種の献金と共に、佐藤幹事長を中心として配られたが、それには保守合同工作のために使われたのも多い。例えば、緒方自身が評した「出たり入ったりまた出たり」の対鳩山工作、当時独立計画をしていた石橋湛山を挫折せしめた工作、或いは、麻生鉱業が吉田首相へ融資したと云われる一億五千万円の政治資金などさまざまな使途がある。

これらが錯綜し混合しているので、「政党幹事長が献金ルートを追及されてはその役が勤まらない」と取調検事に愬《うった》えた最大の理由である。

こうして指揮権は発動された。その後も第一線の検事は儚《はか》ない抵抗を行ない、議員の逮捕を続けようとしたが、すでに一議員の逮捕さえ国会が拒否したぐらいに、捜査の枠は限定されてしまったのである。すでに魚は腐ってしまった。鮮度を失った摘発捜査が、凋《しぼ》んでしまったのは当然である。

さて、ここで考えてみたくなるのは、この捜査で得た疑獄資料はどうなったであろうか、ということである。現在、そのメモは法務省にも無く、検察庁にも残っていない筈である。

実は、犬養法相が辞表と指揮権発動を同時に出した、その日の晩に、当の犬養は、某検察首脳の一人をガランとした法務総裁室に呼び込み、二人でこれを中庭に運んで、火をつけて焼き捨ててしまったという。

もし、それが事実なら、人気《ひとけ》の無い暗い、廃墟のようなビルの中で、辞表を出したばかりの法務大臣と、現職の検察首脳が、めらめらと燃える炎の中に、一切のメモを、破っては投げ入れ、割《さ》いては捨てる場面を想像するがよい。その光景には鬼気迫るものがある。

しかし、この時のメモは、写しが取ってあった筈だ。

そのメモの写しは、現在、某氏が握っていると聞く。その限りでは、造船疑獄はまだ生きているとも云えるし、捜査が亡んだのでタダの死文とも云える。

かくて造船疑獄は一朝にして潰滅したが、当時、まだその余波は、政界にも検察陣にも波立っていた。

犬養は一片の付箋を突きつけて逃げたが、誰かがその後始末をしなければならなかった。

なまじっかな人間をあとに持って来ては、かえって禍いが大きくなる惧《おそ》れがあったので、ここにズブの素人、医者である加藤鐐五郎を法務大臣に据えたのである。加藤の使命は当面の鎮撫工作をするだけであって、そのあと、もう一度その仕上げをしなければならなかった。

それ故に、加藤のあとを襲ったのが旧司法省系の元老小原直である。この老人は、検察陣の波を押えた。

一時たりとはいえ、犬養の後始末をした加藤鐐五郎は、衆議院議長になっている。当時、衆議院議長候補には、まだ芦田均が生存していて、芦田議長の呼び声が高かった。ところが、これには河野派が反対していたのを幸いに、佐藤蔵相が岸首相に強く加藤を推したのである。つまり、当時の功労を加藤に報いた形であった。その加藤も、全学連国会占拠の責任で孤立し、佐藤にも見放され、詰め腹に近いかたちで議長席を逐われた。人事の転移、因縁のめぐりあわせは、測り知れぬものがある。

さて、犬養は、吉田、緒方の恩義に報いるために、政治的生命を断ってまで指揮権発動をした。それが今日まで何らかのかたちで祟《たた》っている。

彼は政界の仁義に生きたとはいえ、気の毒な晩年である。当時、なんらの政治的権力の無かった法務総裁に偶然就いたことが、一生の禍いとなったといえよう。

8

最後に、昭電と造船の二つの疑獄の相違をここで考えてみよう。

〈昭電事件〉

①　GHQの占領下にあった日本。
②　GSとESSが政財界を支配していた。
③　対日政策の実施面で、G2とGSなどの対立が始まっていた。
④　吉田民自党と他の保守党及び社会党を含めての対立があった。
⑤　G2とGSの対立の中に右の国内政党事情が登場していた。
⑥　その疑獄は計画的に始まり、計画的に終った。

〈造船疑獄〉

①　形だけは日本は独立していた。
②　平和条約は同時に安保条約の調印を伴い、アメリカから強い拘束を受けていた。
③　アメリカでは、民主党政権から共和党政権に変っていたが、ダレス路線は変らなかった。
④　吉田内閣は安定政権のもとに支配していた。
⑤　米機関内の対立はなかったが、アメリカは吉田政府にかなり強い支持の態度を持っていた。
⑥　その疑獄は、偶発的に始まり、指揮権発動で終ってしまった。

大体、以上のようなことになろう。

もっといろいろな数多い項目を加えねばならないが、余裕が無いので省略する。ただ、次のことは云っておかねばなるまい。

昭電の際には、一件書類が警視庁から地検に送られる前に、GHQ関係筋の手によってGS関係者の汚職部分が消されたことである。

したがって、後年の造船と違って検事取調べが鳴物入りの割合に事件は極めて小さいものに凋んでしまったことである。

造船の場合には、火つけ役が、政界はもちろん財界の主流にもならない、いわば市井の人である一金融業者の偶発的な詐欺告訴事件から始まったので、計画性というものは全然無かった。

後期になって、それがあわてて出てきたところはあるが、最初は全くの偶然から検挙が始まったことである。

この両疑獄の間には、約六年間の隔たりがあるが、取調べに当った第一線の検察陣が殆ど同じであることも挙げていい。そして、造船の場合は、計画的に摘発が行なわれたのではないので、たまたまその取調べの衝に当った河井信太郎検事が、正義感に駆られて精力的に自由の立場で働き、大体、政治的な拘束は受けなかったこと。したがって、第三勢力の検察陣が殆ど独走の形でやれたことなどが挙げられる。

昭電の場合には、これまでしばしば書いたように、G2、GSの争いが目立つ。これには日本財閥解体の骨子となった文書「FEC三三〇号」が絡んでいる。この文書はアメリカ本国も知らないという奇怪なものだった。これを知っているのはＥＳＳやＧＳの線だけであって、実は、極東委員会にだけ提出された文書である。

極東委員会は、ソ連委員を含めるＧＨＱの目付機関である。以って、この文書の性格が大体分るであろう。

この立案者は、ＥＳＳのマーカットの支柱だったウェルシュである。

あまり素質の良くないＧＨＱ幹部の中では、彼は随一の理論家であり実践家であった。

この奇怪な文書は、遂にＧ２の探知するところとなり、国務省と軍機関に持ち込んで、大騒ぎをやったことがある。それ以後、アメリカの対日政策が微妙な変化を見せ始めたのであった。

この文書の摘発は、実は昭電事件に関連があると云われている。

森派がＧ２と組んで日野原派に巻返しを行なって成功したのは、この筋から解釈されそうである。そして、この摘発は、後にＧＨＱ内の左傾分子という名でケージスなどのニューディーラーを追放する突破口になっているのである。

要するに、昭電事件というのは、Ｇ２、ＧＳの争闘の縮図と云えよう。

これに対して造船疑獄の場合は、直接にはＧ２、ＧＳの争いは見られない。その理由の一つは、ＧＨＱがすでに形の上では無くなったこと、朝鮮事変より一年前からＧＳの線が後退してＧ２の線に一本となり、日本はこの二つの潮流の争いにもまれるというよりも、アメリカ自体との対決に時代が移行したといえる。

それなら、造船の場合には昭電事件と相似性は無いかというと、そうではない。

昭電の時は、日野原が、戦災で徹底的な打撃を受けた川崎工場をはじめ自社を再興するために、復金から極めて有利な低利資金を借り出すための運動として、金を各方面にばら撒いたのである。

復興金庫とは、云うまでもなく国民の税金である。それを市中銀行の利より遥かに低い率で長期にごっそりと借り出そうと狙ったところは、のちの造船疑獄の場合とやり方は同じである。

造船疑獄の場合は、その内容においては昭電よりもずっと複雑である。まず、その造船計画は、前述のように、第五次造船からはアメリカの計画によって全く性格が変貌している。

つまり、トン数は六千総トン以上の大型外航船、速力は中速力一四ノット以上のもので、特にニューヨーク定期航路の規格船（速力一六・五ノット以上）を最優先的に許可する方針がとられた。

これは当時のソ連の潜水艦が潜水速力一六ノットであることを考慮し、アメリカの統合参謀本部が立てた戦時企画によるものといわれ、第五次からの計画船は、船首と船尾に三インチ砲を載せ、船側に爆雷装置を付ける位置を工作して、僅かな改造で戦時輸送船に変えられるようになっていたといわれる。例えば、第九次造船後期に造られた某造船所の七千五百総トンの貨物船は速力一八・五ノットで、改造すればすぐ二二ノットの軽巡洋艦になるそうである。

このようにして、五年間の計画造船で百九十八隻百五十万総トンの戦時輸送船が企画されたのであった。

この強力なアメリカの推進路線に乗って、造船側と政党とは組んで、汚職をやって莫大な国民の税金を浪費したのであった。この建造に注ぎ込まれた国民の金は一千億円にも達した。

即ち、第五次造船以降、見返資金と開銀が船舶建造に融資した金額は合せて九百九億円で、それ以前に復金、船舶公団から貸付けられた百二十億円を加えれば、実に一千億円を超える。

開発銀行の金は、国民の税金が国家予算の中から開発銀行に出資されたものである。その中軸になっている見返資金とは、配給小麦粉などにわれわれ国民が支払った代金を積立てたものだ。

このような国民の金は船会社に貸付けられたまま、見返資金は十五年間、開銀の貸付けは三年間据置である。果して、その内どれだけ返済されたであろうか。

日本の政党は、常に金に渇《かわ》いている。そこを見込んで、業者は常に金で誘惑しようと試みている。個人的には、金のほか物や女で誘う。政治資金規正法などは空文にすぎない。造船の場合に見られるように、一片のナンセンスですらある。汚職は政党に付きものである。

これでは、現在の日本の政党政治は汚職の上に立っていると云ってもよい。最後に、一つのエピソードを書こう。

或る有名な婦人が民自党の或る議員と恋愛に陥った。この議員は、奇しくも昭電事件の渦中にあった人に関連がある。仮りにR氏と名づけておこう。婦人はR氏を愛するあまり、その自宅の前に転居したほどの熱の入れ方であったが、遂に破局が来て別れることとなった。その前に、彼女はR氏に三百万円を苦しい算段をして立替えたことがある。別れ話が出て、婦人はR氏に、その返金を求めてやまなかった。

R氏も、この金を払わないと婦人との手が切れないので、三百万円の都合を自分の親分に頼んだ。親分と云っても政界の一方の実力者のことである。

その親分は、これを自分の兄貴分に話した。すると兄貴分は、折から某方面より入った二千万円の中から三百万円を取出し、これを与え、さらに他の中継を経て三百万円は婦人に渡された。

こんなエピソードを探せば、通俗小説のネタがいくらも出てくる。ところでその二千万円の金こそは、この造船献金に関係のある金で、その中の三百万円がＡＢＣＤと各人の手に、移りに移って回ったのである。二千万円の中から足りなくなった三百万円も、やはり同じような性質の金がどこからか補塡されたことであろう。

また、別の噂によると、やはりそのような性質の金を或る政党幹部の懐柔策として渡す際、その使いをした相手の子分が懐ろにねじ込み、それが発覚して、現在、冷たい仲となっているという話もある。

要するに汚ない金はどこまでも汚ない役目を果すことを云いたいのである。バカをみるのは国民で、これだけの税金が彼等の権力と金銭欲と物欲の道具になっているかと思うと、善良な庶民は誰しも勤労意欲を殺《そ》がれるにちがいない。

これまで世に出た汚職事件は、彼らにとっては不幸にしてたまたま暴露された氷山の一角である。事件にならずに、或いは陽の目を見ずに済んだ汚職は、表に出たものの何十倍か分らない。

これらの総ては何らかの形による謀略と陰謀の汚職と断じて間違いないであろう。決定的なのは、そのたびに莫大な国民の金が掠《かす》め取られていることである。

かくて、今日も、このような種類の隠密な取引が何処かで行なわれていることであろう。

白鳥事件

前頁写真　白鳥警部殺害事件の現場検証
（毎日新聞社提供）

1

昭和二十七年一月二十一日の午後七時半ごろのことである。札幌市内を蔽った雪は、暮れたばかりの夜の中に黒く吸い込まれていた。

南六条の西十六丁目辺りを二台の自転車が走っていたが、突然、銃声が聞えると、その一台は雪の上に倒れた。もう一台の自転車はそのまま、三百メートルくらい進んで、やがて闇の中に消えた。折からラジオは「三つの歌」を放送していた。

この通りは通行人が疎《まばら》で、凍《い》てついた道の上を暗い街灯がぽつぽつとついているだけである。

通行人の報らせで、すぐに警察の車が走って来て、警官が撃たれた男を抱き起して見て愕いた。その顔は札幌市中央警察署の警備課長白鳥一雄警部であった。血だらけの死体の横には、乗っていた自転車が横仆しになっていた。

通行人は少かったが、その出来事の直前に、走っている二台の自転車を目撃した者がないではなかった。その一人は北海道庁吏員で、彼は付近の郵政局の焼跡に差しかかったとき、すぐ右側を、自転車の男が普通の速度で通り過ぎ、さらに、その自転車の後方大体十間ぐらいの間隔で、もう一台の自転車に乗った男が追い越して行くのを見たのである。

吏員は特別に注意を払わなかったので、乗っている人間がどんな服装をしていたか、あとでも思い出さなかった。彼は鼻歌混りで、普通の速度で、西十六丁目道路に差しかかったころ、進行方向に当って、パーン、というちょっとカン高い大きな音が一回した。それは自動車のパンクの音に近かった。

彼は、音がしたときに、自転車二台の後ろ姿を見たが、そのうち一台は西の方にまっすぐ向かい、一台は倒れていた。そこで、急いで其処に行って見ると、雪の上に倒れている人は、黒いオーバーにスキー帽、眼鏡を掛けて俯伏せになっていた。口や鼻からは血が夥しく流れ出ていた。

もう一人の目撃者は、五十二歳の婦人である。彼女は、ちょうど十六丁目の中ごろに差しかかったとき、歩いている左側を二台の自転車が通り過ぎるのを見た。二台の自転車のうち一台はちょっと前方に進み、その自転車の右側を追い駈けるようにしてもう一台進んでいた。前方の自転車の後輪に当る付近に、後方の自転車の車輪がくっ付くような状態で行っていたから、婦人は二人連れの者だと思っていた。

二台の自転車は彼女を追い越して、六尺ぐらいも進んだと思えるころ、パチパチと大きな音がして、その瞬間、前の自転車の人の腰からちょっと下あたりに線香花火のような火が見えた。すると、前の自転車の人は、ちょっと進んだと思った途端に、自転車から辷り落ちるようにして道路に倒れた。

もう一人は、市役所の吏員で、二十六歳の男の目撃者である。彼は、次のように証言している。

「私は、十六丁目の真ん中ごろに差しかかったとき、無意識に首を左の方に廻し、後ろの方を振り返ったところ、二、三十メートル後方左側路上を、私の方に向って二台の自転車が並行して進んで来ました。私は、自転車が来たからよけなければならないな、と注意する気持で、また真正面に顔を向け、五、六歩西進しました。

すると間もなく、パーン、パーンと二回つづいて音がしたので、歩きながら首を左後方に廻して、音のした方を見ると、先ほどの二台の自転車のうち、左側におった人が自転車から落ちて道路に倒れたように見えました。倒れた人の右側の自転車の人は、倒れた人に構わずに、普通の速力で私の方に向って来ました。

私は、また顔を元に戻して、肉屋の付近に差しかかったころ、すぐ後方で、すうっという軽そうな、相当スピードのついた自転車の音が聞えたので、右側に顔を向けて、その自転車を見たときに、物凄い勢いで、腰を上げて自転車のペダルを踏みながら、その男が通過したのであります。その自転車の男は、十七丁目道路に面した質屋の角を急角度に曲って、雪の高い所を乗り越え、ジャンプをして、南の方に曲ってしまいました。

私は、後ろの方で、すうっという自転車の音がしたので、振り返った瞬間、その自転車の男の横顔を見、更に、腰を上げてペダルを踏んで行くとき、姿をはっきり見たので、大体の人相着衣は判りました。その人相は、年ごろ二十七、八歳ぐらいから三十歳前後までの男で、無帽で、頭髪は油気のないバサッとした長髪の、しかも刈上げをしておらず、少し面長で、眼鏡は掛けておりません。顔色は白いか黒いか判りません。後ろ恰好から見ると、身体はあまり小さい方でなく、肥《ふと》っていなかったが、がっしりした体格のように思いました」（参考人調書）

更に、もう一人の目撃者がある。これは現場近くに住む主婦だが、彼女の談話として、北海道日日新聞（昭和二十七年七月十二日付）に記事になっている。

「一月二十一日の午後七時ごろ、南六条西十五丁目の本屋の店先で立ち止っていた。そのとき、東の方から二台の自転車が来た。私は道路の中程に寄って、手前の人の顔を見た。ひどく蒼白い顔をしており、服装は黒いオーバーに帽子、もう一人の男も黒い服を着ていたと思う。そのとき、右側を並行していた男が私の手前の男（白鳥氏）に話していたが、その話相手に当る男は別に話はしなかった。近くには電灯があり、かなり明るかったと思っている。それから、其処の店に、本があるか、と訊いたら、無かったため、十一丁目まで行って買って帰った。

その帰り道、十五丁目まで来たら、かなり大きく酒場のラジオが〝三つの歌〟を放送していた。それからちょっと行くと、男の人が自転車を脇に倒して寝転がっているのに出遭った。

そこに男の人が二、三人居て、酔っているんだろう、と話していた。そこへ角から三軒目の三上というおばさんが来て、今、パーンパーンと音がした、と云っていた。黒いオーバーを着た男の人が、どうしたんだ、と云って背に手を掛けると、うん、と返事をしていた。そのときは生きていた」

ここで、殺された白鳥一雄警部のことに簡単にふれる。

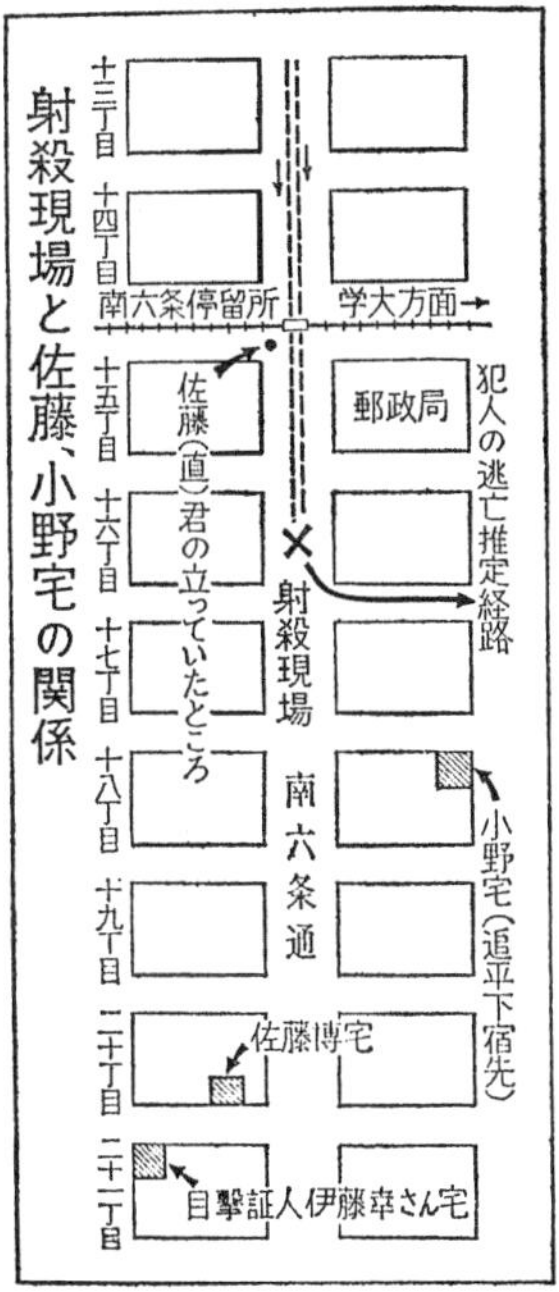

射殺現場と佐藤、小野宅の関係

同警部は、当時三十六歳であった。氏は、十五年前、北海道で巡査になって、終戦まで外事係として勤め、ハルビン学院委託生としてロシヤ語の習得などをしていた。敗戦後、警備係として出世し、市警の警備課長となった。傍ら営業許可の仕事を受け持っていた。

白鳥は、これまで左翼運動弾圧を目的とする特高活動に携って来たし、警備課長というポストから、昭和二十六年八月から十月にかけて、日共が「軍事闘争」方針を採択して準備するや、白鳥は次々に党員を捕えて投獄し始めた。党員達が白鳥を弾圧の元兇のように憎んでいたのは事実である。

白鳥についてはいろいろな噂があった。殺された日の午後の彼の足取りは、警察にちょっと顔を出しただけで、市内南四条西四丁目にあるバー「シロー」を振り出しに、売春宿を二軒回っている。これは、氏が前に風紀係をしていた関係上、その方面に顔が広かったからである。

「白鳥事件対策委員会」が出している『白鳥事件』によると、

「バー『シロー』といえば、この店の近くに、事件の前年まで、共産党の地方委員会の事務所があったものです。この党事務所は、何度もピストルを持った強盗団に襲われたものでしたが、そのギャング団の頭株だった連中はしょっちゅう、この『シロー』でCICの二世と会い、指令を受けていたという、曰《いわく》付きの場所です。恐らく白鳥氏が毎日アメリカの謀略機関と連絡を取っていただけでなく、こういうギャングや右翼謀略分子と当日も会っていたと思われるのですが、当局はこの点からの白鳥氏の行動を追及することを避けて、蓋をしています」

とある。

白鳥事件が発生する前、札幌付近には、共産党員の行動による不穏な事件が続発していた。その前には、小樽の祭の夜、警備に当った警官隊に火炎ビンを投げつけた事件がある。また、炭坑から掘り出された石炭を輸送する列車を赤信号のランプで停め、積載の石炭を市民に奪わせる計画が暴露された。いわゆる赤ランプ事件である。次には、市役所に〝餅よこせ〟の坐り込みデモをかけ、自由労働者の細胞や北海道大学生の行動的党員数名が拘置され、その釈放闘争のために数百通の脅迫葉書が、白鳥警部をはじめ札幌市長や塩谷公安係検事に送られたりした。

このような日共党員による「暴力行為」は、恰も、中央が打ち出した「軍事闘争」に呼応したものとして当局に見られ、白鳥警部射殺もまたこの党員の動きから彼らのうちの何者かが犯人であると見当を付けた。

捜査当局は、白鳥警部射殺犯人を日共党員とみなし、まず、自労細胞にメスを入れることにした。

現職の警備課長が射殺されたのだ。警察当局が異常に緊張したのは云うまでもない。

捜査本部は犯人捜索で沸き返った。すると、それを嘲笑するように、事件後一日おいた二十三日の早朝から、「見よ、天誅遂に下る」の見出しのビラが、市内の各所に共産党員の手でばら撒かれたのである。

その書き出しは、「自由の兇敵、白鳥市警課長の醜い末路こそ、全ファシスト官憲どもの落ちゆく運命である」という文句で、白鳥殺害を正当視するとともに、全市民はこれをきっかけに革命闘争に蹶起《けっき》しなければならない、という文句であった。これには「札幌委員会」の署名があった。いわゆる天誅ビラである。

さて、白鳥警部の死因は、その死体から摘出された弾丸で明瞭となった。その弾丸は、左巻方向条腔線の三二口径の一九一二年型ブローニング拳銃から発射されたものと鑑定された。なお、死体のある現場付近には、薬莢《やっきょう》が一個落ちていた。

しかも、犯人は、同警部を狙撃するのに極めて至近距離から発射したことは、その弾丸の貫通状態及び衣服や皮膚に付いた硝煙痕でも推定された。

この状態から考えると、目撃者の云うように、二台の自転車が殆ど並ぶように走っていて、現場に差しかかるや、後ろの自転車に乗っている男が前方の自転車に乗っている白鳥警部を背後より狙撃したことになるのだった。

2

事件の発生した一月二十一日の翌二十二日には、日共北海道地方委員会の村上由《ゆかり》が道庁の記者クラブに現れて、声明を談話の形式で発表した。その要旨は、

「党は白鳥事件とは関係がない。白鳥事件は党と関係のない跳ね上りが勝手にやったものだ。党はこのような個人的テロ行為を認めない。ビラについても聞いていない。内容は政治性のないチンプンカンプンなもので、こんなものを党が出すはずはない」

というのであった。村上は全北海道日共合法組織の代表者でありスポークスマンであった。

ところが、村上は、翌日、再び記者クラブに現れて、前日の声明を取消し、およそ次のような要旨の声明書を読み上げた。

「誰が白鳥事件の犯人であるかは分らない。党と事件の関係については何とも云えない。しかし、白鳥氏殺害は、官憲の弾圧に抵抗して起きた愛国者の英雄的行為によるものであり、個人的テロではない」

これは前日に発表した談話形式の声明を修正したというよりも、全く打ち消したものであった。なぜ前言をかく取消したか、この理由は分らなかった。

捜査当局は容疑者を検挙出来ずに焦躁に駆られているうち、自労細胞の青年党員吉田哲を逮捕した。彼は民青（日本民主青年団）の中央オルグとして北海道に乗り込んで来たのである。

吉田は、例の天誅ビラを配っていた事実が判り、当局は、まず、この嫌疑から彼を捕えた。このとき、吉田の指紋検査をして、現場に落ちていた薬莢の表面に微かに付いている指紋と一致しているかどうかを調べられた。薬莢上の指紋は部分的にはっきりしていないが、吉田の指紋と類似しているというので、取調べは厳重となった。

しかし、吉田の指紋と、薬莢に付いていた指紋は、札幌高検会議室でスクリーンの映像によって検討されたが、遂に、似ていないということで彼の容疑が薄らいだ。吉田はいったん虚偽の供述をしたが、それが真実でないと判ると、検事も遂に吉田を釈放した。

一方、検察関係者に数百枚の脅迫葉書が送られたので、捜査本部はこれを集めて、慎重な検討を行なった。葉書からの指紋検出は殆ど不可能だったが、脅迫状は白鳥射殺事件に関係があるとして、その筆蹟から犯人を探知しようとしたのである。そして、この葉書を書いたらしい党員の名前が筆蹟鑑定から得られ、同年の四月以降から、脅迫葉書を書いた容疑で逮捕された合法党員は十二名に上った。その中に北大生が一人いたが、名前は鶴田倫也《みちや》と云った。彼はこの中で唯一の地下組織の党員だったが、このとき、当局ではまだそれを知らなかった。

この捜査当局の中心人物が高木一検事で、帝銀事件の主任検事だった人である。逮捕された党員達はハンストをもって対抗し、当局もまた、彼らについて的確な手掛りを得ることが出来なかった。それで、三カ月後には全員が釈放されたのである。

被害者は、現職の警部である。捜査当局は事件の背後にある重大性からも、また警察威信の上からも、全力を挙げて犯人を逮捕しなければならなかったが、その手掛りすら見出せないので、捜査陣の焦燥は想像以上のものであった。

このようにして白鳥事件に対する捜査当局の活動は最初から全く行詰り、早くも迷宮入りを伝えられるようになったのである。

しかるに事件後、ほぼ四カ月経った或る日のこと、行詰った捜査陣に突如として光明が射した。それも遥か西の方からである。この経緯《いきさつ》を同じ被告の一人であった追平雍嘉《おいだいらやすよし》の『白鳥事件』という著書から引いてみよう。

「捜査陣にとっては勿論、当の共産党でさえもが想像もしなかったきっかけによって、白鳥事件解決の糸口が急転直下にひらけていったのだ。札幌の共産党員が温泉街の伊東市（静岡県）で行倒れとなり、警察の保護を受けているというのである。

初めにこの情報を入手したのは、国警の札幌方面隊であった。いろいろ調べてみると、この党員は、白鳥事件の直後に、アメリカ進駐軍を石炭泥棒だと誹謗《ひぼう》したビラを撒いたかどで起訴されていた北海道庁細胞のN青年であることが判った。彼は、その後、保釈中消息不明となり、当局からも追及されていたが、温泉街の海岸に酔いどれて倒れていたのは、いささか意外だった。

運命は不思議なものである。たまたま、その夜当直に当っていたS巡査部長は、人並以上の人情家であった。彼の態度に、単なる自殺志望の家出青年以上の何ものかを感じ取ったS巡査部長は、N青年の肩を叩いて励ました。それから、S巡査部長は、伊東のすし屋『蛇の目ずし』にすし職人の弟子として世話したのである。『蛇の目ずし』の主人もわが子のようにNの面倒をみ、すし職人としての技術を仕込んだ。

Nは、材料の仕入れから桶洗いまで一生懸命働いた。すしの握り方も次第に上達した。しかし、平和の日はそう長くはつづかなかった。間もなくNの身元が確認され、白鳥事件に関係のある刑事被告人と判明すると、国警札幌方面隊は、老練な赤坂警部補を派遣して、収監状を執行した。

札幌に連行されたNは、党と絶縁を決意し、自発的にメモを綴って、赤坂警部補に手渡した。それには札幌（地区）委員会の指揮下にある共産党地下組織の骨格が具体的に記述されていた。こうして当局は初めて、札幌地区の三十の地下細胞が七つのブロックに統轄され、この七ブロックを札幌（地区）委員会が指揮していることを知った。

捜査本部はこの重大情報を手に入れて、俄に活気づいた」

Nとは成田という青年党員のことである。成田の提供した情報は、これまで地下組織について無知に等しかった当局を愕かした。しかも、その一つ一つが白鳥事件を解決する貴重な鍵になりそうだった。その情報とは、大体次の点である。

①　北海道庁細胞を含む数細胞を統轄するものとして北ブロックがある。そのオルグは『直さん』と呼ばれていた佐藤直道である。

②　佐藤直道は、㊓こと札幌地区委員会の委員長『村上国治』などと共に、㊓地下組織に属する重要党員の一人である。

③　「音川」（ペンネーム）は、白鳥事件当時の札幌地区委員会直属レポーターであり、自転車で重要党員間の連絡をやっていた。事件当時、『天誅ビラ』を五細胞ブロックに配布して歩いたのも彼である。

④　中核自衛隊が結成されていたらしい。白鳥事件当時、隊長格で活躍していたのは、『花井五郎』のペンネームを使った宍戸均であった。

⑤　中核自衛隊を中心とする幹部教育にNも参加していたことがある。場所は、恵庭村の開拓集落の農家であり、講師は、当時地下に潜行中の八幹部の一人である紺野与次郎であった。

⑥　白鳥事件直後の村上国治、佐藤直道などの言動によれば、白鳥事件の画策者は、党である。『天誅ビラ』の起案者は村上であり、佐藤は白鳥事件に対して反対もしくは懐疑的であった。

⑦　二十六年の年末の塩谷検事宅へのビラ貼り事件には、Nも細胞員と共に参加していた。

⑧　武装用の手製手榴弾を、佐藤直道がアジトの炭箱の中に隠しているのを見た。

このような重大な事実を告げ、捜査本部はここに初めて捜査の基本を確立することが出来た。そして、捜査本部はすぐに、この地下組織のメンバーを次々に逮捕することになったのである。

この佐藤直道は、日本発送電の社員だったが、レッド・パージで職を奪われると、党から抜擢されて㊔の常任となり、次いで委員長代理を勤めた。党が「軍事方針」を打ち出すと、村上委員長の下で㊔ビューロー員として組織活動に専念するようになった。

当時、四十二歳の佐藤は、捜査本部に逮捕されると、遂に取調官の執拗な訊問に根負けして、重要事実を語り始めた。

獄中で脱党した佐藤は、ここに初めて白鳥事件の内情を捜査本部に提供したのであった。その要点を、再び追平の『白鳥事件』から抜萃する。

①　札幌地区委員会のビューロー（四全協の組織方針によって作られた非合法組織指導部）が、札幌の地下組織の最高指導機関であり、委員長は村上国治（ペンネームK）である。ビューロー員には佐藤直道（ペンネームY）、追平雍嘉がいる。

②　札幌地区委員会にあった軍事専門部が解消され、軍事委員会がビューローに併置

された。K（村上）が軍事委員長を兼任した。副委員長格は宍戸均である。北大生鶴田倫也は軍事委員の一人である。二十六年十月ごろ、軍事委員会直属の中核自衛隊が、宍戸を隊長とし、鶴田を副隊長として、結成された。白鳥警部殺害計画は、㊓軍事委員会の軍事行動の一環として行なわれたものである。

③　K（村上）は、二十六年の暮ごろ、Y（佐藤）に対して、白鳥警部を公然と襲撃する計画を相談した。Yはこれに反対し、やるなら「密かにつけ狙うべきだ」と暗殺方法を選ぶべきことを示唆した。

④　二十六年十月ごろから、㊓は武器の蒐集に狂奔した。拳銃、弾薬を集め、手榴弾を製造した。

⑤　二十六年十二月二十四日ごろ、佐藤が南八条を歩いていると、肩を怒らして宍戸が歩いていた。様子がおかしいので訊いてみると、「これで米兵をやっつけるんだ」とポケットの拳銃を叩いて見せた。佐藤は、宍戸の過激な行動を監視するようにKに要請した。

⑥　白鳥警部射殺の下手人は、佐藤博といって、佐藤直道が曾て指導したことのあるポンプ職人の党員である。

⑦　㊓のレポーターは音川（ペンネーム）である。重要党員間の文書連絡には彼が当っていたが、今は脱落して所在不明。

⑧　そのほか、佐藤直道は、入党以来接触のあった約百名に上る党員名と、その閲歴及び活動状況を供述した。この中で特に注目されたのは、第三のビューロー員追平雍嘉であった。追平は元北大細胞の指導者であり、中核自衛隊である大部分の北大生と接触が深かったばかりでなく、殺人事件の現場を管轄する西ブロックの円山細胞を指導していた。殊に、下手人と目される佐藤博は、円山細胞員として追平の指導下より軍事に移った。

⑨　『天誅ビラ』を起草したのはK（村上）である。Y（佐藤）はこれを危険視し、特別指令により各細胞に焼却させた。これを聞いたKは、ありゃそうか、と愕き且つ不満げであった。

⑩　㊔の上に北海道地方委員会がある。委員会議長は吉田四郎、軍事委員長は川口孝《よし》夫《お》。白鳥事件は同委員会の許可なしに行なわれた。吉田四郎はのちに白鳥事件を「プチブル的ごろつき的あせりである」と酷評した。

⑪　事件当夜、Y（佐藤）は、偶然、現場付近の四つ辻に立っていた。すると、パーンパーンという花火のような音が反響したのを聞いた。あとで、それが問題の拳銃の音だと判った。

3

この事件の経過の叙述は、大体、裁判関係記録のほか、「白鳥事件対策委員会」発行の諸種のパンフレット、及び追平雍嘉著『白鳥事件』、高安知彦の手記、ならびに村上国治の「控訴趣意書」などを参考にしている。

ところで、この追平の著書については、私はかなりな批判を持っている。が、とにかく、大へん要領よくまとめられた本である。

こうして、成田の自供によって、㊓地区委員長村上国治、ビューロー員佐藤直道、追平雍嘉、軍事副委員長宍戸均、軍事委員北大生鶴田倫也、レポーター音川などが捜査線上に浮び、捜査陣はこの逮捕に全力を集中したのであった。

村上国治が地区委員長と軍事委員長を兼ねたビューローの最高責任者であるところから、まず、彼の検挙を目指した。ところが、彼は杉之原舜一の衆議院選挙戦に出て運動中を、十数名の警官隊に取巻かれて逮捕された。

村上は、旭川近郷の貧農の家に生れて、小学校しか出ておらず、父は早く死亡し、母の手一つで育てられた。彼は、少年期と青年期を地主の家の作男として働き、敗戦後の農村の混乱が起ると、かねて勉強していたマルクス・レーニン主義を実践するために、共産党に入党したのであった。彼は、昭和二十四年頃日共留萌《るもい》地区委員会の委員長になり、農民運動や反税闘争をした。

昭和二十六年には、日共北海道地方委員会は、村上の闘争力を認めて、㊓委員長に任命したのである。このとき、日共では、五全協のあと「軍事方針」を打ち出した。

このような情勢は、村上委員長に最も適合したとみえ、彼はブロック別に地下細胞網を作り、「軍事委員」を設けて、「中核自衛隊」を編成した。

警察に連行された村上は、頑強に黙秘権を行使して、いかなる追及にも頑として降らず、さすがに委員長の風格を見せた。

一方、捜査本部は、レポーターの「音川」の所在調査に専念した。「音川」こそ非合法と合法組織の両方を繋ぐレポーターとして党の機密の全部を知っている。それで白鳥事件の真相を知っている、という観点から、捜査本部は彼の捜査に躍起となったのだったが、行方は全く判らず、二週間が空しく過ぎた。

ところが、この「音川」は、苦心の末探り出したところ、党の常任レポーターを辞めてからは党活動からは遠ざかり、或る生命保険会社の外交員として働いていたのであった。

のみならず、「音川」は、それより以前に国警札幌方面隊の警備情報関係でキャッチし、同関係機関の庇護下に数多くの党内情報を提供させていたのであった。つまり、彼は国警側のスパイだったのである。

捜査本部はうかつにもその事情を知らずに、空しく彼の行方捜査に二週間を空費したのである。

ここに国警と市警との互のセクト争いが見られる。市警が行方をしきりと追及しているのを尻目に、国警は「音川」のことを少しも捜査本部に洩らさなかったのだ。

ここにもG2（国警）とGS（自治警）との縄張り争いが、そのまま日本の警察機関の末端にも現れているのである。

捜査本部は、国警の仕打ちに憤慨し、音川逮捕に出る方針を決めたところ、国警の警備課長が高木次席検事のところに泣き込んで、逮捕を見合わせてくれ、と頼んだ事実があった。

国警は、「音川」から取った情報を白鳥事件捜査本部にはひた隠しに隠して、逸早く国警本部に報告していたのであった。

「音川」の情報は正確で、日共の地下組織の全貌が殆ど判っていない頃に、彼の存在は貴重であった。

しかし、市警、国警のこの争いは、白鳥事件に関する限り、結局、国警の警備課が地検の安倍検事の指揮下に入って、協力して「音川」の在宅取調べを行なうことになった。

「音川」が専任レポーターとしての非合法活動から離れて、十勝の方の田舎に帰ったのは、白鳥事件から暫く経った三月末で、理由は、結婚して家族を養っていくために常任を辞めたい、というのであった。

ビューロー会議は彼の査問を決定したが、当日になって「音川」からの伝言として、「皆さんと合わせる顔がない」という報告を受け、党活動停止処分にして、十勝への転籍を認めたのであった。

党では、彼が実際に田舎に帰っていたものと思っていたが、いずくんぞ知らん、その「音川」レポーターは札幌にいて、しかも警察と緊密な連絡を取って情報を流していたのであった。

「音川」は警察に出頭して取調べを受け、初めてここに日共地下組織の全貌を自供したのである。のみならず、地下党組織図や、アジト、ポストの分布図などを作り、次いで白鳥事件の前後における各主要党員の動きや軍事方針の発展に伴う武器の蒐集製造の状況を語った。

こうして重要党員は続々と当局に逮捕されたのであるが、このうち、二十七年八月には佐藤直道が、二十八年四月には追平雍嘉が逮捕された。ただ、この中に重要な人物で二名行方をくらました者がいる。

それは宍戸均と佐藤博である。

宍戸は、前にも挙げた通り、軍事闘争の副委員長格であり、中核自衛隊長であった。

彼は電通細胞の出身で、レッド・パージと共に札⃝の常任となり、軍事方針の展開と共に中核自衛隊長に選ばれた。彼はポケットにピストルを忍ばせて、米兵の後を尾《つ》け狙う精悍さを備えていたが、また、職場の若い男女を集めてコーラスの指導をしたり、スマートな詩の同人誌をガリ版で刷ったりするくらいの繊細な神経があった。

彼はまた赤ランプ事件の首謀者でもあった。石炭を満載した列車が石狩平野を通過する時、赤ランプを振って列車を止め、線路の傍に待機している数十名の共産党員が一斉に貨車に駆け上って、石炭を地上にぶちまける。石炭に飢えた民衆がこれを拾って逃げる、という計画を彼はたてた。これは三度とも失敗している。

この宍戸の性格については、追平はこのように書いている。

「しかし、わが親愛なる宍戸隊長は、非現実派の夢想党員では決してない。疑う者は、彼のオルガナイザーとしての活動ぶりを見るがよい。一にぎりの無気力な労働者や農民は、彼の息吹に触れると、たちまちにして潑剌たる革命尖兵の一団と化したではないか。彼は二十七年春の、日高沖の大津波に洗われた海岸の村落に、無一文の着のみ着のまま飛び込み、たちまち四、五十人の党員とシンパを獲得し組織した。ある時は農繁期の農家にのり込み、援農運動によって党勢力を扶植する等、その活動は全党から注目された」

この宍戸均は他の党員が逮捕されたころに行方を絶ち、未だに不明のままである。

二十七年六月九日には、北海道旭川から遠くない名寄近郊の農家で、北大生で中核自衛隊員の高安知彦が逮捕された。

彼の身柄はすぐに札幌に護送されたが、「捕われても悪びれもしない堂々たる態度は係官一同に感銘を与えた」という。

彼は、数日後に、突然、取調官にペンと紙を要求して「党籍除名申請書」を書いたのだった。ところで、この事件では、北大生が多く関係していることが目立つ。しかも、彼らはいわゆる中核自衛隊員であって、鶴田、大林、高安、村手、門脇などが中心となって軍事闘争を行なった、と追平は述べている。

その手初めが、旭川から大村に送られる朝鮮人党員の奪還計画であり、石炭列車を停止させる赤ランプ事件であり、農民抵抗自衛闘争の組織化のために手榴弾を持つほどの尖鋭ぶりであった。

二十六年の十二月二十九日には、北大の民科にこれら隊員は集められて、委員長村上から、

「パクられた党員の奪回と共に、当面の交渉の責任者の高田札幌市長と、検挙した白鳥警備課長と事件担当の塩谷検事の三人に対して反ファッショ闘争を開始する。塩谷と高田には石を家へブチ込む。白鳥に対しては年が明けてから慎重に徹底的にやる」

と軍事行動の実行を分担させられた。

その晩から行動を開始し、脅し文句など書いたビラ百枚以上を作って、塩谷検事の家の塀に五、六十枚のビラを貼った上、石を投げ込んでいる。同じ手段で高田市長の家も襲撃した。

　問題の昭和二十七年の一月四日には、村上はまた隊員を集め「白鳥は拳銃で射殺する。その為に行動調査をやって貰う」と云い渡した。これが、いわゆる「共同謀議」として村上を殺人罪に決定させたのである。

　隊員は、異議なくこれを承知した。その行動を追平は次のように書いている。

「隊員は二班に別れ、一班は中央署付近、一班は白鳥の自宅付近にあった。翌日から行動が開始された。その時からどうしたわけか、鶴田、大林、門脇、高安、村手の外に佐藤博が隊員に加えられ、鶴田、大林と共に中央署付近の班にされた。

　残りの三人は白鳥の自宅付近を担当し、バスや電車の停留所を朝晩見張った。この間白鳥を三度見つけたが、相手が自転車に乗っていたので、追いかけたが見うしなった。朝晩のこんな調査活動中も訓練は実にきびしかった。昼間の暇なときを見計らって——円山の奥へ宍戸に率いられて拳銃の射撃練習に行った。高安の行ったのは一度だけであった。

　円山公園を通り越して滝の沢へ出、幌見峠へ登って行くほそい路の途中から二尺余の処女雪の中へ五、六十米ふみ込んで行った大きなシナノキの立っている斜面で、雪の上に落ちている落葉を標的にして隊員は一発宛撃たせて貰った。

『ダーン』という胸にこたえる音は、何とも言えず爽快だった。

また、手榴弾の投擲《とうてき》実験にも二度行った。谷川の石を目掛けてなげたり、路面のかたいところへ投げたりして見たが、本当に爆発したのは二発位のものだった。撃針が一本出ているだけなのであたり方が悪いと爆発しない。結論は余り実際の役には立たないということになった。

鶴田や佐藤は宍戸と一緒にその外にも何回も拳銃の射撃練習に行っている。白鳥の行動調査中も拳銃を持っていたのはこの二人だった。

当時南二条西二十丁目の佐藤の家が調査活動のたまりになっていたが、ここでもピストルの構造の研究、分解掃除の実習をやった。

朝も昼も晩も、それは非常に厳しい訓練であると同時に、恐ろしい行《ぎょう》であった。その目的は、一月二十一日の夜遂に達成せられた。宍戸と鶴田と佐藤の三人が最後迄やっていて遂に目的を達したのだ。高安も自分の仕遂げた事のように喜び、翌二十二日朝、鶴田と逢った時には彼と心からの握手を交わした。

その日からまた隊員の活動は続けられ『見よ天誅遂に下る。白鳥市警課長の醜い末路こそ、全ファシスト官憲共の落ちゆく運命である』という、あの名文のビラの起草、配布があり、捜査妨害葉書の郵送が行われた」

4

昭和三十二年五月の札幌地方裁判所における第一審の判決は、検察官高木一、同沢井勉、同小杉武雄出席の上に審理を遂げて、村上国治に無期懲役、村手広光を懲役三年に処した。しかし、彼らが直接に罪を問われたのは爆発物取締罰則違反や脅迫傷害、殺人幇助などであって、実際に白鳥警部を撃った下手人は佐藤博ということになっている。

その根拠となるのは、いわゆる追平雍嘉の述べた証言が基礎となっている。

佐藤博という人物は、ポンプ屋の職人であった。彼は自宅から頼まれた先にポンプの据付けに行く職人で、皆からヒロと呼ばれていた。これが円山細胞の責任者である追平の指揮下に入って常任となったのである。以下いわゆる追平証言となっている佐藤博の事件当時における行動を同人の著書から引用する。

「白鳥事件の直後、私は白鳥課長を射殺した当の佐藤博君の自宅で同君に会い、事件のもようを色々聞いた。玄関をあけたがあかないのでドシンドシンと戸を叩くと『だれだ』というヒロの声がしたので『俺だ』と言って待っていると、のそのそやって来て戸をあけてくれた。彼は鍵を開けるとそのまま引込んだ。何時ものように私は靴をぬいで奥の六畳間に入った。

このとき、ヒロは炬燵《こたつ》の中で新聞をひろげてみていたらしく、炬燵の上か脇の畳の上に新聞がひろがって白鳥課長射殺の記事が出ていたようであった。

ヒロから受けた印象は、床屋に行ったらしく頭をきれいにしていたが、そのためによけいにそう見えたのかも知れないが、真蒼な顔をしており、非常に目が鋭くおそろしい顔をしていたことを覚えている。

私はヒロが犯人ならば家にいるはずがないしと半信半疑であったが、『やったな！』とこたつのわきに立ったままで言うと『だれがやったと思う』とヒロが真剣な顔付でいうので、『君だろう』というと『うん、どうしてわかった』と多少警戒するような様子で、またどうしてわかったのだろうという顔付であわてた様子であった。私はこれを聞いて犯人はやっぱりヒロだったなと思って安心したので『そんなのすぐわかるさ』と、そんなことわかるのがあたりまえだという調子で言うと『そうかなー、だけど高安は大丈夫か』というから『知っていると思うが、喋らないさ』といってやったが、別に必ず大丈夫だと思ったわけではなかった。

薬莢のことを『どうしたんだ』『何度うったんだ』ときくと、ヒロは、『引がねを引いたが一度しか出なかった』『ピストルを包んでいた手拭（或は布といったかもしれぬ）の中に残っていた』といっていたし『ひっかかるものか』ときくと『ぽんと、とび出しちゃうんだが』ともいっていたような気がする。

『どうしてあんな所でやったんだ。俺が犯人みたいでめいわくだぞ』とあとを冗談みたいにこういうと、ヒロは『初めは、もっと真中でやろうとしたんだがどうしても出来なかった。後あきらめて〇〇とも別れたが、しゃくだからつけて来た。（たしか名前をいったが、ミチ〔鶴田倫也〕の可能性が大きい）あすこを過ぎると、もう出来なくなるので、人通りが少しあったがやってしまった』といっていたが、この会話の中で『薄野《すすきの》の辺でやって、ヨタ者がやったように見せようとした』ということも、いっていたように思う。

私はピストルは両手で握って引金を引くと必ずあたる、という話を前に誰かに聞いていたし、又自転車の上からのったままピストルをうつのはどうやったか非常に興味があったので『どうやって撃つんだ』と言うと、ヒロは『うしろからペダルをとめて手拭（？）につつんだまま出してうしろからうった。しばらくそのまま走っていたが、ガクリとした』といっていた。

それからこんな会話もあった。

『敵にわからないか』と聞くと『自転車の手配がまにあわなくてオト（弟といったかも知れないが、その時は㉄レポーターの音川のことと聞こえた）の自転車をかりたので、あとからわかるかもしれない』と自転車のことを大分気にしていた。私もオト（音川）のではあすから街中をのりまわすのでは警察にみつかって党のやったことがわかるのではないかと思って、これは困ったことになったと思ったので、『誰かに見つかったのか』

と聞いたら、ヒロは『やったすぐあとで何かと（ヒトとすれちがったと言ったのかも知れぬ）すれちがった』といったように思う」

筆者が、追平の文章をここに長々と引いたのは、実はこの点が白鳥警部射殺を佐藤博と当局が判定した根本基礎だからである。のみならず、追平のこの書『白鳥事件』についても、筆者なりの考えを持って検討していきたいからでもある。

こうして、追平によれば、佐藤博は白鳥警部射殺の顚末を語り、間もなく姿を消した。彼は、未だ当局が地下組織を知らずに白鳥事件捜査に低迷しているとき、二月二日北大生鶴田の所に行き、次に、村上の連絡で苗家の山駅の工事飯場に入ったり、北見枝幸《えさし》に行ってニシン獲りをやったりした。それから千歳の門馬の所に舞戻ったが、千歳が危いから十勝へ移れ、という指令で柏倉集落に潜入したりした。

間もなく村上が逮捕されたので、党機関の庇護で東京へ行き、そこから行方を全く絶ったのであった。

佐藤博の行先については、中共地区とも取沙汰されているがよく分らない。

委員長村上国治は、旭川刑務所に収監された。札幌から取締官が派遣されて訊問を始めたが、彼は最初から黙秘権を行使して一言も口をきかなかった。取調べの検事の書類を蹴飛ばしたり、拳を振ってドアを叩いたりして抵抗した。取調べが終ると、検事に尻を向けて「畜生ッ」と呶鳴ったりした。

間もなく札幌に移されて、中央署の留置場に入ったが、ここでは二度脱走を試みている。このとき取調べたのが高木検事である。

検事と村上との闘争が始まった。彼こそ徹頭徹尾、黙秘で通した男だった。それは、彼が苫小牧の留置場に移されてからも、その頑強な抵抗を止めなかった。法廷に出て初めて黙秘を止め、事件を全面的に否定したのである。爾来《じらい》、実に九年間（昭和三十七年現在）、彼は獄中で闘って来ている。しんからの戦闘的な共産党員といえよう。村上の手記によると、警察では相当に痛めつけられたらしい。

この事件で唯一の物的証拠は、射殺された白鳥課長の体内から出た一発の弾丸である。高安の自供によって、事件前に、中核自衛隊員が円山公園の上方にある幌見峠で拳銃の射撃訓練をやったということから、検事は捜査員を指揮して、その一帯を捜索した。その結果、二発の弾丸が発見されたのである。

高安証言によると、村上や宍戸の指揮で五人の隊員が試射訓練をした状況を、大体次のように供述している。

「その時は、五人が一人一発ずつ試射した。発射の方向は全部一定しており、立ったまま腕は真っ直ぐ前方に伸ばして発射した。弾丸はみな四、五メートル先の雪の中にささり込んだが、自分達はみんな四、五メートル先の雪の上に落ちている枯葉や小さな木の枝を狙って射った。したがって五人ともみなそのように射ったから、弾丸はそんなに散らばっておらず、直径三メートルの範囲内にある筈である。そのとき、薬莢は発射したそばの雪の中に飛び込んだが、その薬莢を雪の中に手を入れて拾った記憶がないので、そのまま捨てて来た」

この供述によって現場を捜査したのだが、そこで二個の弾丸を拾った。

捜索隊は、切り開かれた地面に一列に並んで熊手や棒切で土をほじくりながら念入りに進んで作業し、二、三時間経ったとき、一列に並んでいた中垣内巡査部長が「検事さん、弾丸がありましたよ。これではないですか」と云って見せた。

見ると、落葉や草の葉が充分に腐って出来た、ふかふかした腐葉土と小石混りの土の上にニッケル色に光る物がある。中垣内部長がそれを指で摘んで掌に載せて差出した。高木検事と高安はそれを覗き込んだ。すると高安はそれを見るなり「うん、こんなやつだ。確かにこんなふうに銀色メッキしたやつだった」と云って、感慨深げに見つめていたという。

問題は、白鳥警部の体内から出た弾丸と幌見峠の演習場から発見された二個の弾丸とが一致するかどうかである。つまり、その弾丸についた腔条痕が一致していたら、白鳥警部を射撃した同じ拳銃によって使用されたことになる。

この鑑定には、東大工学部の応用物理化学教室磯部教授が当った。同教授は、この三つの弾丸を比較顕微鏡写真に撮り、弾丸が銃身の中を通るときに出来る腔条痕十数個が類似している点を取り上げて、その条痕の一致と相対位置の一致から計算して、違った拳銃から発射された可能性は一兆分の一である、という鑑定をした。つまり、まず絶対に同じ拳銃から発射したという鑑定である。この磯部鑑定にも疑問をとなえるものが多い。

ところが、ここに不思議なのは、その幌見峠から発見された二個の弾丸である。一個は事件後、一年九カ月経って捜索して出てきたもので、一個は二度目の二年三カ月目の捜索で出た弾丸だ。つまり、幌見峠の地表僅か一センチから二センチの落葉腐蝕土中に、これだけの長い期間埋まっていたというのに、現物はあまり錆びておらず、ニッケルメッキの光沢さえあったという。

弁護団側は、ここを問題として攻撃するのである。つまり、二冬も三冬も幌見峠の厳しい自然条件の下にあった弾丸が少しも錆びていないというのはおかしい（ニッケルは水分と接触しているといくばくも経たないで酸化被膜が生じて灰色になるのが普通である）と主張する。

検事側では、現場は南向きの斜面で乾燥している地帯だから弾丸は錆びない、と反駁する。ところが、弁護人側に云わせると、この地帯は樹木が繁茂し、陽当りの悪い、腐蝕しやすい条件だそうである。第一に、二冬も三冬もこの幌見峠に一度の雨も雪も降らなかったなどとは云えないことは当然であるのに、検察側の「乾燥していた」という説はおかしいと、批判を加える。

白鳥事件は、物的証拠が殆どないのである。例えば、弾丸は白鳥警部の体内にあったが、発射したピストルは発見されていない。犯人が乗ったと思われる自転車も発見されていない。また、犯人の物と思われる遺留品も現場からは発見されていないのである。その殆どが情況証拠で、検察側はこれによって犯罪の構成を主張しているのである。

幌見峠で発見された弾丸が白鳥警部の体内にある弾丸と腔条痕の一致している点で、同じピストルから発射されたと決定するならば、もちろん、そこで射撃演習を行なった中核自衛隊員の中のなんびとかが白鳥警部射殺の同じピストルを持っていたことになる。

しかも、白鳥警部を直接射殺した犯人となっている佐藤博は、この射撃演習に参加していないのだから、話は妙になる。

この幌見峠発見の弾丸については別な見方がある。

5

以上は、いわゆる白鳥事件についての概略の経過である。第一審では、前に述べたような判決が下り、その後、昭和三十五年五月の札幌高裁は「原判決（無期懲役）を破棄し村上被告に対し懲役二十年に処す」の判決を云い渡した。(罪名は殺人、傷害、爆発物取締罰則等十一件）被告側は直ちに最高裁に上告した。昭和三十八年十月十七日最高裁は、二審判決を支持して、上告棄却の判決を言い渡した。

この札幌高裁の判決内容の重要な点はあとでふれる。

白鳥事件に絡んで自殺した者に、札幌信用組合の理事長佐藤英明がある。彼はたいそう変った性格で、部下が外来者と交す商談をテープレコーダーに録音しておき、あとで人知れずこれを分析するというような陰険な性格であったらしい。彼がなぜ自殺したかは、いわゆる原田情報なるものが説明しているが、それは後述する。もう一人は、いわゆる札幌の軍事委員会が持っていた二つのピストルのうち、事件には使わなかったが、小型ピストル（ベルナルティー拳銃）の所有者であった岡進こと、朝鮮人関炳一の自殺である。関炳一は佐藤直道に、昭和二十六年末、ピストルを持っていることを話したので、佐藤直道が、軍事方針後、武器の入手のために、「ぼくが預かってあげよう」と、彼から貰い受け、軍事委員会に引渡した。ところが、このピストルが白鳥事件後の警察の取調べの網にかかり、そのことで強制送還を苦にして変死を遂げたという。死因は、一応、アドルム錠を多量に嚥下《えんか》した自殺と見られた。

このほかにも、赤ランプ事件に関係した高校生も自殺したという。

白鳥事件は極めて複雑で怪奇な事件である。

・ここで、先に書いた、札幌信用組合（以下札信という）の理事長佐藤英明の自殺の事情を説く「原田情報」に触れよう。

この情報の主《あるじ》は、原田政雄といって、元札信の組合員で、佐藤英明などとは以前は親しい間柄だった。この人は元党員であり、党を追われた人でもある。

この情報の内容を、白鳥事件対策委員会発行の『白鳥事件』から引用する。

「白鳥事件がおこったとき、捜査当局は最初ふたつのケースを想定した。日共関係だというのと、もうひとつは右翼暴力団一味のしわざだというのだ。この暴力団というのは札幌信用組合理事長佐藤にかかえられていた黒竜会くずれの一派だった。

佐藤の暴力団が白鳥を殺したのではないかという推定がどこからでてきたかというと、それにはつぎのような事情がある。

佐藤は理事長の地位を利用して不正貸出しをはじめ、公金の流用など悪いことをやっていた。この佐藤の弱点をつかんでいた白鳥やおなじ市警の畠山警部などは、佐藤から何んだかんだで金を引きだしていた。この二人が佐藤と結託するようになったのは事件のおこる三年前ほど前からである。

なかでも畠山警部は佐藤に積極的にちかづいていった。畠山をつうじて、ばく大な金が警察の首脳部にばらまかれた。その金が白鳥にも流れていることはまちがいない。だが、白鳥は金だけでなしに、出世主義の権化みたいな男であった。前にも拓銀関係の不正を握っておいて、ひと思いに検挙し抜擢を受けたことがあったのであるが、佐藤のばあいも、何かとちかづいて佐藤の不正の事実をつかんでゆくにつれ、佐藤とその一味を洗おうとかんがえるようになった。

白鳥は彼の側近のものに『ちかいうちに佐藤をぶちこんでやる』とひそかにかたっていたが、これが佐藤の耳にどこからかながれていった。

佐藤ははやくから完全なヒロポン中毒にかかっていて、これを常用していた。そのため白鳥が自分をまえからねらっていると気づいていろいろ対策はかんがえていたらしいのである。それと同時にポン中によくある被害妄想みたいな症状もあって、『もしおれが捕まったら、おれのからだはもたない。そのときはいっそひとおもいに死ぬのだ』

とそのころ、佐藤は近親の人たちにいっていた。

そのころ、私（原田）に佐藤はいざというときの用意に毒薬を服の中にしのばせていると洩したことがあった。

佐藤は二十六年十一月に、市内円山の白鳥の家のすぐちかくに一軒の家を新築した。佐藤は自分の子分たちをここに住みこました。彼の子分というのはどれもこれもただのゴロツキでなく、ひとかどの右翼をもって自任している連中だ。

その兄貴分の顔にAというのがいたが、この男は黒竜会の直系で、殺人の前科もあり、反共ゴロのなかでもすこしは顔のうれた、がっしりした壮士風の男だった。

このゴロツキどもがすみこんだ円山の家というのは、白鳥の家よりも一間ぐらいでばった二階家で、白鳥宅の出入りはひと目でわかるようになっている。二階の窓は外からはわからないのぞき窓をとくべつにつくってあって、そこから二六時中みはれるようになっていた。

佐藤は身の危険を感じ、Aに白鳥をかたづけろとたのんだ。Aは十一月ごろに自分の妻をおもてむき離縁したことにして郷里にかえしている。たのまれたことが万がいち失敗したばあいのことをかんがえたのだろう。Aには佐藤から、六千万円の金がわたされているのだ。

白鳥がやられたあの日、Aは白鳥と逢っている。その時間はだいたい四時から七時までのあいだだ。また殺された現場の十町ほどてまえを、犯行の七、八分まえ、南六条通りの西五丁目で白鳥ともうひとりの男がしゃべりながら自転車でゆくのを目撃したという男もいる。この人にAの写真をみせたら、『たしかにこの男だ』といっていた。この目撃者というのはAらのやくざ仲間で、当時たしかな人物にこのことを証言している。

事件後、佐藤は逮捕され北署に留置されたのだが、問いつめられたあげく『二、三日したらすっかりしゃべる』と、いったその晩自殺をはかった。警察から大通り未決監にうつされ、岩沢など知名の弁護士十名の身元引きうけで保釈出所させている。

Aもいちおうしらべられたようだが、ほとんどろくに追及もしないで、なぜか当局は釈放している。

事件のあったつぎの日から、ほとんど毎日のように、ＣＩＣの二世、太田、向井らが反共連盟の山本弘と同道で検察庁につめかけ、『犯人は共産党だ。党をたたけ』と、おどかしていた。この二人の二世はいつも札幌信用組合の自家用車をのりまわし、車を検察庁の玄関によこづけにしていた。

検察部内でもはじめは日共説と札信説とふたつにわかれていたのだが、ＣＩＣのあつ力がくわわるにしたがって、日共説に反対する検事はしめだされていった。

ＣＩＣの指示にしたがう高木検事をかしらに二人の検事がくわわって、捜査本部を牛耳ってゆくようになった。

佐藤、Ａを徹底的にあらおうとした新川、村岡の両検事はそれぞれ大阪と福岡に追いやられてしまった。

三カ月もたって、二十七年の五月はじめ頃やっと畠山の宅を捜索することができた。この畠山が警察大学にいっていた留守宅からブローニングのピストルが一挺でてきた。このブローニングは終戦後アメリカが警察官にかしあたえたもので、その後みんな回収したのだが、畠山はこれをかえさずにかくしてもっていたのだという。

畠山宅にひきつづいて、市内南六条西四丁目質屋業佐藤久（佐藤検事総長の兄）方を家宅捜査したところ、ここからも拳銃三挺が発見された。

家宅捜査ででたピストルと弾丸を係官が立ちあいのもとで、市内北五条西七丁目の日本冷温の倉庫で試射してみたのだ。

この弾痕を鑑定した結果、畠山宅からでたものが白鳥を射ったものとまったく一致していることがわかった。これがわかった直後に吉田哲の起訴がとりさげられている。

中核自衛隊なるものが、二十六年の秋に射ったという弾丸を幌見峠の山奥から二年あまりもしてからさがしだしてきたといっているが、じつはこれは日本冷温の倉庫で試射したさいに射った弾丸なのだ。

あの年の五月一日のメーデー当日、かれらは札幌で藻岩《もいわ》交番の焼き打ちと巡査ごろしを計画していた。この計画を仲間のひとりが不用意に他にもらし、これが中央署の耳に入った。あわてた警察が高木検事に報告し、高木から某方面にわたりをつけ、焼き打ちは暴発行動にうつる寸前のところで某方面から中止の指示がきて未遂におわったという事実もある。

佐藤は保釈になったのだがまもなく死んでいる。十月ごろだったとおもうが、かたどおりの検証をおこなっただけで、毒薬自殺とかたづけ、当局はなぜか解剖もしなかった。だれが白鳥事件の真犯人なのかはいうまでもなくあきらかだ。当局は事実をまげて、政治的な陰謀に利用しようとしているだけだ。

私はだれにたのまれたのでもない。ただ真実を明かにするためにがんばっているだけだ」

以上が「原田情報」の大略だ。

「原田情報」の話は面白い。この情報が白鳥事件を一層複雑にしているともいえる。しかし、このことについてはあとで書くことにする。

6

白鳥事件の背景をなすのは、当時の共産党の「軍事闘争」戦術である。検察側では、五全協以後日共は各地区に指令して、いわゆる軍事委員会なるものを組織させ、その中で行動的な党員を選りすぐって中核自衛隊なるものを結成していた、と云うのである。

これに対して日共の方では、そのようなことはあり得ないことで、軍事闘争とか中核自衛隊とかいうものは、権力側が勝手にでっち上げた幻である、と云っている。

しかし、五全協以後、日共中央部がいわゆる軍事闘争を指令したのは事実に近いであろう。これが六全協で批判されて、いわゆる「極左冒険主義」の行過ぎという表現になっているのである。

今日、日共が軍事組織を否定しているのは公判闘争その他いろいろな事情からであるが、このような一連の背景が白鳥事件に関しても、検察側に有力な情況証拠を作らせているのである。

第一審の判決にも、動機の根本原因として被告の行動の根拠を、次のように指摘している。

「——被告人村上国治は、いわゆる軍事方針に基き中核自衛隊を結成すると共にブローニング拳銃などの武器蒐集を行い、いわゆる赤ランプ事件等の活動を指導して来たのであるが——」

とあって、その後に記載された事件の経過調査と実行行為の総ての基礎をここに置いているのである。

白鳥事件の真相追及の困難さは、その背景が思想的なものであり、軍事闘争の有無をめぐる治安当局と日共側との云い分の対立なども絡みあい、単純な殺人事件として解決出来ないところにある。この点が八海事件や幸浦《さちうら》事件のように単なる一般社会ダネの殺人事件とは違う複雑な政治性を帯びた次元の世界なのである。

しかし、世にいう火炎ビン闘争や、日共が発行したと云われる「球根栽培法」「栄養献立表」などに書かれた火炎ビンや手榴弾などの爆発物の化学的調合法のテキストが下部組織に流れていたのは、世間で知られている。

また、いわゆる六全協以後の「極左冒険主義」なるものの自己批判がこの軍事闘争を指していることは、今日の常識である。

いずれにしても、白鳥事件の被告が検察側によって真犯人とされている情況証拠の最大のものは、この「軍事委員会と中核自衛隊の存在」であろう。

ここで、この札幌の共産党を弾圧していたといわれる白鳥一雄の性格はどうであったかをみよう。白鳥警部は、当時、警備課長として、日共側の情報蒐集及びその対策の当面の責任者であった。彼の性格は、一言で云えば、非常に仕事熱心な、そして極端な単独秘匿主義であったように思われる。

札幌地区委員会の連中が白鳥を尾け狙って、彼の行動を張っていたが、どうしてもその行先が摑めなかった。課長の帰宅は大体夜の七時ごろであり、電車には乗らず自転車で行動していた、というところまでは判ったが、相手が自転車に乗っているので、こちらに自転車がないので尾行が出来ないと云って投げ出した。そのため、数日がかりで全員で白鳥警部のピケをつづけていたが、遂に断念したのであった。

日共側のみならず、白鳥の行動は、その勤め先である札幌中央署にもよく判っていなかった。白鳥の死後、彼が一体どのような調査をやっていたか、その内容がさっぱり判らなかった、という事実がある。そのため、当面の日共情報が判らなくて市警では当惑した。

白鳥は、日共から脅迫状を送られたり、或いは行動を尾行されたりして、最も憎まれた男で、それだけに仕事の出来た警官なのである。それが全然、課員にも自分の仕事の内容を洩らさなかったのは、彼があくまでも徹底した単独捜査主義を採っていたからであろう。

いわゆる単独捜査は、今日の捜査方針には採用されていない。現在の捜査法は、各チームが協力してやるいわゆる綜合捜査である。白鳥のやり方は古いタイプであって、いわば名刑事がよくやっていた捜査法である。しかし、白鳥の職責は単なる強盗や殺人の捜査ではなく、対象は共産党であった。あくまでもその情報入手は秘密な方法であったろうから、彼が自分自身単独で隠密のうちに行動していたとしても不思議はない。しかし、それにしても彼の調査や捜査による結果が少しも自分の課に残っていなかったのは奇妙な話である。

前に、日共党員が白鳥の行動を追跡して判らなかったように、市警の方でも白鳥の行動はよく判っていなかった。事実、彼が死んだ日には、午後五時に中央署を出たことまでは判っているが、現場に死体となって発見されるまでの二時間余りの行動は、警察署には全然摑めないのである。もっとも、捜査本部は知っていても発表できないから判らないと云っているという見方も出来ないことはない。

しかし、殺された日の午後の半日の白鳥の行動は、公表された裁判記録には載っている。それによると、警察にちょっと顔を出しただけで、市内南四条四丁目にあるバー「シロー」を振り出しに、売春宿を二軒廻っている。

白鳥は風紀係を勤めていたことがあっただけに、こういう業者には顔が広かったらしい。白鳥事件対策委員会の『白鳥事件』にはそれを次のように云っている。

「検事調べで、売春宿のおやじやおかみさん、売春婦などが述べている証言によると、署を出た警備課長の行先が売春宿だったようである。署の外で一定の時間に毎日誰かと会っていた。そういう場所に決められていたのが何軒かの売春宿だと想定することもできる。

そういう場所の一つに『シロー』がある。これはバーで、売春宿ではないが、ここの主人やコック見習や掃除婦達が検事に述べているところによると、白鳥は殆ど毎日のようにこの店に現れている。いつも裏口からそっと入って来、二階に上って一休みしてから、自転車を預けて行くこともあったし、自転車で行くこともあった、と述べている。『シロー』を出てからの行先が誰かの待っている売春宿だ、ということは業者の証言で判る。

これで判ることは、署を出た白鳥は真直ぐ会合の場所に行かず、まず『シロー』に入って、そこから出かけるという慎重な方法を採っている。何のためにこんな慎重な行動を採ったのか、女関係でないとすれば、日共が尾け狙っていたからとだけでも説明はつかないであろう」

これから連想することだが、この事件には朝鮮人岡進こと閔炳一がアドルムを多量に飲んで不思議な死に方をしている。彼はカフェー・ライオンの経営者であった。妙に、白鳥事件にはこのような風紀営業関係の影が重なっている印象を受ける。この業者がとかく暴力団と結ばれていることも考えに入れておくべきであろう。

要するに、白鳥警部は仕事がよく出来て個人主義的であった、と考えてよかろう。その行動が奇怪に見えるのは、秘密な情報蒐集に自ら当っていたせいであろう。この個人主義は出世主義に繋がるのである。日共方面の情報を入手していたであろう白鳥が、自分の所属する中央署に少しもそれを残していなかったのは、自分だけそれを固く握って署には通じていなかったからに違いない。

しかし、白鳥が自分だけでいつまでも握っていたとは考えられない。彼の出世主義は、市警にでなく、国警へ直接つながっていたのではあるまいか。つまり、その情報は、自己の所属する市警へではなく、直接国警に提出していた、と推測できそうである。

市警もだが、それ以上に国警がどのように日共の情報を知りたがっていたことか。当時の北海道の情勢を考え合わせると、国警のその方面への熱心さは納得できる。

白鳥は自ら身を挺して集めた情報を国警に流していたのではないかという推測は、例の「音川」を国警がキャッチしておきながら、捜査本部に長いこと知らせなかった前述の例でも証明できそうである。国警の秘匿主義と白鳥警部の出世主義とがここに結合した、と見てよいのではないか。

国警は、当時、風雲急な北海道の警備に全力を集中していた。単に日本側のみならず、アメリカのＣＩＣも、その優秀なメンバーを当時の北海道に投入していた。それは朝鮮事変が終った直後であり、アメリカとソ連の関係、或いは中国関係が非常に緊迫した時期であった。

ここで、白鳥を射った真犯人と称する佐藤博の犯行を分析してみたい。

まず、佐藤博が白鳥警部を射殺したという客観的証拠はないのである。それを伝えるのは追平雍嘉の証言が唯一つだ。しかし、佐藤博が直接に当局に自供したのでもなく、また追平以外の第三者が聞いたのでもなく、もちろん、物的証拠もない。弁護側が追平の証言はいわゆる又聞き証言、つまり伝聞証言であって、信憑性がない、と主張するところである。

追平証言は、この小文の最初に出したように、彼が佐藤博の家に行って、博から聞いたという形になっている。それが、つまり、追平の佐藤博真犯人決定の根底をなすものである。

なお、追平は、佐藤博がこのことを村上に報告したところ、村上は愕かなかった、というようなことも書いているが、当の村上はこれを全面的に否定している。

伝聞証言で犯人を捕えたところは松川事件に似ている。

ここで、この事件の内容を少し分析してみよう。読者は、右の引用を読んでこの文章の最初に出てくる目撃者の話を想い出されるであろう。そのときピストルの音が「パンパンと二つ鳴った」という証言と「パンと一つ鳴った」という証言とである。事実、当時の目撃者の話を総合してみると、二つ鳴ったという説と、一つしか鳴らなかったという説とがある。しかも、云い合わせたように云っていることは、「花火のようにパチパチ（またはパンパン）という音だった」という点である。

ところで、使用した拳銃はブローニングである。ブローニングは決してパンパンというような音には聞えない筈だ。これはもっと大きく、もっと腹にこたえるような、文字では書き表せないが、活字にするなら、ズバァーゥン、というような響きであろう。決してパチパチというような軽い音ではないのである。

では、銃声が二度鳴ったのと一度鳴ったという違いはどうであろうか。私は、弾丸は最初から一発しか発射されなかった、しかも、それは見事に白鳥警部の背後に命中し、動脈を破壊して死に至らしめた、と考えたい。

なぜかというと、白鳥警部の死体の検査から、射撃は極めて至近な距離からであったことが推定されている。ほぼ一メートルぐらいの所から射ったと思われ、事実、白鳥のオーバーの背中には硝煙痕が付着しているのである。この硝煙痕はよほどの近い距離でないと付かない。二発射ったとすると、それほど至近距離で、しかも一発は見事に動脈を射抜いている正確さだから、仕損じたとしても、その硝煙痕が少しはオーバーの背中についていなければならないと思われる。つまり、命中した硝煙痕のほかに外れた弾丸の硝煙痕の端が付着していなければならない筈である。それが全く無いのである。

次に、現場を捜索しても、外れた弾丸は発見されず、薬莢も一個しか落ちてなかったことも一発説を裏書きしそうだ。二発射ったなら、当然、薬莢二個が現場に落ちていなければならない。

ところが、この辺から少し面白いことになる。

当時、事件を逸早く報道した新聞は目撃者の二発説を採って、パンパンという音がした、と云い、犯人は二発射った、と報じたのである。

佐藤博は、もしかするとその新聞で事件を読んで、自分は二発射ったのだ、と追平に云ったのかも知れない。——というのはつまり、これは追平の証言だから、追平自身が新聞記事を読んで「二発」説を述べたともいえるのである。

目撃者の一人、坂本勝広の検察調書には、

「音を二つ聞いた。最初のパンと次のパンは、一秒の五分の一か十分の一で、ほんの瞬間的なものであった」

と云っている。

ところが、音は一発しか聞えなかった、という他の証人の供述調書も多いのである。

しかし、これは事件後最初の新聞記事には現れなかった。

佐藤博が新聞を読んで、二発だ、と追平に話したとすると、現場に落ちていた薬莢一個と理屈が合わなくなる。そこで、二発のうちの一個の薬莢は何とか工夫しなければならない。考え出されたのが、ピストルを手拭いで包んだ、という追平の又聞き供述になる。

「薬莢のことを『どうしたんだ』『何度うったんだ』ときくと、ヒロは『引がねを引いたが一度しか出なかった』『ピストルを包んでいた手拭（或は布といったかもしれぬ）の中に残っていた』といっていたし、『ひっかかるものか』ときくと『ぽんと、とび出しちゃうんだが』ともいっていたような気がする」

となるのである。つまり、拳銃を手拭か布に包んでいたので、一個の薬莢はそれにひっかかり、一個の薬莢は地上に落ちた、と説明するのだ。

ところが、その弾丸は間をおいて射ったのでなく、坂本証人の云うように、一秒の五分の一か十分の一の、殆ど連続に出た弾丸なのだから、その薬莢が一つは落ち、一つは手拭いにひっかかるということは考えられない。また、佐藤博は何のために、わざわざ射撃するのに手拭に拳銃を包んだのであろうか。

この点は供述にないから、こちらで類推するほかはないが、恐らく人目につかぬよう拳銃を手拭に包んだと云いたいのであろう。しかし、あれほどに大胆な犯行の際、今更拳銃だけを人目に隠すというのは不自然である。また午後七時半という暗い時間の犯行だから、白っぽい手拭で包んだほうがかえって人目に立つのである。黒い銃身のムキ出しのほうが、よっぽど闇の中にかくれる。また手拭に包むのは引金をひくのをわざわざ不自由にするようなものだ。

この手拭説は現場に一つしか落ちてない薬莢と、二つ射ったという供述の矛盾を苦しまぎれに説明したトリックのようにしか思えない。

また、先にも云ったように、音の鳴り方についても私なりの考えがあるが、あとでふれるとする。

このように、追平証言は、実際は一発しか射たなかったピストルを二発射ったという嘘の辻褄を合わせるためである。また、弁護人側が主張するように、この追平証言が追平の又聞きであり、でっち上げであると云うならば、以上のすべては、追平の「創作」といわざるを得ない。

7

札幌高裁もこの点がさすがにひっかかったとみえ、判決文には、「ピストルで二発射ったが、あとの一発の薬莢はピストルに巻いていた手拭にひっかかってしまった」という部分、さらに「犯行直後、佐藤博が村上のところに報告に行ったら、村上は、ご苦労だった、今日は一杯飲んでやすめ、と云って金を呉れた、と佐藤博は云っていた」との追平供述の部分は〝措信《そしん》しがたい〟と一審判決を認めず排斥している。

だが、この具体的な事実は否定しても、全体の雰囲気から佐藤博が白鳥警部を直接射殺した犯人であることは「概《おおむ》ね信用できる」と断じているのである。

では、一発しか出なかった弾丸がどうして二つの銃声に聞えたか。

これは付近が人家の密集した所だったため、その反響で二つ聞えたのではあるまいか。銃声を一度聞いた人と二度聞いた人とに証言が分れる理由である。新聞では二度聞えた方を採り、したがって拳銃は二発射たれたと載っていたので、佐藤博から聞いたということにした追平の口裏合せと見られないことはない。

もう一つ、犯人が佐藤博でないという傍証がある。

それは、初めに出した目撃者の談話だが、その中の一人の婦人は佐藤の近所に住む人である。

「そのとき東の方から二台の自転車が来た。一人はひどく蒼白い顔をしており、服装は黒のオーバーに帽子、もう一人の男も黒い服を着ていたと思う。そのとき右側を並行していた男が私の手前の男（白鳥氏に当る）に話していたが、その話相手に当る男は別に話はしなかった。近くには電灯があり、かなり明るかったと思っている」

かなり明るかった場所で見た一人の男がひどく蒼白い顔をしているほどよく見たこの

目撃者は、一人の男が近所に幼時から住む佐藤博であればすぐ気が付く筈である。それを「もう一人の男も黒い服を着ていたと思う」程度で、全く見ず知らずの男と見たのは、即ち実際に博でなかったのではないか。

また、犯人の心理として、その犯行をする際、自分の家に近い場所でやるだろうか。たとえチャンスがあっても、場所柄を考えて離れる方が犯罪者の心理ではないかとも思われる。

いずれにしても、これは佐藤博が自ら自供したのではなく、追平が「佐藤から聞いた」という話である。この話で佐藤博は射殺犯人と見なされ、村上国治は共同謀議の故に殺人罪に問われたのである。

この追平手記については、また不思議な話がある。それは、追平が東京で逮捕されて捜査員の手で札幌に連行されるや、すぐに留置場に入ったのではなく、月寒《つきさっぷ》派出所に一カ月ばかり拘禁し、更に市内の道農クラブ（旅館）に移し、拘禁を解いて優遇された上、安倍検事と係り警部の相談で「白鳥事件に至る㊓の動向」と題する五百五十頁の手記を書かせたというのである。

この手記がそのまま彼の供述書であり、出版されている『白鳥事件』の筋書となっている文章である。この手記は彼自身が書いたのではなく、検察側が手伝って、彼の名前で書いたことにしたのだと、党側では指摘している。

とにかく、この事件はすべてが情況証拠だけである。

肝心の兇器の拳銃も発見されず、犯人が乗っていた自転車も発見されていない。

この自転車については、捜査当局も苦労したことであった。

追平は、最初、佐藤博に「自転車を誰から借りたか」と訊いたところ「オトから借りた」と云っているが、そのことを警察から訊かれると「オトと云ったのは音川君のことではなく、おとうと、と云ったのかも知れない」と変更している。ところが、警察で博の弟を調べたところ、この自転車はずいぶん古く、目撃者の云う「比較的新しい軽快な音でスピードの出る車」とは似つかないものであった。更にこの点を追平に追及すると「オトと云ったのはオモテだったかも知れない」と変えている。オモテというのは公然の党のことで、党札幌地区委員会で使用していた自転車の意味である。そこで、これを調べたが確証は得られなかった。この点の曖昧さも弁護人側から追平証言が攻撃されているところである。

唯一の物的証拠は、幌見峠の演習場から出た弾丸である。その腔条痕が白鳥の体内から出た弾丸の腔条痕と違う確率は一兆分の一で、殆ど同じ拳銃から発射されたところで、弾丸の腐蝕が当時の演習に使ったときの弾丸としてはどうも科学的に合わない、と論争になっているのは前に述べた通りである。

ところが、高安が立会っていた第二回のとき、つまり二度目の弾丸が出たときは、高安付の巡査が、現場からぽこりと拾い出して高安が覗き、「これだ、これだ、このようにニッケルメッキしてあった」と云っている。

出た弾丸を見て、わざわざこのように「うん、こんな奴だ。確かにこんな風に銀色にメッキした奴だった」とことわるような云い方は、少々、自然でないような気がする。何かそこに、あとでそのことを強調した記録のための作為がありそうに思える。高安は、昭和二十八年八月十六日に、高木検事に対して「射撃訓練をするために確か村手の所に集って行ったのですが、その集ったとき、花井がブローニングを一挺持って来て皆に見せたのが一番初めです。弾丸薬莢とも長さ三センチ位のものだったと思います。色は真鍮色で、小銃のと同じようなものでした」（第三回供述調書）と述べているのだ。しかも、その二つの弾丸は全然違った方向から発見されている。高安や追平の証言によると「大きなシナノキの立っている斜面で、雪の上に落ちている落葉を標的にして隊員は一発ずつ射たせてもらった」とある。それなら一つ所に落ちていそうなものだが、拾われた弾丸は全く離れた所からだった。「雪の上に落ちている落葉を標的にした」と云っているが、幌見峠の雪は深く、前年の秋に落ちた落葉が雪の上にまだのぞいていたのであろうか。

その上、白鳥の体内から出てきた弾丸は真鍮なのである。幌見峠の演習場から出た弾丸はニッケルメッキである。この点については、検察側では、弾丸はいろいろ掻き集められたもので、違っていても一向に不自然ではない、と云っている。

ところで、この演習では「隊員は一発ずつ射たせてもらった」のである。「一発うった」くらいで果して「きびしい」演習と云えるだろうか。また、追平の文章には、その射撃に使った拳銃は何であったかを明記していない。

それに、「訓練は実にきびしかった」とか「同時に恐ろしい行《ぎよう》であった」などと書いているが、では、どう厳しかったのか、何が恐ろしい行であったか、というような内容については、遂に触れていないのである。

この射撃演習は、宍戸が主張して、村上が隊員にさせたことになっている。すでに村上は前から札幌地区の党員に対して「白鳥をやっつけねばならぬ」としきりに云っていたという。村上がそう云ったというのは、追平や高安や佐藤直道などの証言である。彼らがいずれも獄中で脱党した組であることは注目してよい。

一体、村上をそこまでさせたのは何であろう。何か彼らの背後に居て、彼の言動をその方向に持って行くような人物は居なかったであろうか。

今度の事件で決定的な状況証拠になったのは、この村上の言辞なのである。物的証拠がない事件には、殊に状況証拠が重圧的に比重が大きくなるのは当然である。

志田重男の右腕と云われて、わざわざ「北海道」に派遣された吉田四郎は、白鳥事件後、「プチブル的、ゴロツキ的なあせりだ」とか云って村上を批判したと云うが、村上をそこまで持って行かせた他のプロモーターはなかったであろうか。

党の最高責任者として同じ札幌にいた吉田が、村上の行動に気づかずに、あとで批判したのも不思議である。

私は、ここで図らずも、昭和六、七年ごろ、日共内部に潜入していた有名なスパイMこと松村昇のエピソードを思い起す。

風間丈吉の「日本共産党の地下工作」には、次のように出ている。

「日本でも古くは昭和三年の三・一五事件当時にもスパイがいたと云われる。昭和六、七年ごろには、Mまたは松村と称する男が党の最重要な地位を占めていた。彼は党の資金、家屋、秘密工作、国際連絡等、非合法活動にとって咽喉首とも云うべき仕事の総てをその手中に握っていた。これは当時の中央委員、なかんずく、私がいかに人を見るの明に欠けていたかを示すものである。彼はソ連から帰ると、田中清玄氏などの下で活動し、同氏など中央部が検挙されたのちの党の中枢部員となり、昭和七年十月三十日午前十一時二十分ごろ、私が逮捕された瞬間から姿を消してしまった」

この松村という人物は、モスクワから帰ると、日共の中央執行委員となって国際部を担当した。

その翌年、昭和五年に全国千五百人の検挙があったため、中央諸機関は殆ど潰滅した。この松村はこれからも逃れた。

昭和六年八月に組織部長となり、組織が出来上ると、これを紺野与次郎に譲り、その後、国際部、軍事部、財政部などの各部長をやり、また家屋資金局長となった。このとき大森の川崎第百銀行の襲撃を実行させたのである。

こういうポストに彼は就いていたから、日共の内部は完全に知り尽していたし、その立場上、彼は自分のアジトを誰にも知らせなかった。しかも反対に、総ての党員のアジトを彼は知っていた。日共を殆ど刑務所にしか働く場所を与えなかったほど潰滅させたのは、その首脳部を或る場所で、自分に会うためにやって来たところを逮捕させたのである。

この松村という男は、日共側で公判に持ち出して騒いだが、当時の大審院までの裁判にも松村の名は遂に登場しなかったのである。

松村の目的は何であったか。ただ日共の組織を潰滅させたばかりではない。資金獲得と称して大森の銀行を襲撃させ、当時の金で三万円を強奪させたことでも判るように、各新聞には党の目的や綱領については一言もさせず、共産党がただ殺人、強盗、詐欺、美人局《つつもたせ》などのギャング的な方法で資金獲得に狂奔するテロリスト陰謀団だ、と書き立てさせて国民に宣伝させるのが目的の一つであった。一般の国民には、ギャング事件などを通じて共産党の恐ろしさを大いに印象づけさせたのであった。党側であとになって、どんなに見えない松村を持ち出したところで、大森事件のように強盗をやった連中が共産党であることは否定できないから、こうした事件は謀略から見ると立派に成功したことになるのである。

この白鳥事件に、そのM的存在が確かにあった、と私は断言できないが、しかし、その可能性をふと考えてみたくなる。

前記、吉田四郎は本事件で弁護人側が証人申請をしようとしたら突然居所から行方を絶ったそうだし、検察側もこの重要な証人に対して一指もふれていない。これは常識として少々奇妙に考えられる。

現に、表に出たことでも音川の場合がある。それから成田の場合もある。

成田の場合は、ちょうど白鳥事件の捜査本部が日共の地下組織が判らず、捜査が行詰り苦悶しているときに、突然、西に現れたのであった。偶然とすれば真に「神風が吹いたような」タイムリーな現れ方である。

成田が伊東で行倒れとなって警察の保護を受けていたとき、「初めにこの情報を入手したのは国警の札幌方面隊であった」（追平手記）のであるが、どのような経緯で札幌方面隊がこれを最初に入手したのかは書かれていない。また、成田が石炭ビラを撒いて逮捕されて留置場から帰って来たとき、「彼がそこに発見したものは同志の温い抱擁と敬意ではなくして、猜疑《さいぎ》と冷淡とそして一種の軽蔑とであった」とある。また、「上級機関も彼の変調を認めた」とも記されている。

これは含蓄のある文章で、或いは成田は逮捕によって「変調」を来し、だれかの暗示によって静岡県の自殺の名所錦ヶ浦をうろうろし、伊東で「行倒れ」になったのではあるまいか。

成田は幸運にも人情家の巡査に拾われ、これまた奇特なすし屋のおやじさんに助けられ三年間すしの修業をした。それなら成田はすし屋の職人になったかというと、そうではなく、三年を過ぎたら故郷に帰農している。何かこの三年の期間、彼だけを北海道から切り離し、伊東温泉に隔離させていた、という感じがしないでもないのである。

といって、私は吉田や、成田や音川が「松村的」とは云わない。彼らは、まだそれほどの大物ではない。特に成田や音川などは厳しい党員生活に耐えられなかった党機関末端の犠牲者だと考えている。

8

追平の書いていることを思い出そう。

「村上は札幌委員長に着任早々にしてこれらインテリ党員にアイソをつかし、共産党にとって生命である経営細胞の指導を組合主義の濃厚な佐藤直道君にまかせて、彼は自由労働者と北大の優秀な学生党員を学校からきりはなして、中核自衛隊をつくり上げ、この二つの上に自分の感情にマッチした安息の場所をみいだしたのであった。ここに札幌の党は白鳥事件へと好むと好まざるとにかかわらずひきずりこまれる運命をになうことになったのである」

村上の方針が党を事件にひきずりこんだというのである。好むと好まざるとにかかわらずとは何か。この宿命的な云い方は、偶然にも言葉のアヤではない。そういう方向に持ってゆく誰かの手はなかったであろうか。

この「組合主義の濃厚な」佐藤直道の下にいたのが佐藤博である。佐藤直道が当局の前に現れたのは、静岡県伊東で行倒れになった成田青年の発見からである。佐藤直道が出て来て、はじめて日共札幌地区の地下組織の全面的な手入れがはじまるのである。

この捜査陣の攻撃で、村上の逮捕となり、中川、石川、清水、村手らの逮捕がつづき、追平が東京で逮捕されて札幌に連行され、ここに佐藤博の真犯人確定という順序になる。つまり、次の通りになる。

成田の発見――→佐藤直道逮捕――→（村上国治逮捕）――→追平雍嘉逮捕――→佐藤博犯人決定。

成田青年が伊東で行倒れの姿で「親切な巡査部長」に拾われたことが、どのように重大な意義をもつかこれで分るであろう。云うならば、成田の発見は、地下組織を壊滅させるきっかけとなった佐藤直道を登場させるための導入部であったわけだ。しかも、その発見は、行倒れ保護という、よそ目にはおかしくない、極めて自然なかたちで当局の接触となった。――

佐藤（直）の逮捕によって、追平が捕えられ、同人の口から「村上君の指令で佐藤ヒロが白鳥課長を殺《や》った」ということになるのだ。この順序を見て、私も少し奇妙な気持になるのである。

白鳥事件は共産党がやったらしい、という最初の印象を世間に与えたのは、前にも書いた村上由の声明の変更である。

村上は日共北海道地方委員会のスポークスマンだが、事件後の一月二十二日に、

「党は白鳥事件と関係がない。白鳥事件は党と関係のないはね上りが勝手にやったものだ」

と云ったすぐあとで、

「誰が白鳥事件の犯人であるかは分らないが、ただ、官憲の弾圧に抵抗して起きた愛国者の英雄的行為によるものであり、個人的テロではない」

と訂正している。この変更の謎は、佐藤直道が村上にハッパをかけたからである。そのことは佐藤のメモにも出ている。

「村上由声明は、ぼくは新聞で読んで非常に憤懣《ふんまん》を感じた。あの声明では、党は全く関知しないという立場を云っているように読み取れた。現在はあの事件をどう政治的に発

展させなければならないかを考えねばならないのに、あれでは革命の芽を摘むことになってしまう。ぼく自身憤懣にたえないところ。その頃、委員長に街頭で会ったとき、委員長もぼくと同感で、徹底的に下から批判を突き上げてもらいたい、ということだったので、その後あったキャップ会議や細胞会議では、ぼくも物凄い語気で村上声明を批判した。『実施部隊の苦労を知らんあの野郎は、のほほんとして殿様気分でいやあがる。看板なら看板で餅屋だとか小間物屋とか読めば分るのだが、あの看板は薄ぼけてやがって何も分らぬ』などと云ったことを憶えている。地方委員会でも村上由さんはひどくやられたらしく、あとで改めて地方委員会の声明は出たわけである」

という経緯《いきさつ》である。これを見ても分る通り、佐藤は村上由を突き上げて、「白鳥事件は愛国者の英雄的行為によるものである」と訂正させたのであった。こんな声明を出せば誰だって白鳥を殺害したのは共産党関係だと思い込む。

これも事件が共産党関係に結びつく大きな雰囲気を作ったのである。

さらに、佐藤はその手記に、自分は無関係である、と云い切りながらも、自分はしないが誰々はしたという、そのしたと云わせる行為に導いた点を明らかに述べている。しかも、そのように事を運んでも実際は何の刑法的処罰を受けずに済むのである。

とに角、今云われている「犯人」という人達が、情況において犯人らしく見える中に、それを真犯人だと云う決め手は何一つないのである。それは、彼らが真犯人と断じられれた証拠なるものを見ても、或いはその証人なる人達の話の内容を慎重に聴いてみても、真犯人らしい情況の中に立ちながら真犯人でない方向に行っているのだ。

例えば、この事件に関係がなかったとアリバイを叫んでいる村上国治の発言に出ている高安証言や追平証言などの否定は、一つの真実の叫びのように思われる。確かに、「白鳥は拳銃でやる。すぐに白鳥の行動調査を開始せよ」と指示したという村上の命令の出た日時、場所についての高安証言は曖昧であり、追平証言は更に作られた感じが強いのである。

村上国治の有罪を決定したのに昭和二十七年一月四日の殺人共同謀議がある。即ち、この日の午前九時から三十分間、それを行なったと認定したのだが、この点については佐藤直道が「一月四日は午前十時ごろから私の家で地区の全常任が集って〝組織と戦術〟の学習会をし、村上さんはいつも時間前に来ており、この日も遅れたことはないし、夕方までおりました」と証言していること。一方、高安は「謀議は一月四日から五日のお昼を挟んで二時間ぐらいだと思う」と証言しているのである。さらに、佐藤直道宅の午前十時からの学習会にはほかの多くの者が参加し、これを裏づけている。

ところが、札幌高裁判決文は「村上が午前十時から学習会に参加したことは認める。しかし、午前九時ごろから共同謀議をやらなかったという証拠はない。もし、九時からやったとするならば、三十分で殺人の共同謀議をやり、三十分で共同謀議の場所である門脇の家または村手の下宿から佐藤直道の家に行き、十時からの学習会に参加することは必ずしも不可能ではないと想定できる」と理由づけている。だが、さすがに裁判官もこの辺の曖昧な想像だけで二十年の重刑を村上に言い渡すことに気がひけたとみえ、「このような想定を立てることは、率直に云って都合の好い素材のみを取上げたという非難を免れないかもしれないが、不可能な想定ではない……」と、非難を予想した上でのかなり強引な判決理由を作っている。

このことと、前記の佐藤博がピストルに手拭を巻いて射ったことの部分と合せて、「個々の部分で措信しがたいが、全体としては概ね信用できる」として村上に有罪を言い渡したのである。

しかし、以上の具体的な事実の否定は、即ち追平証言全部の否定でなければならない。事実を否定した上、全体の雰囲気の上で「概ね信用できる」と断じたのは、事実審理に重点を置く裁判とは思えない概念的または想像的判決といわざるをえない、即ち雰囲気だけの裁判である。

この高安についても、彼は幌見峠で演習の弾丸発見に立会っている。しかし、追平が書いたように、「朝晩のこんな調査活動中（白鳥氏の行動を尾けること）も、訓練は実に厳しかった。昼間の暇な時を見はからって、円山の奥へ宍戸に率いられて拳銃の射撃演習に行った。高安の行ったのは一度だけであった」とあって、高安が演習場に行ったのは一度だけと明記している。

射撃演習に行ったのは、北大生を中心とする「中核自衛隊員」数名である。それなのに実地検証のときにはたった一度しか演習をしたことのない高安だけをなぜ立会わせたのか。

もし立会わせるならば、何度も行ったことのある他の党員をなぜ検察側は連れて行かなかったのか。例えば高安を逮捕して五、六カ月後に捕まった村手などを、なぜ連行して立会わせなかったか。そうすれば検察側に都合が悪くなるからだろうか。——前年には、捜査隊員が日雇姿で、それこそ草の根を分け木の根を掘ってまで探して出て来なかった弾丸が、高安の立会いの場合になぜぽこりと出て来たか。私は、ただ奇妙な話だと書いておくに留める。

この高安も裁判では単独に分離されている。弁護人団がこれに抗告しているのは、高安の単独裁判で彼の罪状が決定すれば、他の村上被告などの罪状が自動的に決定するからである。

この幌見峠から発見された弾丸が白鳥の体内から出てきた弾丸と同じ拳銃を使用したことの実証の経緯は、前記の通りだが、なぜか、この演習場で使用した拳銃がどのようなものであったか、追平証言も高安証言も明確に述べていないのである。

白鳥事件対策委員会の「独房」では、

「この二発の証拠品が、実は高安君の証言とは無縁な誰かが（もちろん、こう云っても捜査当局の官憲以外にこれは出来ませんが）こっそり山に持って行き、発見されたかのように見せかけたのではないか」

と云っている。

この根拠は、原田情報にある「中核自衛隊なるものが二十六年の秋に射ったという弾丸を、幌見峠の山奥から二年余りもしてから探し出して来たと云っているが、実は、これは日本冷温の倉庫で試射した際に射った弾丸なのだ」からヒントを得て、党はこの情報に基き、「独自の立場で調査したところ、これを確認した」のだという。

ここは重大なところだ。もし幌見峠で発見された弾丸が実際に演習当時から埋没していたものだったら、党員の誰かが白鳥を射った可能性が強くなり、反対に、日本冷温の倉庫で警官が試射した弾丸であれば、当局が日共党員を犯人に落すための謀略だということになる。さらに、この日本冷温の倉庫で試射したときに使用した拳銃は「畠山警部宅から出た拳銃だ」と原田情報は云っている。

私は、いわゆる原田情報を全面的に信用するのではない。確かにこれは不可解な部分もある。しかし、その内容の幾分は或いは真相に近いのではないかという印象も受ける。この弾丸のことも、以上書いてきたことから考えると、警官隊が実地捜索の際に出てきた物が、果して二十六年の秋に演習のために射ち込んだ弾丸であったかどうかは疑問に思っている。

次に不思議なのは、佐藤直道が、偶然にも、白鳥の殺された時刻、現場付近に立っていたことである。

それは、或る党員を査問するために追平と待合わせていた、と彼は云っている。彼の手記には、次のように出ている。

「南六条の停留所で七時四十分に下りた。そのとき、電車から下りて時計を見たら、七時四十分だったことを憶えている。そのため、停留所の所に立って薬屋の方と北の方とを半々に向いて待っていた。少し立っている間に、とにかく一人で立っているときに妙な連想をやってる自分に気が付いた。ピストルの音を聞いたんだ。薬屋の南側の角の家の屋根を仰いで、ああ、夜だから鳥も鳩も立たないんだな、と思ったことを思い出す。そのときは銃声として意識しては聞いていなかった。追平君が間もなく自転車で南六条通りの電通の方からやって来た」

ちょうど偶然に犯行の起った時刻、しかも一町とは離れていない地点に佐藤は立っていたのである。それからすぐに追平がやって来た。偶然かも知れないが、どうも奇妙な印象を受ける。

しかも、佐藤が立っていた地点は南六条停留所で、薄野方面から来る、白鳥警部と犯人との二人連れの自転車がそこを通過している。七時四十分ごろから立っていた佐藤直道が、顔馴染みの白鳥警部と佐藤博の通過を気づかぬ筈がない。

人通りは稀な時刻である。しかも街燈の光りはかなり明るかった。追平の来るのを待っていたという佐藤直道は、必ず眼をあたりに配っていたにちがいない。この二台の自転車の通過を知らなかったというのも妙な話である。

次に、佐藤博と一緒に姿を消した宍戸均のことである。

宍戸は追平が云うように優れたオルガナイザーであった。彼は軍事方針の展開と共に中核自衛隊長に選ばれた。ポケットにピストルを忍ばせて米兵の後ろを尾け狙う「精悍さ」をも備えていた。円山の奥へ拳銃の射撃演習に隊員を率いて行ったのも宍戸である。或る意味で札幌の日共を戦闘化し、実行行為に盛り上げて行ったのは宍戸均ではなかろうか。

その彼が、事件後、「天に昇ったか地に潜ったか、皆目、行方が知れない」現在を、検察陣がそれほど追及に熱心でないように見受けられるのはどうしたことであろう。

検察側も党側も、なぜもっと宍戸を問題としないのであろうか。

9

ここで、いわゆる原田情報による札信理事長佐藤英明のことを考えてみよう。原田に云わせると、佐藤は非常に変った性格で、ヒロポンの常用者であった。来客の話をテープレコーダーに取ってあとで分析するというような陰険なところもあり、また変態性欲者でもあったという。同時に、ヒロポン中毒によくある被害妄想みたいな症状も持っていた。

さらに原田に云わせると、佐藤は或るエロ見世物を開催したりして、その繋がりで札幌市の知名士の間に顔を売っていたという。また理事長の地位を利用して不正貸出しや公金の流用をしていたということである。原田は元札信の職員だったので、この点、その言葉は或る程度信用がおけるのではないかと思える。

佐藤の不正貸出しや公金の流用先が何に使われていたかは定かでない。ところが、原田に云わせると、佐藤は土地の暴力団を出入りさせ、そのスポンサーになっていたという。

なぜ佐藤が暴力団を味方にしていたのか、その理由はよく分らない。

CICの連中がいつも札信の車を乗り廻していたところを見ると、佐藤と何らかの繋がりが日ごろからあったのではなかろうか。

佐藤は保釈出所後、間もなく多量の睡眠薬を飲んで死んだのである。

佐藤の自殺の原因は何であろうか。云われるように、不正貸出しや公金費消が表沙汰になり、それが彼の社会的地位を奪うので、それを苦にして自らの命を断ったのであろうか。

原田情報は「彼こそ白鳥事件の元兇であり、拳銃殺人前科一犯のAというゴロツキを唆《そその》かして白鳥警部を射殺したのだ」と云っている。「それがバレそうになったので自殺したのだ」と主張する。

このAは、東京某所でヤクザの出入りに、相手方の親分を拳銃で射殺した前歴がある。しかも、元競輪選手なので、自転車の乗り方も巧いという。なるほど、そう云えば、目撃者の話中に、「犯人らしい男は自転車で逃げるとき、腰を浮かすようにして疾走して去った」というところがある。競輪選手が腰を浮かして走るのは誰も知るところである。

前科はあるし、そういう職業的な習性はあるし、いかにも犯人はAのように思われ、原田説に賛成できそうである。

「Aは佐藤英明氏から白鳥射殺を頼まれて、殺し屋を買って出た」と原田情報は云うが、同じように別の人間が白鳥射殺を頼まれなかったとはいい切れない。

佐藤はなぜ暴力団を飼っていたのか。彼は独特のメッテルニッヒ的性格を持っていたと云うが、その異常性格からのみの嗜好で暴力団を手許に飼っていたのであろうか。でなかったら、その実際の目的は何であろうか。

これで思い出されるのが、札幌や北海道の共産党の事務所がピストル強盗団に押し入られた事件である。それは二十数人の隊を組んだ強盗が、宿直者を縛り上げ、文書や金を強奪したのだった。札幌では三回もつづけざまに襲われている。警察に訴えても取り上げられなかった。そのうち、党の抗議と市民からの非難に、警察もそのままにして置かれず、五、六人を引っ張ったが、それはほんのチンピラだったという。

これは、当時ＣＩＣに使われていた土地の右翼分子の仕業だと党側では云っている。事実は、事務所に置いてある共産党の書類を手に入れるために仕組まれた強盗家屋侵入事件なのである。が、この実際の背景は触れられないで、問題は終りを告げた。いや、これには警察が触れられなかったのであろう。というのは、その実際の背景は、現地機関のＣＩＣ工作の一部だったからかもしれない。

こうしてみると、佐藤英明が右翼のスポンサーになっていたことと、ＣＩＣの下部機関員とも親しかったことは、一つの連繫として何かを暗示する。佐藤理事長は札信の金を使い込み不正貸出しをした、というが、この金の行方の実態が分らないところを見ると、或いはこの二方面の資金に流れていなかったとはいえない。現に、或る有名な銀行が過去にＣＩＣの下部機関に食いものにされて、未だにその傷痕が癒っていない実例もあることだ。

ＣＩＣそれ自体には潤沢な予算はない。この点、戦前の日本軍部がいわゆる軍事機密費を公表しなかったのとはかなり違う。それで、機関は、足りないところは現地調達主義であった。殊に下部の機関員には程度の悪い者が多かったようだ。

佐藤英明も、その不正行為を、初めこれらの機関員に嗅ぎつけられ、摘発しないということを代償に食いものにされたのではあるまいか。

ところで、出世主義の白鳥警部は、この佐藤英明の不正を摘発しようとした形跡がある。彼はすでに北海道拓殖銀行の不正を摘発した過去の業績があるのだ。

もともと白鳥の情報工作はかなりの成果を上げていたが、それがどの程度のものであるかは知られるところなく過ぎて行った。彼の死後、市警当局が共産党情報に全く無知だったことでも分る。白鳥は日本の治安機関にとっても、またＣＩＣにとっても重要な人物ではなかったかと思う。

だが、警備情報は必然的に密輸などへの接触を深めてゆくものである。その先に佐藤英明が居ることに白鳥課長はつき当った。白鳥は初めこそ佐藤やそのグループへの警告で済ませていたものの、その接触や調査が進むにつれて、ＣＩＣへの資金供与、要員への資金立替え、遊興機関の世話などをしている佐藤の狙いが単なる反共的、愛国的な動きばかりだとは見えなくなって行ったのであろう。遂に、この際、佐藤とそのグループの摘発を職権で断行しよう、と考えたのではあるまいか。しかし、うかつにも白鳥は、佐藤とＣＩＣ機関員との繋がりの深部を知らなかった。彼は断片的には知ったが、全体は知らなかった。これが白鳥警部の悲劇であった。

白鳥警部は日共方面の情報を蒐集する一方、薄野（歓楽街）に風紀係当時の顔を利かせ、この方面からも情報を取っていたようだが、そのほかにも彼には大事な仕事があった。それは、東京方面から来るGHQの職員の接待用ホステスを世話することだった。東京から北海道に来るいわゆる彼らの偉い人たちは、必ずといっていいほど冬期は熊狩りに出かける。彼らはこの旅行用の同伴者を要求した。その供給に当ったのが白鳥警部といわれ、専ら薄野方面から「徴発」されたらしい。だが、アメリカ人に同行を余儀なくされる哀れなホステスたちはひどい目に遭うだけで、それに相当する報酬が貰えず、経営主も、女も、ひどく白鳥を恨んでいたといわれる。警察に弱いこの種の営業者は、白鳥の命に背くと、あとでどのような仕返し（例えば、臨検の情報を貰えなくなること）があるか分らないので、いやいやながら云うことを聞いていたらしいのである。なお、暴力団とこれらの花街とが密接な関係にあったことも注目していい。

白鳥が事件当日にバー「シロー」に立寄っていたという事実は、彼がしばしばバー「シロー」に現れていたことを物語るのだが、ここは彼の足溜りであり、同時にCICのアジトでもあった、その本部は札幌のグランドホテルであった。

このバー「シロー」の近くに日共の事務所があり、そこに泥棒が入って書類を盗んで行ったことは、日共側が指摘する通り、CICの行動であったと思われる。この場合は、もちろん、付近に目立たないようなピケが張られてその作業が行なわれたとみられる。こんなことも白鳥警部は知っていたに違いない。

当時の札幌のＣＣＤの業務は出版物と新聞の検閲が主で、特に共産党の機関紙を初め、ガリ版刷りの印刷物や、小さなビラまでが巧みに集められていた。このＣＣＤの隊長はゴトーという二世民間人で、ＣＩＣの隊長ツボタとは特に親密だった。毎夜のようにどちらかの家でブリッジをしながら仕事上の打合せなどが行なわれて密接な交流があったといわれている。札幌市警の白鳥警部や畠山も週に三、四度はぶらりとＣＣＤの本部にやって来てはゴトーの部屋で打合せをしたりしていたが、白鳥警部は笑い顔ひとつ見せなかったといわれている。なお、日共の円山のアジトや、苗穂を急襲したのはこのＣＣＤで、そのガサには日本の警察官は同行せず、ＣＩＣの隊員が加わっていたと思われる。「追平証言」に出てくるムカイという軍曹は、このＣＩＣ所属の二世要員で、小樽港に陸揚げされる進駐軍用の物資の引渡しに立会う仕事もしていたといわれる。

ところで、進駐軍物資は、当時の小樽市内のヤミ市場に盛んに横流しされていた。それは隊員が遊興費を稼ぐために朝鮮人のヤミ屋を使って行なったとみられるが、この横流しは次第に大仕掛となり、ある時など、小樽港の引込線で次々に貨車積みされるとき、貨車ごと幾車輛かがそっくり横流しされたということもあった。

こういう行動は概して二世に多く、また素行程度も二世が悪かったというが、白鳥警部はＣＩＣ内部のこういう連中にも敵を持っていたらしい。その理由は、あまりの風紀紊乱《びんらん》に、進駐軍上部から不良ＣＩＣ隊員の行動摘発を秘かに命じられていたからだというのである。

もし、そのことに間違いがなかったら、当時の二世CIC隊員と暴力団とは軍用物資横流しの線でつながっているので、或いは白鳥にマークされているCIC隊員が暴力団を使って白鳥を射殺せしめたという推定も成立つのである。前記の「原田情報」に出てくるAという男もCICにつながっていたという噂もある。

しかし、これ以上、私の推理は慎しまねばならぬだろう。うかつな当て推量をする軽率は許されない。もちろん、白鳥警部を射った実際の下手人は誰か、というようなことを云うのは不可能である。

ただ現状から、次の二つのことは云い得るのではなかろうか。

一つは、ピストルの音である。これが一つ聞えたのと二つ聞えたのと二通りの証言があったのは前に書いた通りだが、その音が聞いた者に軽かったような印象を与えている。ブローニングの銃声は、この小文の冒頭に書いたようにもっと大きな音で、ズバァーゥンと腹にこたえるような轟音であろう。

音が軽く聞えたのは、そのピストルに特殊な消音装置のようなものがあったのではあるまいか。当時、そのような装置の出来るブローニング拳銃は、米軍用のものにしかなかった筈である。

また、南六条の雪道を二台の自転車が進んだとき、目撃者の或る者は、「一人（つまり犯人の方）が他の一人（白鳥）に何やら話しかけていた」と云っている。白鳥らしい人物は「顔面蒼白になっていた」とも云っている。これは、或いは犯人が犯行前に白鳥を脅迫し、そのために白鳥は真っ蒼になったのではあるまいか。が、彼は、まさかと思っていたであろう。そして、そのまさかが実際になって、彼の背中は次の瞬間銃弾で射抜かれ、路上に仆れたのではあるまいか。

この場合、思慮深い謀略であれば、白鳥を射つのに顔見知りの男が接触するわけはない。白鳥には面識のない、しかも犯人の方では或る方法で白鳥を知っている男であろう。例えば、その男は誰かによって、あれが白鳥だと、教えられ、当人は自転車で行く白鳥に近づき、「白鳥さんですか」と確かめてから犯行を行なったとも考えられる。証拠になる拳銃は秘密裡に処分し、自転車は解体しスクラップにしてガソリンでもかけて燃したかもしれない。しかし、以上は私の想像であって、何ら根拠はない。

もし犯人が佐藤の使っていたゴロツキというならば、それは普通の暴力分子ではあるまい。原田情報によると、黒竜会崩れの名前が出ているが、そんな者ではなく、もっと正規な射撃の訓練を経た或る方面の日本人ではなかっただろうか。そのような組織も要員も秘密のうちに存在していたのである。しかもこれは、自転車に乗って走りながらの射撃である。

とに角、至近距離とはいえ、一発の下に白鳥を絶命させたのは、よほどの射撃の名手であろう。幌見峠で一発ずつしか射たせてもらえなかったという、いわゆる中核自衛隊の隊員の腕では決してあるまい。ましてや幌見峠の射撃演習に参加しなかった佐藤博でないことも断言出来そうである。

では、佐藤博はなぜ地下に潜ったのであろうか。検察側が云うように、日共の組織によって庇護され、人民艦隊機関によって海上から国外に待避させたのが実際ならば、そのようなことをなぜ党がしたのであろうか。犯人でなかったならば堂々と法廷で争うべきであろう、と誰も考える。

しかし、これは局外者の考え方であって、現実にこの事件の被告のことを考えると、そうも出来なかったのではあるまいか。

白鳥事件は下山事件などと違って、最初から仕組まれた計画的な謀略ではない。半ば偶発的に起ったことである。但し、それまでに、日共の地下組織がそのような犯罪をやってもおかしくないというような雰囲気は作られていたのである。その雰囲気は、「外部」からも党内に工作して、内部的にもふくれ上っていたといえる。

白鳥射殺事件は偶発的に起きたが、それが全く「日共の仕業」として利用されてもおかしくないだけの状況設定は前々から準備されていたのである。ただに白鳥事件のみに限らなかった。全く別なショッキングな事件が他に起きたとしても、結果的には、やはり同じ「札幌の共産党の仕業」になったであろう。

それだけの背景設定は、いつでも用意されていたのだ。見るがいい、「白鳥事件」が起きて、北海道で最も強く、全道の中心だった札幌地区の日共地下組織は、めちゃめちゃに壊滅し去ったではないか。これこそ「白鳥事件」を起した者が狙った効果ではなかろうか。

ラストヴォロフ事件

前頁写真　ラストヴォロフ事件で発表するソ連代表部員
（毎日新聞社提供）

1

昭和二十九年一月二十七日のことである。駐日ソ連元代表部のザベリョフ部員が東京警視庁に出頭して、同代表部員ジュリー・A・ラストヴォロフ二等書記官が去る二十四日以来失踪したので、至急に行方を調査して欲しいと申入れた。これには、本人の捜索に必要な人相書と写真を添付し、若干の説明をした。

翌二十八日の各紙朝刊は「ソ連元代表部二等書記官の失踪」として一斉に大きく記事を掲げた。

「在日ソ連元代表部では、ラストヴォロフ二等書記官は二十四日以来行方不明となっており、精神異常で自殺のおそれがあると届出ているが、政治的亡命ではないかと見られている。公安三課では直ちに管下各署に手配した」(毎日新聞一月二十八日朝刊)

新聞には発表されなかったが、そのとき、ザベリョフ部員が警視庁に説明したところによると、ラストヴォロフ二等書記官が二十四日失踪するときに、それを目撃した者がある、というのである。彼によれば、次のようなことだった。

一月二十三日は大雪が降ったが、二十四日は朝から晴れあがり、上天気だった。東京は明るい陽に輝く雪景色になっていた。

その日の昼頃、ラストヴォロフは、狸穴《まみあな》のソ連代表部を一人で出た。彼は、飯倉一丁目への坂道を下りきった都電停留所の所で、二人の代表部員に行き合った。この人物は、サザノフとサフロノフの両人である。

ラストヴォロフは、この二人を見ると、いつもと同じような陽気な調子で、大きな声で、これから昼飯を食べに行くが、一緒に行かないか、と誘った。両名が、もう自分達は済ませたから、と云うと、そう云わずにつき合え、と強く熱心に誘った。

このとき、赤羽橋の方から、米軍専用駐留軍大型バスが雪の坂をゆっくりとやって来た。ラストヴォロフは、このバスを見ると、手を振ってこれを停め、身軽に飛び乗って、一緒に行こうと執拗に両名を誘った。

二人が重ねて行かないと断ると、バスに乗ったラストヴォロフはそのまま遠ざかり、バスはタイヤを巻いたチェーンの音を軋ませながら虎ノ門に向かって消えた。

この米軍用バスは、他に一人も客がなく、つばの広い作業帽を被った日本人らしい運転手が、無表情な顔でハンドルを動かしていただけだった。――

当時、日本とソ連とはまだ国交が回復していなかった。いわば法的には戦争状態が継続していた。ソ連代表部が、部員の失踪を外務省に届け出ずに、警視庁に捜索を依頼したのは、このへんの処置かと思われた。

警視庁では、この届を受けて当惑した。米国とソ連との間にある日本側としては、この取扱いは微妙な配慮を要した。

秘密の裡《うち》に数回の会議が開かれた。が、結局、これを政治的な取扱いとはせず、一人の家出人捜索として、いわば人道的立場から捜査することに決定した。

警視庁公安三課では、ザベリヨフ部員の話をもとにして調査にとりかかった。

すると、問題の場所、つまり飯倉一丁目のコースは、米軍専用バスの定期コースではないことが分った。だが虎ノ門は、米軍の機関のあるファイナンス・ビルに近い所なので、当時、同じ型のバスがこのルートを通っていたことは考えられる。また、この付近にはその修理工場もあったので、バスの通ることは必ずしも不自然ではなかった。

しかし、当日は日曜日である。その日に、その場所を特に通るバスがあったかどうかは疑問だった。米軍は土曜日と日曜日は仕事を休むからである。

その上、前日降った雪は、積雪三一センチという状態で、普通のバスやハイヤーなども通常のようには通らない有様だった。当時の状況では、赤坂、虎ノ門二カ所の車庫に、僅か二台のバスがファイナンス・ビル用に配車されていただけであった。

しかし、幸いなことに、その日は、吉田首相がこのルート、つまり飯倉通りを通るという予定になっていたので、警視庁の係官が護衛のために立番をしていた。しかも、ちょうど、この警戒中の時間にそのバスが通ったことになっているので、問題の軍用バスはすぐに調べることが出来た。

その結果、該当のバスが判明し、無表情な運転手という人物も探し出された。しかし、ザベリヨフ部員が警視庁に申出たこととはかなり違った裏づけになった。つまり、ザベリヨフの申立てとは全く違い、そのような事実は何もない、という結論になったのである。警視庁はそれきりその後まで沈黙した。

ラストヴォロフの行方は、それから半年も分らなかった。海を渡ったか、空を翔《か》けたか、杳《よう》として知れなかった。日本の新聞も書かなくなった。

しかるに、人の記憶がそろそろ薄れかかる八月十四日に、日本では外務省、公安調査庁がラストヴォロフ事件に関して共同発表をし、同時刻には、米国国務省は在ワシントンの各国記者を招集し、事件の経緯を発表した。しかも、その席上にはラストヴォロフ自身が出席した。もっとも、この共同記者会見では、どういうものか、ソ連系の通信社は除かれていた。

その席上、ラストヴォロフが米国に脱出した理由や動機が彼の手記の形式で発表されているが、それによると、彼が脱出したときの模様は次のようなことである。

「一月二十四日、東京が雪に蔽われていたあの日に、私は代表部から脱け出す機会を見出した。四時頃、私はこっそりと代表部を出て、トルコ風呂に入り、七時頃、スエヒロで洋食を食った。間もなく私は、一人のアメリカ人と落ち合うため打ち合わせの場所に向った。会合は予定どおりに行なわれた。やがて、われわれは車上の人となり、走り去ったのである。そのとき初めて私はしみじみと、私が自由への道を走っていることを実感したのであった」

ところが、「ライフ」誌に寄せたラストヴォロフ自身の手記は、次のように脱出の顚末をもっと詳しく書いている。

「一月二十四日……日本の金で約百ドル以上を紙入れに入れて、私はソ連代表部を永久に後にした。私の外出をできるだけ何気ないように思わせるために、私はまずノセンコの事務室に立寄り、それからルーノフの事務室へも行って、それぞれ両人に夕食を共にしないかと誘った。両人ともいささか面喰って断ったが、とにかく二人とも私の仕掛けたエサに引っかかったようだった。

午後六時に、私はトルコ風呂へ行った。気分がゆったりしたので、それから私は東京で一流のレストラン・スエヒロまで歩いて行った。私は黙々と日本に対する別れの乾杯をした。ステージでは数名の芸者が踊っており、朝鮮から帰って来たらしいアメリカ兵の一団が、このショウをじっと見守っていた。一瞬私は東京を去るのがちょっと寂しいような気がした。

午後七時四十分ごろ私はこのレストランを出て、尾行されていないことを確めてから、海上ビル旧館ホテルの方に向って歩き出した。人っ子一人いず、私は雪が降っていることを神に感謝した。

ちょうど八時に私はホテル近くの前もって示し合せておいた場所へ行って、アメリカ製の自動車の来るのを待っていた。数秒、数分が経った。苦しい思いで待つこと十分間、やがてセダン型の自動車がやって来て停った。一人の男が車から出て来ると、私のところへやってきて、『あなたはジョージ（ラストヴォロフは米人にこう呼ばれていた）ですか。お友だちが車のなかで待っていますよ』といった。車のなかにはブラウニング夫人がいた。それから間もなくして、私はアメリカ西岸向けの飛行機に乗っていたのである」（木下秀夫訳『文藝春秋』昭和三十年二月号所載）

ところが、もう一つの説がある。AP通信東京支局長ロバート・アンスンが書いたラストヴォロフ失踪の顚末である。

「ラストヴォロフは、一月二十四日の夜、NHKの建物の付近でバスを待っている一群のアメリカ人の間に、目立たないように身を入れた。バスに乗り込むと、それ以後、彼の姿は、国務省が八月十四日彼のために記者会見を催すまで一度も人前に現われなかった」（サタデー・イヴニング・ポスト所載＝『週刊朝日』）

2

ラストヴォロフが失踪した事情については、このように区々《まちまち》である。この中にバスが出て来ることは二つほど共通だが、一つは飯倉でラストヴォロフが乗り、一つはNHKの前に立ってバスに乗り込んだことになっている。また、彼の手記によれば、前述したように、脱出には、ブラウニング夫人なる者が登場しており、APのアンスンによると、メリーと呼ぶアメリカ婦人が一役買っていることになっている。この辺のことは、のちに詳しく触れることとする。

さて、ラストヴォロフの失踪当時、日本だけでなく、世界は大騒ぎとなって、さまざまな臆測が行なわれた。米側の謀略による誘拐であろうという説も出た。

丁度、事件の起る直前、北海道ではスケート大会があり、ソ連選手一行に付いてロザノフなる人物が監督として来日していた。このロザノフは、三年前、日本の代表部にいたことがあり、日本通をもって知られていた。彼は、スケートのことにはなんらの知識がなく、彼が来日したのはスケートとは無関係ではないか、と取沙汰されていた。スケート選手団がソ連に帰ったのちも、彼はカゼを引いたという理由で居残っていた。ラストヴォロフが失踪する一月二十四日、彼はＢＯＡＣに二人分の座席を予約していた。その日はあいにくの大雪で、飛行機は出なかった。ロザノフがただ一人でソ連に帰ったのは、実に、ラストヴォロフの失踪届を代表部が警視庁に出した翌日であった。

このことから次のような観測記事が日本の新聞に出た。

「ロザノフ氏は、選手団役員に名を借り、モスクワの特別命令を代表部に伝え、ラストヴォロフ氏を連行するため来日した、という見方も出てくる。当局でもこの行方不明に彼は何かの関係があると見ている」

この観測は、新聞記事によると「当局」となっているが、果して警視庁独自の観測か、在日アメリカ関係の権威筋の観測を了解したのか明瞭でない。すでに、この観測記事の中には、ラストヴォロフの失踪はソ連本国で行なわれたベリヤの処刑に関係があるとし、ラストヴォロフは内務省官僚でベリヤの直系であるため、その粛清の一端として、ロザノフが帰国命令の出たラストヴォロフを連行する目的で来日したのではないか、と書かれている。当時の警視庁はラストヴォロフの身辺についてこれほどの知識を有していたのであった。

ラストヴォロフが失踪して十日経っても、九千万人の日本人中、彼らしい姿を見たと云って報告した者は一人もいなかった。また、他殺、あるいは自殺死体の中にも、彼は発見されなかった。

ソ連元代表部は数日経って、

「ラストヴォロフは挑発を目的として在日アメリカ諜報機関のために拉致され抑留されている、と考える根拠がある」

と言明した。

だが、アメリカの大使館でも、諜報部のある極東軍総司令部でも、ラストヴォロフ失踪事件については「何も知らない」と繰り返すだけであった。

日本外務省は「ラストヴォロフが亡命の意図があるなら受入れる用意があるが、仮にアメリカに亡命を希望したとしても、日本政府の断りなしにアメリカ当局がラストヴォロフを国外に連れ出すことは考えられない」との趣旨を繰り返した。

日本はすでにアメリカとの講和条約が発効し、独立国になっている。つまり、日本政府の許可なしにはいかなる外国人も国外に去ることは国法上許されないことを指摘したのである。

3

ジュリー・A・ラストヴォロフは、事件の当時から約三年前に来日して来た、当時三十五歳の二等書記官であった。彼は東京の外人テニスクラブのメンバーとなって、アメリカやイギリスの将校達と軽口を叩いて冗談を飛ばし、無邪気で陽気な男であった。彼は一月十八日にもローン・テニスクラブに出て来ていたが、彼が健康状態を害していると思った者は会員の中に一人もいなかった。彼は本国に妻と女の子を残して日本に単身赴任していたのである。

　このラストヴォロフの行方が不明のまま、いろいろな想像が日本や世界で行なわれているうち、七カ月経った八月十四日、前記のように米国務省は、突然、異例の記者会見をやったのである。場所は国務長官がその政策を発表する特別な場所だった。このため、国務省は各国人記者一人一人に電話で「日本にも関係した重大発表をするから」との招待を行ない、国務省大講堂でスポークスマンのサイダムが発表した。

　このとき、ラストヴォロフ自身が記者団と一問一答をした。ラストヴォロフは、真新しいグレーの夏服を着てネクタイ、短靴など、すっかりアメリカン・スタイルに身を包んだいでたちで、東京から失踪の顚末を書いたステートメントを、初めロシヤ語で、次に英語で読み上げたのち、記者団の質問に答えた。

「六尺豊かな長身は、充分な栄養を思わせるほど活気に満ち、冗談をところどころに織り混ぜながら、国務省によって準備した通訳の助けを斥《しりぞ》け、殆ど全部を英語で答えた」

と在ワシントンの日本人記者が書いている。

　そのとき、外務省と在日米大使館との往復文書や、ラストヴォロフ自身の「自由世界に逃れるまで」という表題の手記が添付された。

この発表による事件の要点は、「ラストヴォロフ二等書記官はソ連内務省所属の陸軍中佐で、情報活動に従事していたが、一月二十四日、自発的に米当局に保護を求めて来た。その理由は、親玉のベリヤの粛清で深刻なショックをうけ、何とかしてソ連に帰らないように決心したからである。米当局は、二十六日、同人を米軍用機で海外に連れ去った。この旨、二十七日、米側から日本政府へ連絡があった。若干の日本人がラストヴォロフ氏と関係があり、その中で自首した者もいる。政府高官は関係していない。ラストヴォロフの出国については、米側は政府と協議しなかったことについて遺憾の意を表明した」などである。

警視庁が、ソ連代表部から出された捜索願に基き、ラストヴォロフの行方を全国に亘《わた》って手配し、懸命に捜索しているのに、実は、失踪した三日目、当人はアメリカに軍用機で「保護」されていたことが、アメリカ国務省から日本政府へ連絡されていたのである。つまり、日本国民は、半年の間、ラストヴォロフは一体どこに行ったのであろうかと、やきもきしていたのに、政府は何の発表もせずに、知らぬ顔をしていたのであった。

ラストヴォロフは、その記者団との一問一答に四十五分も費したが、「或る種のものには米国の利益にならぬから云えない、との理由で回答を避けたため、あまり内容はなかった」と新聞社側を失望させている。一問一答の中で、情報はどこから取っていたか、という問に対し、ラストヴォロフは、日本政府を含む各種団体の人々からだ、と答え、その官吏もあまり高級とは云えない、中級と云っておこう、と述べ、日本共産党とは連絡を取っていなかったと云い、さらに、東京の米軍人、あるいは民間人から情報を取材したことはない、と彼は説明した。

日本外務省と公安調査庁の共同発表は次の通りである。

「米国当局は、本件の機密漏洩防止と本人の身柄の安全のため、なかんずく、同人の自発的離脱がソ連内務省に確知された場合、同人の家族に危害の及ぶことを恐れ、可能な限り単なる失踪として取扱われたい、という本人の強い希望に基き、同人を米軍用機により海外に連れ去ったが、右のごとき同人のたっての希望と本件に関連する調査の機密保持の必要上、これが発表を遺憾ながら今日までさし控えざるを得なかったのである。なお、政府の調査によれば、ラストヴォロフの離脱が本人の自発的意志に基く結果であることは疑いの余地がない」

ラストヴォロフの自発的離脱の行先がアメリカであり、アメリカがそれを援助実行したことは、実は日本国民にとって少しも関係のないことである。それは、お互どうしで勝手にやるがいいのだ。ただ、この際、日本側として黙って居れないのは、アメリカが日本の法律に背いて当人を無断で自国へ連れ出したことである。ところが、岡崎外相はこれについて「米側が遺憾の意を表し、今後、かかることのないように努力する、と云っているから、今回に限りこれを了承した」と簡単に屈伏している。

尚、初めて一般日本人の知ったことは、米国にいるラストヴォロフを取調べるために、公安調査庁の柏村調査第一部長と山本警視庁公安三課長とが二週間渡米していたことの事実だった。（あとでは長谷検事が行った）

4

しかし、日本人民衆は、この発表で、ラストヴォロフの情報網に日本人官吏が多数関係しているということを知らされ、衝撃を受けた。ラストヴォロフに直接関係があった日本人スパイというのは、元関東軍第三十五軍航空参謀少佐志位正二（三五）ほかソ連からの引揚者数名である、と公表され、「これは氷山の一角で、この背後には、隠れた大規模のスパイ網がクモの巣のように張られており、多数の日本人が関係している」と藤井公安調査庁長官談も新聞に出た。

志位元少佐は、シベリヤから引揚げたあと、舞鶴引揚援護局でソ連引揚者の各種調査に当っていた。彼は訪ねて来た新聞記者に、外務省、公安調査庁両方から絶対に手記、感想を発表しないと誓わされているので、何も云えないと沈黙するだけだった。だから、元少佐がいかなるスパイ行為を働いたかということは、一般人には分らなかった。

ところが、八月十九日夜、警視庁公安三課では、外務省経済第二課事務官高毛礼茂

（五一）を自宅で逮捕した。調べによると、高毛礼は、去る二十四年頃からラストヴォロフと連絡を取り、本年一月末、同氏が失踪するまで、業務上知り得た在日米軍関係の情報、日米関係の機密事項などを彼に流して、一回三万円から五万円の謝礼を受取り、合計百万円の謝礼を受けていたことが判明したもので、公務員法違反に問われて逮捕されたのであった。

これは、ラストヴォロフが亡命した直後、志位元少佐が自首して以来、高毛礼の機密漏洩問題が或る程度治安当局に判っていて、その後、裏づけ調査をやっていたものらしい。小原法相は、ラストヴォロフ事件について、外務省、公安調査庁共同発表以外に民間の関係者があり、近く第二次の発表を考慮している、と語った。

ところが、すぐあとに思いがけない出来事が起ったのである。八月二十八日午後零時四十分頃、同事件に関連して、国家公務員法違反容疑で逮捕されていた、外務省欧米局第五課勤務、外務事務官日暮伸則（四四）を、長谷検事が取調べているとき、同人は隙を見ていきなり机の上に飛び上がり、南側の窓から地検中庭のコンクリート路上に飛び降り、自殺を図った。すぐ病院に運ばれたが、脳底骨折で約一時間後には死亡した事件である。

この日、長谷検事は午前十時頃から取調べを始め、調書の作成も終って、警視庁に同人を引渡す直前だった。日暮は予め計画していたものらしく、調べ中に机の下で靴を脱いでおり、調べが終ると、「これで失礼します」と長谷検事に一礼し、部屋を出ようとしていきなり机の上に飛び上がったもので、佐々木事務官がバンドを摑んで引留めたが、間に合わなかったのだった。

日暮は、元モスクワ駐在日本大使館員で、二十一年、佐藤大使などと引揚げて来たダモイ組である。同氏の人柄については、性格が地味な勉強家で、口数の少い人だった、数年前に神経衰弱になったことがあった、と新聞に出ている。

だが、この事件には、高毛礼、日暮両名のほか、もう一人逮捕された人がいた。元外務省国際協力局第一課庄司宏事務官（四二）である。庄司は外務省に勤務中の二十六年十二月から二十九年七月まで、都内数カ所で外人某に外務省の機密文書などを閲覧させ、秘密を漏らしたことにより、国家公務員法百条違反に問われたのであった。

これら発表された事件の経過は、日本の民衆に、ラストヴォロフが日本人官吏を手先に使って秘密な諜報を取っていたような印象を与え、その諜略の怖しさを強調したのであった。また、その中の、志位元少佐といい、日暮といい、庄司といい、いずれもソ連からの帰還組であるから、ソ連の諜略の行届いたことも改めて認識された。

殊に、日暮事務官が裁判中に、地検の中庭に階上から飛び降りて自殺するというかつてない行動をとったことから、その機密通謀内容はよほど大がかりなものであり、重大なものと考えられたに違いない。

しかし、どのような謀略が行なわれ、どのような秘密が彼ら外務省役人から漏らされ、どのような情報がラストヴォロフを通じてソ連に流れていたか、ということについては、今日まで一切一般には分っていない。ラストヴォロフがこれらの日本人官吏を使って取っていたという情報とは何なのか、これに答えるような公表された資料は何一つ無いのである。

ただ、日暮を取調べていた長谷検事が、その自殺の原因について「彼の供述中に思い当たる節はある」と意味ありげなことを云っている。では、この感想がどういうところから来ているのか、長谷検事は言明を避けているので、これもはっきりしない。

表面に出たことは、日暮、高毛礼、庄司の三事務官が、ラストヴォロフに国家機密を洩らしたことで国家公務員法違反に問われたことである。だが、この起訴事実の立証基礎となるのはラストヴォロフの一方的な供述だけで、それも日本当局に陳述したのではなく、アメリカの官憲に供述したのである。そして、ラストヴォロフが確かにそう述べたという客観的な証明も何も無いのであった。

ラストヴォロフは、日本を去ってから約七カ月間、沈黙した。沈黙していたのか、供述は取ったがそれを発表しなかったのか、その辺の事情は判らないが、とにかく七カ月も経って、突如、アメリカは彼のステートメントを発表し、それも演出味たっぷりの記者会見をしたのは、先に述べた通りである。この中に出席したラストヴォロフなる人物は、一枚の写真も、撮られていない。また、彼の声明は録音も許されなかった。

なぜか、と誰でもおかしく思うに違いない。

写真を撮らせなかったのは、国務省の配慮によるのか、本人の希望によるのか、判らないが、もし、これだけの演出をやるならば、当人をその場でカメラに収め、その記者会見の写真を世界の新聞に流した方が、どれだけ宣伝効果が上がるか分らないのだ。深夜に、ソ連系を除く各国新聞記者をわざわざ一人一人招集し、国務長官が会見する部屋を特に使用しての大がかりな異例の会見は、この写真を撮らせないことによって、折角の効果を頂点までには達せさせなかったのである。

だが、それが国務省の指図か、本人の希望によるものかを窺う資料が、一九五六年二月八日、米国上院司法委員会国内安全保障法関係調査小委員会の記録に僅かに見える。即ち、ワシントンＤＣ第四二四五室で行なわれたこの小委員会は、ラストヴォロフを喚問して、彼の諜報活動を聴く会であった。これには、ウェルカー上院議員が司会して、各上院議員、モーリス首席顧問などが出席している。

新聞記者も出ているから秘密会ではない。開会に当り、ウェルカーは、次のように新聞社関係に注意している。

「写真班に属される新聞通信社の方々に注意を喚起しておきたい。どうか諸君は委員会の意向を汲まれて、ラストヴォロフ証人の写真は、この委員会の部屋でも、その他カピトルビルのいかなる場所でも、撮らないようにしていただきたい。この件については諸君の御助力を仰ぎたい。証人が委員会に対して、写真班の諸君にそのように協力していただくことを求めているからであり、私は諸君が喜んでそうしてくれることを確信する。諸君、ありがとう、諸君は常に立派に行動されました」

昭和三十一年二月に行なわれた小委員会でのこの思いやりは、同様に二年前の二十九年八月十四日の国務省会見でも行なわれたわけであった。

これでみると、会見の席でカメラを斥けたことはラストヴォロフの希望であったわけである。つまり、ラストヴォロフは、米国での自分の姿を世界、特に母国ソ連に見られたくなかったのと、自分の身辺安全のために写真を拒否したものと考えられる。

だが、彼はすでに完全にアメリカの手中にあったのだ。もし、アメリカが世界に向ってのその宣伝効果の上に、ラストヴォロフの写真を流した方がいいと考えたなら、あえて本人の意志を尊重する思いやりなどは放棄して強引に彼をカメラに撮らせる筈である。すでに、この公表自体が彼の意志を無視したのだ。この上、拘泥することは何もあるまい。なぜ、効果の強烈な、会見席上の彼の写真を撮らせなかったのであろうか。ラストヴォロフの写真は、新聞にも出たただ一枚の、正面を向いた顔だけである。これは、彼の失踪当時、逸早《いちはや》く、ソ連元代表部のザベリヨフ部員が警視庁に捜索願いをしたときに提出したものだった。

もし、あれほどの大げさな記者会見をするなら、同様の宣伝効果を狙って、アメリカはもっとラストヴォロフの写真をふんだんに通信社に提供すべきではなかったろうか。世界の新聞通信社の中には、会見のラストヴォロフの撮影を拒否し、カメラマンを閉め出したことによって、果して国務省に現れた一人のロシヤ人がラストヴォロフ本人であるかどうかを疑う者さえいたくらいである。いや、新聞を読んだ世界中の読者もこれに気づいたら首を傾けたに違いないのである。

5

ラストヴォロフの顔は、日本の治安当局では充分に承知の筈であった。彼は三年も東京に滞在し、またその以前にも東京に来ていたことがあった。事件当時、ソ連代表部は、日本がアメリカと講和条約を結んだため、いわば合法的にはその存在権利を喪失していた。したがって新聞も「元代表部」という表現を用いたのである。それがため、そのいわゆる元代表部には館員が僅か三十三名しかいなかった。館員がソ連に帰る場合は黙許したが、新しく入って来る者には当局が制限をしたためであった。

ところで、この三十三名の元代表部員は外交機能を喪失しているので、ただの居留民であった。つまり、日本当局としても、在日アメリカ大使館としても、このソ連の代表部員はいずれもスパイ行為をやっている人間と見なしていた筈だ。（後述、ラストヴォロフの米上院での証言参照）だから日本の治安当局は、彼らに対して一人ひとり尾行をつけたりして、その動静を監視していた。日本に居た当時のラストヴォロフもふんだんに当局に撮影されていたに違いない。

また、ラストヴォロフはアメリカに「亡命」して七カ月も経っているので、米側にも写真を相当多数撮られているであろう。国務省会見のときにカメラを許せば、新聞に出た写真を見て、日本の当局は、まさに本人に間違いなし、と云い切ることが出来るわけである。だが、「真新しいグレーの夏服、ネクタイ、短靴など、すっかりアメリカン・スタイル」という新聞記事の形容だけで、本人の顔が無いのでは、果して当人だったかどうか、何とも判断のしようがないわけである。

ラストヴォロフを日本から調べに行った検察官は、「あなたが遇ったのは確かにラストヴォロフだったか」という記者団の質問に、「本人に間違いないと思う」と答えている。こんな曖昧な答え方でなく、先にも云った通り、警視庁にはふんだんにラストヴォロフの写真がある筈だから、それと照合すればわけなく断定出来たわけだった。この答え方も奇妙な云いまわしといわねばならない。

この柏村、山本両氏がアメリカに出張した当時の理由は、警察制度調査のためというのであった。ラストヴォロフの国務省での会見が公表されて、初めてこの二人が彼を取調べるために渡米したことを国民は知らされたのである。

さて、日米同時のこの発表については、ラストヴォロフの情報活動内容は曖昧だったが、読んだ者にショックだったのは、彼がソ連代表部の二等書記官を称していたのは擬装で、実は陸軍中佐の身分だったことの事実である。「外交官は仮面で、実は情報将校」と聞かされると、大へんな謀略をやらかしていたように誰でも思い込む。

だが、よく考えてみると、このような事例は各国に多い。外国へ大使館員として行く場合、情報活動をしようと思えば、その身分を隠すのは便利である。また、大公使館付武官と名乗るよりも書記官と云った方がはるかに活動範囲が広いのである。時としては、その命令は大使の系統でなく別な本国筋からの系統に属することがある。これは独りソ連だけではなく他の国も殆どそうだし、日本でさえもその基準に則しているのである。

例えば、日本の治安機関の高級官吏が、或いは参事官、または二等書記官などの肩書で、それぞれの外国駐在公館に配置されていることや、また防衛関係機関の担当官が外国駐在機関にそのことを隠して在外公館員を命ぜられている事実もあるのである。

ただ、この公表のアメリカ側の狙いは、「ラストヴォロフ二等書記官は、実はソ連の陸軍中佐で、日本で大変な謀略をやっていた」という印象を特に日本国民に与えたかったに違いない。

それでは、この発表されたラストヴォロフ事件の内容を考えてみると、要するに、彼の「亡命」の動機は、彼自身が告白するように、彼は内務官僚として直系の上官であったベリヤが粛清されたので、「ソヴェト市民というものは、今まで何人からも挑戦を受けることのなかったような指導的地位にある人物に対してすら、もはや信頼を置くことが出来ないものであるということを明白に悟らされるに至り、私の帰国には何か私には云えない『秘密』な理由があると直感して」、帰国後の自分の身辺に危険を感じたことが唯一の動機のようである。そしてこれは彼の真実な動機だと思える。だが、彼が「ソ連に絶対帰らないという決意を完全に固めた」のは、ほかに他動的なものはなかったであろうか。

ラストヴォロフが記者団と行なった一問一答に先立って、国務省では次のような文章を発表している。

「アメリカ政府は、駐日ソ連代表部元政治部情報官ジュリー・A・ラストヴォロフ氏を政治的亡命者として受入れることを決定、十三日には、スミス国務長官代理がこれを駐米ソ連大使ザルービン氏に通告した。しかしながら、同大使はこの米国政府通告書の受取りを拒否し、大使はもちろん代理の者すらも国務省を訪問せしめなかったのである」

この中に出てくるスミス国務長官代理というのは、当時の国務次官ベドール・スミス中将のことで、同氏は初代CIA（中央諜報局）の長官で、CIAの創立者でもあり、米国における最高の諜報活動の権威者でもあったことは参考的に注目してよいのである。

ラストヴォロフは、日本に居たとき、「アメリカの軍人、或いは民間人から情報を取材したことはない」と云った。彼は米軍在日機関には接触しなかったと云ったのである。しかし、彼は脱出に当って、自分でまず最初に接触をつけたのがアメリカのその機関だったのだ。彼が、アメリカ諜報関係に接触はないと云いながら、逃亡に当って米機関の手に依存したという事実は、彼が日ごろから、米側の線に接触していたことを思わすのではなかろうか。

「私が一番よく分る外国語は英語であった。私は英国人よりも米国人を多く知っているから、米国が私の到達すべきゴールでなければならない、と考えたのだ。当初、私は米国大使館に行こうかと考えたが、外部に発表される危険があり、これはぜひ避けなければならないと思った」

とラストヴォロフは書いている。

外部に知られてはならないというのは、事があくまでも秘密裡に運ばれることを希望したからにほかならない。その理由は、もしこれがばれたら、ソ連に残っている彼の妻および八歳になる女の子に危害が加わることを彼は恐れたからだという。「私は偽って溺死したことにするとか、あるいはその他の方法で分らないように失踪してしまい、こうして全然新しい人間としてアメリカに行って安全に暮す方法はないものかといろいろ計画を考えはじめた。こうすれば私の家族の者が迫害をうけずにすむと考えたわけである」と彼は述べている。

米国人から何一つ情報を取ることが出来なかったというラストヴォロフが、秘密工作の中で一番重要なものの一つ、アメリカ本国と日本とを結ぶ誰にも知られない行動ルートに脱出の手を求めたのはただごとでない意味がある。つまり、彼は米側機関を「知らない」のでなく、知っていたのだ。

6

この国務省の異例記者会見で配布されたラストヴォロフの手記というものの原文や各国記者団に手渡されたそれぞれのコピーのいずれにも、この場合、常識とされている本人のサインが添付発表される手続きが全部除かれていた。つまり、ステートメントには、本人に間違いないという証明のためのサインが全く付いていなかったのである。疑えば、本人の筆蹟でないと云われても仕方がないのだが、もし、手記が見せかけでなく本当にソ連をあっと云わせようと思うならば、そして、世界を納得させようと思うならば、当然、本人の筆蹟を付すべきであろう。また、この発表では、前に詳細に述べたように、カメラや録音を禁じたので、各国の新聞、雑誌の記事掲載には、日本の警視庁に家出人捜索願いとして出された一枚の写真しか使われていない、という珍現象が起った。

要するに、この記者会見では、奇妙だが、逆にそれが本人である証拠を残さぬように配慮されているようにも取られるのである。その宣伝効果を無視し、折角の会見を疑われるようなことにしたのはなぜであろうか。

また、この共同会見には、十三日、スミス次官がザルービン駐米ソ連大使にその旨通告したが、同大使は米国政府の通告書受取りを拒絶し、大使自身はもちろん大使の代理者をも国務省を訪問させなかったという。

ところが、ソ連側の云い分によると、ザルービンはすでに何回かラストヴォロフにつき正式に照会していたが、米国は調査中だからとそれを延期し、共同会見の日には、米国はラストヴォロフに関する声明を送り届け、ザルービン大使との会見を断って来たというのだ。

以上を綜合して考えると、その席に現れたラストヴォロフは本人でなかった、という見方が一つと、本人ではあったが、本人がいやがったのでそのような処置をした、という見方とが出てくる。

だが、すでに、亡命を秘密の裡にやって欲しい、という当人の意志を無視し、この会見になったのだから、もし、アメリカ側でやろうと思えば何でもやれたのである。カメラも、ラジオも、サインも、ラストヴォロフ本人の証拠を世界に見せようと思えば、見せられたわけである。すでに一種のアメリカの虜囚となったラストヴォロフには、それを強く断るほどの抵抗はできなかった筈である。共同会見をしたことによってラストヴォロフの「秘密にして欲しい」と願う一切の亡命意図は無意味になっていたのだから。

それとも、脱出時だけ安全のため秘密を頼んだのであろうか。それなら、ソ連に残している妻子はどうなるだろう。「公表」されたことによって、家族は「殺されるかもしれない」というラストヴォロフの云う危険は増大するわけだ。ソ連側に彼のアメリカ亡命が探知されていても、それが明確に確認されない限り、妻と子はまだ安全なのだ。殊に、彼の妻は以前モスクワ在勤のアメリカ陸軍士官にドライヴを誘われたとき、それを承諾したグループの一人で、当時徹底的な取調べをうけたばかりでなく、その事件から五年も経った一九五〇年になって、また取調べのし直しをされた経歴を持つほどの要注意人物だったのである。ラストヴォロフが家族の身を危惧するのはこの辺の事情にあったのだろう。

はじめ、ラストヴォロフが日本を出国した直後、三通の秘密文書がアメリカ大使館から岡崎外相に通達されている。これは吉田内閣のもとに厳重な秘密が守られた。その一つは、一九五四年一月二十七日付、駐日アメリカ大使アリソンから日本外務大臣岡崎勝男に宛てたものである。

「ラストヴォロフは自身の身柄保護をアメリカ政府に求めた際、彼は、この件が外部に洩れることがないよう、また、ソ連内務省に探知されることのないことを懇請した。これに対してアメリカ政府は、ラストヴォロフが自由世界に逃避したという、どのような発表も行なうことはしない、むしろ彼の逃避はただ何とも分らぬ失踪であるという観測を与えるよう、すべての努力がなされるであろう、との約束が成立した」

この当初のラストヴォロフに対するアメリカの配慮を国務省は破壊した。ラストヴォロフの危惧よりも、もっと大きな意義をその発表に見出したと考えなければならない。それは何であろう。

米国の新聞はこの発表によって、「先にカナダに起った原子力スパイ、ローゼンバーグ事件以上の勝利だ」と書いた。まさにそこが狙いと云わねばならない。つまり、これはアメリカのビクトリーであり、栄光なのだ。

そして、実にその二日前には、西独のアデナウアー政府の実力者と云われるヨーン博士が、東独に逃亡して西独の軍備などの機密を暴露しているのである。ラストヴォロフ事件は、それに対するアメリカの報復とも米国民は考えたに違いない。

それにしても、なぜ、アメリカ当局は、ラストヴォロフを入国せしめて七カ月間も沈黙していたのであろうか。それほどのこみ入った調査が彼について必要だったのだろうか。しかし、発表されたところによると、その内容は「何も無い」のであった。したがって、七カ月後のこの突然の大げさな発表は、ヨーン博士が東独に逃亡した二日後に行なわれた、というところに意味を見出さなければならないことになる。

だが、アメリカのソ連に対する勝利《ビクトリー》は、日本人にとってはどっちでもいいのである。それよりもこの事件が日本にどう関係しているかが問題である。そのことがわれわれには切実なのである。

7

ラストヴォロフが日本を脱出した事情をもっと考えてみることにする。

ソ連側の云い分によると、ラストヴォロフは失踪前にはひどい神経衰弱にかかっていたという。

ところが、警視庁の裏づけ調査では、全くこれと逆に、神経衰弱どころか、非常に元気だったというのである。つまり、このロシヤ人は、失踪前日の二十三日午後には、港区麻布盛岡町にあるローン・テニスクラブで、或る米人バイヤーの夫人と、このクラブの支配人大田氏を初め会員の福島、田子などという人と、テニスに興じている。この日は午後から雪が降り出して、夜はラッセル車が出るくらいの大雪となった。このときのラストヴォロフは普段と変ったところもなく元気で、とても神経衰弱とは考えられない、と前記の日本人ははっきり証言している。

だから、ソ連側の「神経衰弱だった」という云い分と、ローン・テニスクラブの人たちの「元気だった」という云い分とは、大きな食い違いがある。だが、警視庁は、後者の説を公平な証言と考えたのであった。

では、ソ連側の云い分の中に何か不自然なものがあるのだろうか。例えば、ラストヴォロフがどこかで発見されたとき、妙なことをしゃべりはしないか、という懸念のための布石に「神経衰弱」を云い立てたとも考えられる。

ラストヴォロフが神経衰弱だったということは、本国に召還を命ぜられて以来懊悩したということから事実の裏づけが出来る。だが、何ら政治的意味を持たないテニスクラブの日本人の証言も嘘とは思えないのだ。つまり、それは両方とも正しいのであろう。では、両方の正しい意味の喰い違いは何か。それを考える前に、次に進もう。

ラストヴォロフがソ連代表部を出てからの行動の最初は、「米軍バス」に乗ったことである。この「米軍バス」というのは、米軍当局によると「米軍の専用バスの車内では、身分証の提示を求めないことになっているので、一般の外人が乗車することもあり得る」ということである。またソ連代表部も「ソ連人が米軍のバスに乗り得ることがあり得る」という。（二十九年二月三日付、朝日新聞）

「米軍バス」をラストヴォロフが利用したのはこれで別に不思議はなかったわけである。

だが、彼は、そのとき、二人のソ連代表部員に会って、しきりと昼飯に誘っているのは前記の通りだ。このとき、ラストヴォロフは、すでに脱出を決意していたのである。

そして、その行先は、脱出について或るアメリカ人と銀座で会う手筈になっていた。

もし、このとき、ラストヴォロフの誘いに応じてソ連人が一緒にくっ付いて来たらどうなるであろう。ラストヴォロフが二人の代表部員に誘いかけたのは、彼が不自然に見られないための演技だったのであろう。だが、これはきわどい芸当と云わなければならない。相手が正直にのこのこと同行して来たら、ラストヴォロフは米人の待ち合わせている場所に行くことが出来なかったのだった。それを、しきりと手招きした彼の心中は恰も安宅《あたか》ノ関を逃れた弁慶の腹芸のように「虎の尾を踏む」思いであったろう。もっとも、これには別な見方も考えられぬことはないのだが。

ところで、バスに乗って銀座に出た彼の行動はどうか。共同会見の席で記者団に手渡された彼の手記と称するものと、彼がのちに「ライフ」誌上に発表した手記とは、違っている。

彼が共同会見の席で配った手記には、こう出ている。

「米軍バスに乗って虎ノ門で下車。流しのタクシーに乗って銀座に出た。銀座では喫茶店『セ・シ・ボン』に行き、ここで、亡命について米人との打ち合せをした。この打ち合せののちに、代表部に帰ったのが午後二時であった。それから土産物や身の廻りの整理に二時間ほど費し、四時にこっそりと代表部を出て東京温泉に向った。ここではスペッシャルトルコの係りである園田というトルコ嬢に肩を揉んでもらった。

東京温泉を出てから、しばらく銀ブラをし、七時にビフテキのスエヒロに入って夕食をした。そののち、約束の場所で『セ・シ・ボン』で会った米人と落ち合って、日本を脱出した」

ところが、「ライフ」誌上に発表したところは少し違って、その箇所はこうなっている。

「当時、アメリカ人で私の最も親しい友人は、テキサス州出身の中年の婦人で、米国陸軍教育センターで教師をやっていた人だった。ここでは、この婦人をブラウニング夫人と呼ぶことにしておく。この夫人と私とは、毎週水曜日に海上ビル旧館ホテルで会って、英語とロシヤ語のレッスンを交換することにしていた。ブラウニング夫人は、アメリカ合衆国のことや夫人がしばらく住んでいたことのあるアラスカのことなどについて、私に話してくれ、私もソ連の実情について夫人に話した」

こうしてラストヴォロフはブラウニング夫人と交際し、夫人が彼に対してちょうど弟に対するような感じを持っていることを知った。彼が逸早く祖国脱出の決意を話したのも、この夫人である。

「そこで、私は中佐の階級を持ったソ連の諜報将校であることを初めて夫人に打ち明け、夫人が以前に約束してくれた助力が今さし迫って必要になったことを告げた。夫人は『あと数時間すればもう心配はありませんよ』と云ってくれた。われわれは、その晩の八時に夫人のホテルの近くで落ち合い、私はその場ですぐ自由への最後の措置を取ることにしようと申し合わせたのである」

こうして彼は、ブラウニング夫人の助力で、彼女の車に乗り、間もなくアメリカ向けの飛行機に乗った、と書いている。

どちらが真実であろうか。これは真実と云うよりも、「ライフ」に発表した方がより詳細だったという云い方が当る。そして、共同会見の席に配られた手記の「米人」とは、この「ブラウニング夫人」のことを指すのは明らかである。

ブラウニング夫人とは一体何者か。これで読むと、夫人は彼に対して弟のような友情を持ち、彼もまた夫人に対して少なからぬ愛情を寄せているように窺える。

これを読む者は、ブラウニング夫人なる女性は、当人のラストヴォロフが断っている通り、仮名であり、そして、アメリカ情報機関の一人ではないか、とひそかに疑う。

しかも、その疑念が本当かもしれないと窺えるのは、一九五四年九月の「サタデー・イヴニング・ポスト」に載った、AP通信東京支局長ロバート・アンスンの手記である。

「われわれはいかにしてソ連スパイ・ナンバーワンを摑んだか」というセンセーショナルな見出しで、このやり手の記者は発表している。

「スパイをつかまえるのは素人の出る幕ではない。だが、最近起った最も大掛りなスパイ事件の一つの場合は、素人二人の協力がなかったら、決して西欧側の勝ちとはならなかったであろう。このスパイというのは、極東におけるソ連のスパイ活動の最高責任者ジュリー・アレキサンドロヴィッチ・ラストヴォロフのことだ。二人の素人とは、東京でラストヴォロフの友人となった若いアメリカ人で、一人はラストヴォロフに英語を教えたり、一緒にダンスをしに東京のナイトクラブに行ったりしていた娘さん。あとの一人は、東京ローン・テニスクラブでよく彼とテニスをやっていた男である。この二人のアメリカ人は、どちらもスパイ活動の訓練を受けたことのない人たちだった。それどころか、こんなことに関係することをいやがってさえいた人だ」

「ラストヴォロフが過去の絆《きずな》を断ち切るためどうしてバスに乗るようになったか、という話は、半年の間、一言も外部に漏れなかった。それが今ここに初めて真相を伝えることが出来るようになった。この記事は、記者が一〇〇パーセント信頼出来ると考えている各方面から入手した情報を慎重に整理してまとめ上げたものである」

と断って、次のように彼はペンをすすめている。

「或る日のこと、ソ連大使館を訪れたという一人のアメリカの婦人の写真を日本の警察が持って来た。CICは、早速、この若い婦人をさりげなく訪問して当ってみた。仮にこの婦人の名をメリー・ジョーンズと呼んでおこう。メリーは美しい無邪気な女で、軍属として日本に来ていたのだった。彼女は他の何百という軍属と一緒に丸ノ内旧海上ビルホテルに住み、陸軍の事務所の一つで秘書として勤務していた。CICの部員が彼女の写真を取り出して見せると、彼女はすっかり困ってしまった。だが、結局、ソ連大使館に行ったのは冒険をしてみたかったからです、と彼女は説明した。『大使館で何を見ましたか』と彼らは訊ねた。『そうね』と彼女は云った。『建物は汚《よご》れているし、ガタガタしている感じで、見るものも大してありませんでしたわ』『誰かに会いませんでしたか』『なかなか英語の上手なロシヤ人が一人いました。わたしを引き回してくれて、またいらっしゃい、と云いましたわ』『名前を教えませんでしたか』『ラストヴォロフ、確かそんな名前よ。わたしの電話番号を訊ねたわ』『番号を教えたんですか』『もちろんよ』CICの連中は急にひざまずかんばかりになった。

そしてCICは彼女にラストヴォロフの身辺を探るように頼んだ。初め彼女はなかなかそれを承知しなかったが、結局、何か変ったことが起ったら知らせよう、という約束になった。

ラストヴォロフは、遂にメリーに、自分が本国帰還を命ぜられていること、そして、帰ってからのことが心配であることを伝えた。メリーがCICの友達にこのニュースを知らせると、彼らは、脱出の意志が彼にあるかどうか打診してもらいたい、とメリーに頼んだ。

次の日、彼女は次のようなラストヴォロフの答を持って帰って来た、『私は脱出の用意がある』。あまり話が簡単すぎる、とCICの人たちは考えた。何か変だ。彼がきっとさまざまな将来の保障を要求して来るに違いない、と彼らは予期したのだ。しかし、彼はそのことを一言も云っていない。不審に思った。彼らはさらに彼の意向を問いただすようにメリーに命じた。

『そのことがどういう意味か、あなたには分っているの』と彼女は彼に訊ねた。『分っています』『あなたの家族のことはどうなの』『多分、ぼくの家族は殺されるでしょう。しかし、ぼくが帰国しても、どっちみちぼくらはみんな殺されるのです』『脱出を交渉する用意は出来ていて』『出来ています』

遂に、彼がアメリカに向けて出奔する日の前日、ラストヴォロフは電話でメリーに決定的な連絡を取ったのである。

こうして一月二十四日の夜、バスに乗り込むと、NHKの建物の付近で待っている一群のアメリカ人の間に、ラストヴォロフは目立たないように身を入れた。

それ以後、彼の姿は、国務省が八月十四日彼のために記者会見を催すまで、一度も人前に現れたことはなかったのである」

ここで読者は考えられるであろう。前にラストヴォロフ自身が述べた「ブラウニング夫人」とは、AP通信東京支局長の手記にある「メリー・ジョーンズ」と同一人ではなかろうかと。まさに然りだ。

無論、「ブラウニング夫人」も「メリー・ジョーンズ」も、どちらも仮名である。そして、この二つの仮名で云われた彼女こそ、ラストヴォロフをアメリカに引き出す重要な米諜報部員だったと考えていいと思う。アンスンAP東京支局長の折角の言葉だが、「彼女が素人だった」とはとうてい思えないのである。そして、このころ、米国軍側にはまだラストヴォロフはソ連スパイの「ナンバーワン」と信じられていたのである。

8

ラストヴォロフに友情をもった女性が「専門家」だったという暗示は、ラストヴォロフを喚問した例の上院司法委員会の小委員会の速記録の一部から窺える。
「モーリス『私が知りたいのは、ラストヴォロフさん、あなたが一緒に働いたのはどんな型の人たちだったかということです』
ラストヴォロフ『さよう、私には数人のエージェントがありました。その或る者は日本政府の外務省で働いており、或る者は日本に駐屯する米国軍のG2で働いていました。或る者は新聞特派員でした』」
これによって見ると、ラストヴォロフは、共同記者会見で、米国からは情報を取れなかった、と云っているが、ここでは逆に、そのエージェント（手先）に関係者があったと述べている。これが正直なところではなかろうか。

さらに速記録には次の箇所がある。
「ラ『アメリカ人に接触する企ては数回行なわれました。例えば、Ｇ２の将校で少佐だった……』
モーリス『名前は云わないで下さい』
ラ『名前は申しません。その人は少佐でしたが、彼女の妹からの手紙を通じて接近が図られました』
ウェルカー『彼の妹じゃありませんか』
ラ『その人は女性です。彼女はＧ２の少佐だったのです』」
彼がはしなくもこの小委員会で述べたＧ２の女性少佐が、彼自身の手記による「ブラウニング夫人」と同一であり、ＡＰ通信東京支局長の云う「メリー・ジョーンズ」であるとは俄《にわか》に推定は出来ないが、非常に可能性はある。「ブラウニング夫人」または「メリー・ジョーンズ」のような女性がそのような機関に属していたのではないか、ということの資料にはなるのである。
謀略として、一人の敵側の人物を味方に引き入れるためには、絶えず相手の正確な位置を知ることが必要で、相手の性行や環境を絶えず凝視していなければならない。もし、相手に一つの変化が起れば、これを躊躇《ちゅうちょ》なく利用して攻撃し、遂に接触をなし遂げるのが謀略である。もし、ラストヴォロフが、ベリヤ粛清によって本国に召還されることをひどく嫌い憂鬱になっているとしたら、その変化は敏感に米諜報機関にさとられたに違いないのである。

この接触は、或いは甘い誘惑となり、或いはあるきっかけを作っての脅迫となろう。

ラストヴォロフ自身も小委員会でこう述べている。

「ウェルカー『鉄のカーテンの背後にいる親族を使って脅迫しようとするとき、彼らはそれらのエージェントに対してどういうことをするんですか。親族の者を殺す、と云って威《おど》かすのですか』

ラ『そうです。彼らはいつでも、或るときは慇懃《いんぎん》丁寧に、或るときはぶしつけに、われわれと一緒に働くことを承知しないなら、お前の親族の身の上に何事が起きるか考えてみろ、と云うわけです。つまり、親族の者の生命に直接の威しをかけるのです。これがつまり脅迫です。一番たちの悪い脅迫です』」

これを読んですぐ思い出されるのは、ラストヴォロフ自身が本国に妻と八歳になる女の子とを残していることである。つまり、彼は、アメリカへのこの逃亡を他に漏れることなく秘密にしてくれ、とていねいに懇願している。云わば、この謀略的な「脅迫」の手段の裏返しに恐怖したのではなかろうか。

また彼は、そのエージェント（手先）の抱き込みについて次のように証言している。

「ラ『例えば、相手が人間として異常な行状をしているという場合、私は同性愛などのことを云っているわけです。例えば、第二次戦争中、フェイモンヴィルという名前の大使館付武官が、モスクワで防諜部から接近されてこの人を抱き込もうとしたのです。それというのが、防諜部ではこの人の異常な行状を知っていたからです。

もう一つ別の例を申しましょう。モスクワの防諜部が、その目的のために日本の官吏を一人抱き込んだことがあります。その人は、モスクワの日本大使館の二等書記官か三等書記官でした。防諜部は女の子のエージェントをその人に付けて、その女の子が相手を陥落させました。その日本の官吏はその女の子と恋仲になって、それから女の子は妊娠したと云い出し、堕胎するという段になって、その男は警察につかまり、極めて不愉快な事実がバレそうになったので、その人はソ連の諜報部のために働く決心をしました』」

ラストヴォロフ自身が云った通りの順序で、彼に向って在日米軍からの攻撃《アタック》が試みられなかったとは云い切れない。ラストヴォロフが本国召還を嫌った素振りをした途端、つまり、異常な状態になった瞬間に、「女の子のエージェント」が彼の引き出しに一役買った、のではなかろうか。それは、「ブラウニング夫人」でも「メリー・ジョーンズ」でもよい。また証言に述べられている「女性の諜報少佐」でもよい。とにかく、そのような「引き出し」が行なわれたであろうことは、いろいろなことから想像されるのである。

しかし、ラストヴォロフに対して「ブラウニング夫人」「メリー・ジョーンズ」の接近が成功したとしても、その前には何の接触も彼に図られなかったであろうか。そうは考えられない。その策略は前からも繰返されていたのではあるまいか。これについて、或る方面に伝えられている挿話めいた噂がある。

それは、G2関係の或る諜報部員が、自分の女（日本人）をラストヴォロフに接近させたことがあった。彼女は巧くラストヴォロフと親しくなった。しばらくして彼女は云った。「自分の知り合いの米軍人がその部署に不満を抱いている。彼から情報を取れば、必ずソ連側に有利な材料を提供すると思う」。ところが、ラストヴォロフはこの申出を要心深く拒絶した。この警戒の仕方が彼がいかにも大物のようにアメリカ側に受け取れたというのである。

実際の脱出に当っても、まさにラストヴォロフは大物扱いにされていた。その逃亡の手伝いを慎重に在日米軍はやった筈である。

例のアンスンAP記者は、ラストヴォロフの共同会見が発表される以前、つまり、彼が逃亡した直後の二月二日に、次のように打電している。

「アジアにおける最大のソ連スパイ網の正体が明らかにされる可能性がある。元在日ソ連代表部の二等書記官ジュリー・A・ラストヴォロフは、去る一月二十四日以来行方不明になったが、米軍の手中にいるものと万人が考えるようになってきている。もしそうなら、秘密警察は、過去二年以上の間米当局を悩ましてきた情勢の内幕を突き止めかかっている。しかし、ラストヴォロフは、去る二十四日飛行機で東京を出発、米軍事基地沖縄に向った、との見方が強くなっている」

この報道が国務省会見の六カ月以前にすでにされているのだから驚く。ここにもラストヴォロフのキャッチが「アジアにおける最大のソ連スパイ網の正体が明らかにされる可能性」と高く評価されているのを注目すべきである。

さらに、この報道は、米国が後日ラストヴォロフ事件を発表する場合の準備的段階としての一つの下地とも見ることが出来る。この頃にはまだラストヴォロフはＮＯ・１であり、「大物」と信じられていたわけであった。

一方、ソ連側は、ラストヴォロフの失踪当時は、警視庁に捜索願いを出した以外、一切沈黙を守りつづけていた。

このころ、前に述べた札幌のアイススケート大会にロザノフという人物が監督として来て、彼こそ本国の訓令を携えてラストヴォロフを連れ帰ろうとした役目の男だ、と新聞は報じた。

ソ連代表部の館員でソ連本国に召還されたのは、ラストヴォロフだけでなく、ソヴィリエフ、サフロノフなど八名で、彼らは最初ソ連船で帰国を予定されていたのである。ところが、二十五日の午後も電話でＢＯＡＣに座席二つがリザーヴされている。この電話のとき、「出発に間に合うかどうか分らないが」という曖昧な申込みであった。

二十五日の午後と云えば、すでにラストヴォロフが失踪してから丸一日以上経っているのである。彼の失踪が二十四日の午後四時というステートメントどおりに信じても、二十時間以上経っている。このときにはすでに、彼は米機関の中にいたのであった。

しかし、ソ連もアメリカに負けずに諜報網を緻密《ちみつ》に敷いていた筈である。ラストヴォロフの失踪の真相をすぐに知らなかった筈はない。その証拠に、カゼをひいたと称して、選手団出発後も残っていたロザノフは二十八日には帰国している。もし、それほどの重大な使命を帯びて来たロザノフが、ラストヴォロフの失踪の本当の原因を摑めなかったら、帰国を遅らしても事情が判明するまで日本に滞在する筈である。それがさっさと帰ったところを見ると、ソ連諜報網もラストヴォロフが米国側に落ちたことを確認したからに違いない。

さて、ラストヴォロフは、アメリカからの誘いにかなり悩んだことと思う。これは相当な決心が必要である。彼が脱出すれば、彼自身が述べたように、本国に置いてある妻と女の子の安否も気遣われる。しかし彼が、本国へ召還されれば、ベリヤ直系としての粛清を受けるかも知れない。この不安と、脱出を決行すべきかとの迷いに数日間、煩悶懊悩したことと思える。これが彼の神経衰弱と見られた原因なのであろう。

しかし、彼は遂に脱出を決心した。人間は非常な懊悩苦慮の果てに心を決めると、かえってさっぱりとして落ちつくものだ。これが雪の降る前日、ローン・テニスクラブでテニスを愉しむときの彼の朗かな顔色になったに違いない。したがって、ソ連側が警視庁に申出た「ラストヴォロフは神経衰弱だった」という説と、ローン・テニスクラブ員が証言する「彼は陽気だった」というのは、両方とも本当だったという推測が成り立つのである。

9

失踪したラストヴォロフの行方は七カ月間も判らなかった。しかし、本当は日本政府は知っていたのである。（前述の、アリソン駐日大使から岡崎外相へ宛てた秘密書簡参照）

日本は、当時、とにもかくにもアメリカと講和条約を結んだ独立国である。密出国は国法違反だ。その日本の国法を無視してラストヴォロフを飛行機で運んだことは、日本政府へ対する重大な侮辱であり、日本主権への蹂躙《じゅうりん》である。共同会見の発表後に、新聞には岡崎外相談が載せられたことは前記の通りだが、「今度の処置はまことに遺憾である。今後このようなことはしない」という一片の断り書きで済むものだろうか。

また、米国は日本に対して、果して本当の謝罪の意志があり、どこまでその約束を守りうる誠意があったのか、ということは疑問である。

これについて想い出されるのは、僅か一年前に起った鹿地事件である。鹿地亘氏が在日米謀略機関に幽閉された事件について、当時の国警長官斎藤昇は、その「随想十年」に次のように書いている。

「私は、この問題を反米運動に利用されないため、米側に対して、米国がわが国に陳謝することを強く要望した。少くとも、アメリカは、講和条約発効後、鹿地の逮捕を日本側に通告することなく、米国側の手にあったことは、重大な失態であった、という旨の声明をするならば、アメリカ側のフェアな精神を表明するものである。神でない限り過ちを犯すことはあり得ることであり、それを率直に陳謝することがかえってアメリカを偉大ならしめるであろうと、アメリカ大使館に赴いて、個人的な意見を強く主張したのであるが、『君の云うことはよく判るけれども、日本の国民の敵であるべきスパイ、即ち、国を売る者をアメリカ側が逮捕したことについて陳謝することは困難である。陳謝する理由が判らない』ということであった。結局、アメリカ側としては『日本政府に対して講和条約発効の際、この事実を通告しておけば、かような厄介な問題を起さなかったであろうのに』という程度の通告でケリとなった」

この斎藤長官の抗議があって僅か一年後に、今度のラストヴォロフ事件についてアメリカが再び同じケースを繰返したのだった。これでは日本の主権を尊重するという表看板にどれほどの誠意があったか判らないのである。

さて、ラストヴォロフが失踪してから、日米共同発表が行なわれる前に、この件について、外交筋、治安筋および軍事機関筋に相当いろいろな接触が双方の間であった。その動きは慎重であり、秘密にされ、関係者以外には厳重な箝口令《かんこうれい》が布かれていた筈である。

ところが、ラストヴォロフの失踪から発表までの七カ月という長い間に、日本ではさまざまなことが米国との間に行なわれた。

その内の特に重要なものを挙げると、次のようなことになろう。

外交的、軍事的には、アメリカからＳＥＡＴＯに日本の加盟問題が提出され検討されていた。

次に、ＭＳＡ援助が経済援助であると財界が思い込むほどの秘密交渉が行なわれた。その受入れに伴う防衛機密保護法の立案、成立がこの間に密かに進められていたことである。兵器を日本に供与するのに、その機密保護に必要な法律が日本にないということは、米国にとっては全くスパイに鍵を預けると同様に危険なことだという理由だった。

このうち、機密保護法の成立は、日本の世論の手厳しい批判を受けることは当然予想された。だから、これらの批判に応えるほどの手を打つことが必要だった。それには、ソ連が日本の各方面、殊に、官庁方面から重要な情報を取っていた、というスパイ事件を、ここに日本国民の前に知らせる必要があったのだ。七カ月も経ってのラストヴォロフ事件の発表は、日本に向って実にそういう狙いがあったのである。
そこで、日本側にも、このアメリカで発表されたラストヴォロフ供述の「裏づけ」が必要となってくるのである。果して、日本の新聞が、共同発表をした前日、警視庁へ一元陸軍少佐の自首となって表れたのである。
「公式発表文の中に『ラストヴォロフ氏に関係した日本人が自首した』とあるのは、警視庁の話では、元陸軍少佐（三五）であるが、この元少佐は、ラストヴォロフ氏が行方不明になって間もない二月五日、警視庁へ自ら捜索の協力に出た者だった。この男はラストヴォロフ氏の調査の手先となって働いた者だが、犯罪容疑が確認されないばかりか、当局の捜索に協力を申出た者で、『自首』ではなく、もちろん、逮捕もされなかった。この元少佐たちは、元陸軍特務機関関係のソ連からの復員軍人グループで、ラストヴォロフ氏を通じて日本の政治、経済、防衛の高級情報やソ連情報を米国側に提供していたものと云われている」（八月十四日付、朝日新聞）
これがラストヴォロフ証言における日本側の裏づけ的な最初の現象である。だが、なんと貧弱な裏づけではなかろうか。この某少佐が志位少佐であることは、すぐ翌日発表された。そして「犯罪容疑が確認されないばかりか、もちろん、逮捕もされなかった」のである。ラストヴォロフの大掛りな声明とは反対に彼の内容に「何も無かった」という国務省に詰めかけた各国記者の印象が、まさに日本側にも同じように裏づけされた恰好である。

しかし、志位少佐自首には後続者があった。

つづいて、外務省国際協力局勤務の庄司宏、同じく欧米局勤務の日暮伸則、同じく経済局勤務の高毛礼茂の官吏たちが逮捕されたのだが、これとても別に重大な情報活動内容が確認されたわけではない。むしろ、以下述べるように、甚だ内容は貧困なものであった。それに、この三人とも官吏としては中級以下で、課長補佐にもなっていないのである。

10

この事件とゾルゲ事件とを比較してみよう。ゾルゲ事件では、当時、厳重な言論統制があったにも拘らず、この裏づけとしての日本人協力者の発表はいかにも内容が充実していた。衝撃的なことはゾルゲ事件にも劣らないと云われるラストヴォロフ事件では、日本側が協力したという面には殆ど何ものも出てこないのだ。これがもっと機密の中枢部にいた役人ならともかく、これらの人々はありふれた秘密事項の一端は知り得た地位かも知れないが、それは平凡なことで、「重要情報」と呼ぶほどの価値の高いものを知る地位ではなかった。ここにもラストヴォロフの供述内容の貧困さが暴露されている。

ゾルゲとは比べものにならない。

ここで疑ってみたくなるのは、ラストヴォロフがそれほど大物であっただろうか、ということである。以上のことから推定して、彼はアメリカ側が想うほどの大物ではなかったのが正体であろう。つまり、彼は謀略中佐とは云うが、殆どアメリカの期待には何ものも応えてくれない小物だったのである。

では、アメリカは最初からラストヴォロフの中身を知って大物に仕立てて見せたのか、或いは途中で彼が存外小物だったと判ったのか。これは、前にも述べたように、恐らく後者であろう。つまり、ラストヴォロフを大物と思ってアメリカ側に連れ出したが、調べてみると小物だったのに落胆したのが本当のところではなかろうか。

しかし、小物だと云っても使い途はあったのである。しかも、そのタイムリーな使い途が八月十四日の日米共同発表となったのである。その席上に現れたラストヴォロフが当人であったにせよ、替玉だったにせよ、その狙うところは、さまざまな効果が考えられての演出であった。

ところでこのとき、逸早く自首したという日本側の志位少佐とはどのような人であろうか。

これについて、毎日新聞は、当時、簡単に次のように報道している。

「志位正二氏（三五）は、昭和二十四年、シベリヤ地区から引揚げた元陸軍少佐。帰国

後、GHQのL・S（語学部）雇員となり、舞鶴引揚援護局でソ連引揚者の各種調査に当っていた」（八月十五日付）

この簡単な報道でも判る通り、ダモイ組の志位少佐は、実はGHQの中にその職を占めていたわけである。

このことについて、駐日ヨーロッパ大国情報機関では、次のように密かに指摘した。

「事件の真の立役者は、米国CIA機関ではなく、むしろ極東空軍諜報部（OSI）であって、ラストヴォロフがスパイし、且つスパイしようとしていた一連の事項は、極東米空軍を含む空軍作戦計画、在日本米空軍基地並びに原爆攻撃を含む攻撃防禦計画に関するものであった。志位少佐は、すでに米空軍によって成層圏飛行によるソ連基地および重要施設の写真撮影などには直接タッチした人物であるが、実際には、志位氏をラストヴォロフに紹介し直接指導した人物は、M元中佐であり、またM氏は、防諜部機関にも志位氏を紹介した人物である。

志位氏ほか元関東軍航空高級参謀が、米ソ双方に亙る二重スパイであった事実を認めた以上、このM氏がほかならぬ二重スパイの元締であるわけだが、M氏が今回の事件には関係がないとされている点は、問題の複雑性を立証する一例であろう。われわれの見解によれば、一部で云われるようにラストヴォロフは拉致されたのではなくて、明らかに生命の保護を求めた亡命である」

この志位元少佐のいわゆる自首の線から外務省グループの逮捕が引き出された、と信じられる筋がある。

庄司も日暮も共に、在日米軍関係情報、日米関係の秘密情報を、ラストヴォロフに一回五万円から十万円の謝礼で提供し、それぞれ百万円前後の謝礼を受取った、という容疑内容である。また、高毛礼の場合は、ソ連経済通で、船舶関係を担当していたので、このうち、米軍関係の船舶の動向をラストヴォロフに提供していた、という容疑があった。この人は、戦前、漁業会社にいて、ソ連にも出張していたので、船には明るいという事情があった。

高毛礼、庄司、日暮がラストヴォロフに情報を売った。そして、日暮、庄司らは家を買ったり修理したりしてかなりの金を使っており、その金をラストヴォロフから受取っているのではないかという、全くつまらない理由で調査が進められた。

これに対して庄司は直ちに、逮捕を不法として、その拘束理由の開示公判を求めるなどして、現在も係争中である。

11

庄司の云い分は次のようなことである。

「取調べでは、私の期待したような事件の本筋に関することが殆どなかった。私に対する訊問は、専ら私の経歴、外務省における仕事の内容、省内での文書の取扱い、保管、事務担当のような役所関係のことから、私の収入、財産、現在住んでいる家を手に入れた事情、こういう関係などが微に入り細を穿《うが》って訊かれた。取調べ中、幾分、ラストヴォロフ事件の本筋に関する具体的な訊問といえば、私が起訴される前日ごろ、検事から外務省の二つの文書を示されて、『この文書を知っているか。これをラスに見せたことがあるか』と訊ねられたくらいのものである。それに対して私は『外部の者に示したことはない』とはっきり否定したが、その点の訊問は、簡単なものであった」

ここで一応釈放になったが、二度目には為替管理法違反で庄司は再逮捕された。その理由は、ドルの不法所持であって、彼が日暮から情報資金として二千ドルを貰ったという容疑である。つまり、為替管理法違反で逮捕されたのだった。

「私を再逮捕しておいて、この事件の捜査主任長谷検事はアメリカに飛んだ。長谷検事はアメリカでラストヴォロフを取調べたという。そして、このとき作られた調書が『検察庁調書』として私の公務員法違反を追及する唯一の証拠となっている。なお、私のドル不法所持と称する為替管理法違反に関しては、自殺した日暮氏の供述調書が唯一の証拠として法廷に出された。このほかには二年の公判を通じて証拠らしいものは何も出て来なかった」（雑誌『日本』昭和三十四年十月号）

この奇怪なラストヴォロフ事件の日本人の犠牲者は、表に現れただけでも十七、八名ともいい、五十数名ともいわれている。その人たちはどんな種類の人であっただろうか。それは、外務省、通産省、大蔵省、防衛庁、総理府（内閣調査室関係）などで、その他には民間貿易会社、新聞、通信社（モスクワ特派員）、復員軍人などがあった。

警視庁公安三課では、米国側の示唆もあって、厳正な取調べ方針を変えなかったのである。だが、これらの殆どは刑事特別法第六条に違反する者がなく、また民間に至っては全く法律適用に問うほどのことはないという結論になった。

人数だけは大掛りな割合に、内容はこれほど空疎だったのである。

僅かに、官庁関係で国家公務員法第百条違反容疑で逮捕されたのが、前記の三名である。だが、この法律では最高一年の刑だ。これから考えると、日暮はなにも地検の階上から飛び降り自殺をしなくてもいいのだ。たとえ罪に問われるにしても、外務省を辞め、一年の刑に服せば、それで済むことだった。日暮がなぜ自殺したかという原因が怪訝《けげん》に思われるところである。

長谷主任検事は、日暮の取調べに当って思い当るフシがある、と漏らしているが、それが何を意味するのか、訊問調書が陽の目を見ない今日、外から窺うことは出来ない。だから、以下のことは推定の域を出ない。

日暮は本当にラストヴォロフのスパイだったのだろうか。もし、彼がスパイだったとしたら、どうしてラストヴォロフが失踪した一月に手を打たなかったのであろうか。失踪から国務省に姿を現すまでの二百日もの間、日暮の動静には全く何の変りもなかったのである。本当にスパイなら、少しは動揺するか逃げたりする筈なのに、何の変化も起らないというのはどうした理由《わけ》であろう。これは庄司も高毛礼も同じことが云える。自殺した日暮には遺書がなかった。彼の自殺は発作的なものでなく、覚悟の上のことなのである。

それで気づくことだが、今まで、他の米ソ関係のスパイ事件に日本人の多くの自殺者が出ていて、そのいずれも遺書が無いことだ。

(1)　昭和二十一年九月、米軍病院にてソ連から出廷した極東国際軍事裁判所の草場辰巳中将の怪死事件。

(2)　昭和二十五年一月、関東軍元暗号班長松浦九洲男陸軍少佐の自宅での原因不明の自殺事件。

(3)　昭和二十五年四月、東京三鷹駅で電車に飛び込み自殺した、故徳田球一日共書記長のいわゆる要請問題の国会証人菅季治の事件。

(4)　昭和二十五年九月、自宅で縊死した、元モスクワ駐在陸軍武官佐々木克己大佐の事件。

(5)　昭和二十六年四月、東京代々木の自宅から謎の失踪をした、外務省勤務書記生弘島昌の事件。

(6)　昭和二十六年四月、郷里の秋田から謎の失踪をした、元ハバロフスク「日本新聞」宣伝部員難波明の事件。

これらは表にあらわれて有名になったものだけで、実際はもっとケースが多いかも知れない。いずれも明確な遺書が遺されていないのである。アメリカとソ連関係の諜報の谷間に落ち込んだ人は、暗い運命になってゆくようである。

これらの人々は例外なく、二重スパイの嫌疑を受けている。だが、「二重スパイ」とはそれらの人々が背負わされている必然的な宿命なのである。米ソ両側とも一方的には情報は取れるものではない。対手側から獲得しようと思えば、必ず味方の「売ってもいい情報」を出さなければならないのである。見返りなしでは相手の重要な情報を取ることは困難である。これが第三者から見ると二重スパイのように見える理由であった。

12

もともと、日暮の接触しているものの中には、大した秘密はなかった。欧米局第五課では『ソ連月報』の編集をやっていたが、これに関する他の刊行物への原稿執筆などということは、全く機密でも何でもない。ラストヴォロフがその声明の中に「情報の蒐集は日本の新聞や雑誌からも取っていた」と云っているが、それがスパイの補助行為に結び着くことは全く道化ている。だから、この第五課の仕事の中には、日暮を自殺させるほどの重要な意味の機密は全く含まれていなかった筈である。

日暮は外務省よりもむしろ内閣調査室に所属していた。この内調は、日本の「機密室」とも云う人があり、また、それだけの動きもしたが、当時は、まだ今日のように厖大な予算や人の配置や機構の拡充はなかった。それだけにかえって、それぞれのキャップの裁量が大きくものを云っていたのである。

日暮は決してラストヴォロフに情報を渡したことはなかった。彼は、実際には反共の闘士的な肚を持っていたといわれるが、その行動は忠実な内調の仕事を崩すことはなかった。そして、彼には特別な役割があったと思われる点がある。彼の所属は、本当は日本ではなかった（例えば内調オンリイというような）。その所属立場はどんな形であるにせよ、他に漏らすわけにはいかなかった筈だ。もっと端的に云うならば、彼はアメリカ情報機関のネットの中にはめ込まれていたのではなかろうか。以上は、ただの当てずっぽうな想像でなく、推測し得る線がある。

日暮には、或る方面の頼みでラストヴォロフ事件につき、多少の「演出」を承諾したところがうかがえる。同僚の庄司に情報工作用としてドル紙幣を「預けた」と自供していたのも、その辺のところからであろう。だが、その「演出」は、長谷検事に調べられているうちに、それが課せられた「演出」でなく、実際にアメリカに居るラストヴォロフの日本に於ける照応対象にされつつあることに気づいたのではないか。もし、そうだったら彼は罠に落ちたのを知って、愕然としたに違いない。彼は鹿地事件における三橋某的な「二重スパイ」の汚名を被せられるのに忍びなかった。日暮は真面目で直情的な性格だった。しかも、彼は、彼の同僚庄司をも「演出」によって泥の中に引きずり込んだ過失がある。彼の死には、自己の錯誤に対するものと、同僚への償いの意味も含まれてはいないだろうか。

要するに、ラストヴォロフ事件というのは、ラストヴォロフ当人は大したものではなかった。アメリカは彼を招待したが、期待に反して彼は何ものも生んでくれなかった。それなら、ほかに使い道はある。適当に彼の姿をちらちらさせて、別な、しかし同じような効果を与えることである。その結果、この事件の本体は、アメリカで演出され、それに鏡のように照応して日本側でも演出された架空のものということができよう。まさにこれは太平洋にまたがった大仕かけな「でっち上げ《フレーム・アップ》」なのである。

そして、このドラマの狙いは、その二日前に起ったヨーン博士の東独逃亡への報復が直接に含まれているが、その他にも、米国内共産党非合法化への動きの拍車となっている。

即ち、米上院は、ラストヴォロフ事件の公表に先立つ二日前、十二日に、八五対零という満場一致で、共産党非合法化法案を一気に可決したのである。

アイゼンハワー大統領は、それまで、この法案は共産党員をますます地下に追いやるだけで、害はあっても益はない、という立場を取っていた。したがって、この法案通過はアイクでさえも当惑したと云われている。この法案通過の背景とラストヴォロフ事件とは、決して因果関係がないわけではなく、ますますアメリカにおけるマッカーシー旋風を煽ることに利用されたと見てよい。

もう一つアメリカのことだが、当時、逆スパイ事件なるものが起っていた。その内容は、レディオ・プレス――RP発表によると、次のようなことである。

一九五三年（昭和二十八年）十一月十日、ソ連国境警備兵に発見された越境の日本人が一名射殺され、一名逮捕された事件がある。なぜ、日本人がソ連領の東の或る島に現れたか。この謎を追及したところ、この一名の日本人が、その行動について遂に一切を告白したのであった。

これによると、一名の日本人は谷明、一名は高桑豊と云い（注、むろん偽名であろう）、このうち、射殺されたのが高桑で、谷は逮捕されて二十五年の刑を云い渡されたのである。ところでその自白によるとこの谷という人物は、北海道札幌市のアメリカＣＩＣの支部に一九五一年四月から勤務し、札幌市南十六条西五丁目にあるＣＩＣ無電特務情報学校で教育を受けた。ここで、スパイを選びソ連に送り込む仕事のキャップは、アメリカのグレー大尉とそのアシスタントである後藤米次郎であった。谷と高桑の二名は、一九五二年五月と十月および五三年十月二十四日の三回に亙って潜入し、ソ連の地形写真を撮り、札幌のCIC機関と無電連絡を取っていたが、四回目の十一月十日ソ連兵に発見されたというのである。この際の携行品は、アメリカ製の消音ピストル、小型消音自動小銃、携帯小銃、無線電信機、写真機、暗号表その他である。(注、本書の前の方を読まれた読者は、その中の「白鳥事件」をここで想起していただきたい。同じく札幌の市内であり、そこの機関員が携行していたのが消音ピストルらしかったのに注目されたい。拙文では白鳥警部射殺に用いたのは或いは消音ピストルではないか、と推定している——筆者)

これがRPの伝えるいわゆる逆スパイ事件である。ところが、米側関係者の中では、この潜入グループはもっと違ったものをソ連側に自白したのではないか、という懸念があった。というのは、元関東軍の高級情報航空参謀グループが、海軍の航空参謀などと一緒に或る機関に一本化され、特殊な秘密機関でソ連に或る工作を行なっていたのである。だから、この事情を知っている谷の自白で、これが何らかのかたちでソ連側に発表されると非常に困ることになるのだった。

だから、アメリカとしても、この際、「ソ連も実は日本に対して大変なスパイ活動をやっているのだ」ということを世界や日本に見せる必要があったのではないか。軍諜報機関では、己れの名誉回復という必要と、世界情報活動における現実の切り返しが痛感された結果が、ラストヴォロフの受入れをこのようなかたちで発表したと思うのである。

さらに、アメリカの軍諜報関係では、ヨーン博士のこともあり、われわれもこのようにやっているということをアメリカ世論にも見せる必要があった。というのは、議会主義国のアメリカでは、その機関が何もしていないという印象を与えると議会で攻撃される惧れがあるし、したがって、予算の面にも響くのである。謀略活動には莫大な金が入用である。このこともラストヴォロフ事件の効果の一つに考えられたのであろう。

以上は、アメリカに与える効果の計算である。では、日本へはどうか。

ラストヴォロフの会見が新聞に発表されたとき、緒方副総理は折りから北海道を旅行中であった。緒方はその旅行先で、「今度の事件が起って、わが国にもなるべく早く機密保護法のようなものの立案が必要である」との意味の談話を発表し、これは新聞にも報道されている。

実に、この副総理の談話のように、ラストヴォロフ事件は、当時、吉田政府が熱心に考えていた機密保護法設定への推進的な空気を作ったのである。

この機密保護法または防衛秘密保護法の立案は、すでに二十八年十月頃から、保安庁、法務省などで、その具体的内容の検討に着手していたのであった。最初、この成案はMSA援助による兵器の秘密だけに限るか、或いはさらに秘密の範囲を拡大して、保安隊、警備隊（現自衛隊）の出動時の秘密および日本で製作する兵器類の秘密をも含めるかという二種類の考え方があった。ところが、そのあと、木村保安庁長官の意向で、戦前の「軍機保護法」に類似した広汎な秘密保護法も用意されていたのである（『朝日年鑑』昭和三十年版）。そして、その動きへの活潑な潤滑油の役目をしたのがこのラストヴォロフ事件の公表であった。

13

また吉田政府は、当時、造船疑獄などの事件で相当動揺し、そのため、吉田に対決する一方の政治実力である鳩山とか石橋、松村、三木などのグループが、はっきりとソ連との講和を求めて動き出していた。また自民党内の別のグループも、吉田のアメリカ一辺倒というやり方に批判的でもあった。

（のちに鳩山内閣になってから、ラストヴォロフと同僚であったソ連代表部員ドムニツキーが或る筋を通して鳩山に近接し、遂に吉田派の妨害と戦いながら念願の日ソ条約をモスクワで締結した。このときまでの吉田と鳩山とのそれぞれの政治的勢力の激しい戦いぶりは、表面裏面を通じて想像もつかないほどの深刻なものがあった）

したがって、吉田政府としては、ラストヴォロフ事件の公表はこの親ソ派への冷水の役目をもしたのである。つまりソ連が大変な謀略を日本でやっているということを、ロシヤ人自身の唇から語らせたわけであった。これは第三者が云うよりももっと現実的であり、もっと身近な観念を一般に与える。

ラストヴォロフはアメリカの上院の小委員会で、在日ソ連代表部員三十三名は殆ど日本における情報活動のために残っていると証言したからなおさら日本側に衝撃を与えた。だが、当時、三十三名のソ連代表部員に対して、在日米国大使館員は一体どれくらいの数であったか。正規な米人は二百数十名、関係日本人は約六百名で、合計九百名近く、この正式の者以外の人員を入れると、軽く千名を越す一大陣容であったといわれている。ソ連の三十三名の「謀略員」の存在は、殆ど同じ役目を持つであろう米大使館のこれだけの人数にとても太刀打ち出来るものではない。在外公館の仕事の半分が情報活動にあることは今日の常識だ。ラストヴォロフ証言による「ソ連代表部員三十三名の謀略活動」と聞くと、いかにも大げさな緊迫感に一般は駆られるのである。

ラストヴォロフにはもう一つの使命があった。それはこの公表のあった二年のち、一九五六年（昭和三十一年）五月十三日に、漁業代表部の公使として東京に着任した駐英ソ連大使館参事官セルゲイ・チフビンスキーのことである。このチフビンスキーは、当時、日本政府と大問題となっていた漁業交渉のソ連代表者だったのだが、このチ入国をソ連の日本工作の始まりと見ていた日本の或る筋があった。つまり、チフビンスキーは外交官でなくスパイ工作専門家、という噂が拡がったのである。

常識派の外務省役人、例えば当時の駐英大使西春彦や日ソ交渉の日本代表者の一人である松本俊一などは、チフビンスキーを正常な外交官として認めているのに、この噂は不思議と云わねばならなかった。だが、その噂の裏側にあるものがだんだん判ってきた。というのは、この噂の因がなんとラストヴォロフその人であって、五月二十九日のアメリカ上院司法委員会の小委員会での証言が根源であったのだ。

また、これはチフビンスキーの場合だけでない。その前の二月八日の同じ小委員会でも、ラストヴォロフは次のように云っている。

「モーリス『あなたは、通商使節団がソ連の諜報目的のために使われた何か実例を知っていますか』

ラストヴォロフ『彼らは通商使節団を利用して、海外の大使館、外交使節団を利用しています』

モーリス『何かその点について経験、あなた自身の経験から割出した実例を挙げることが出来ますか』

ラ『実例を挙げましょう。例えば東京の通商使節団の団長ドムニツキー大佐、この人は日本にいる通商使節団の団長ですが、その正式の地位をあの国の諜報活動をゴマ化す為に使っています。これは世界中どこでも同じです。通商使節団員もまた七〇パーセントから八〇パーセントまで諜報部に属しています』

つまり、ラストヴォロフはアメリカに居て、日本の対ソ接近政策を「去勢」する役目をも持っていたと云っていい。いや、その意味ではアメリカの彼に対する使い方が上手だということにもなろう。

ラストヴォロフは、このようにいろいろな効果に使われた。アメリカに到着したときの彼は、金の玉子を生む大物と思いきや、何も生まない三流くらいの人物だったので招待側はがっかりしたが、使い途はこんなところにあったのである。

ラストヴォロフ事件は、内容の空疎な猿芝居だったが、日本の国民に与える教訓は多い。それはアジアの東の端にかかった弓状の日本列島が、米ソ両国の諜報の谿間《たにま》になっていることである。そして、多くの日本人がその渦の中に捲き込まれ、不幸な運命に陥れられてきたことである。これからも、同じ状態がつづくかもしれない。

われわれの平和な日常生活が、いつ、どんなときにどのような謀略の利用に破壊されるか分らないことを、この事件は教えている。

革命を売る男・伊藤律

前頁写真　昭和二十年代と五十五年頃の伊藤律

1

伊藤律の除名は、日本共産党の六全協（第六回全国協議会）の席上で、昭和三十年七月二十八日、満場一致で再確認された。そのとき、党の発表した律の罪状は、一般紙にも載っているので、周知の通りである。

その罪状に挙げられたものは、伊藤律が、戦前、検挙されて以来、多くの組織と同志を敵に売り渡したということや、党の政策をブルジョア的に堕落させ、党内で派閥を形成し、党の組織の統一を混乱させ、党を内部から破壊し、米日反動勢力に奉仕した、というような抽象的な弾劾だった。

このことをもっと具体的に党が発表したのは、それから約一カ月半ばかり遅れてだった。これは、党本部で、志田書記局員が記者会見を行なって発表した、というかたちをとっている。その内容は大体、次の通りである。

「一九三三年（昭和八年）伊藤律は大崎署に検挙された。当時、伊藤律は第一高等学校の学生で、共産青年同盟の事務局長をしていた。伊藤律は警視庁特高課宮下弘の取調べを受け、完全に屈服し、共青中央の組織を売り渡して釈放された。

一九三九年（昭和十四年）、伊藤律は商大の進歩的グループの検挙に関連してふたたび検挙され、目黒署に留置された。そのとき、特高伊藤猛虎の取調べに屈服し、党再建のために努力していた岡部隆司、池田忠作、長谷川浩、保坂浩明、木村三郎、その他十数名の同志を敵に売り渡し、さらに、ゾルゲ事件の糸口となった北林トモを売り渡した。

伊藤律は特高宮下弘、岩崎五郎、伊藤猛虎にたいし、北林トモを売り渡すこと、および毎月一回ずつ警視庁をおとずれて進歩的な人びとの間の情報を提供することを条件として九月上旬に釈放された。

その後、伊藤律は従前通り満鉄東京支社に勤務し、支社内と本社内の進歩的な人びと（そのなかにはゾルゲ事件で処刑された尾崎秀実をふくむ）の言動までくわしく定期的に警視庁に報告した。

それればかりでなく、伊藤律は宮下、岩崎の私宅を訪問し、さらに、これらの特高と料理店で会食もしている。

一九四一年（昭和十六年）十月、ゾルゲ事件の直前、伊藤律は保釈を取り消され、久松署に留置されたまま、内部からゾルゲ事件および満鉄事件の拡大と証拠がためのため協力した。

一九四二年（昭和十七年）、伊藤律は三度釈放された。

その後も、伊藤律は警視庁と連絡を保ち、細川嘉六その他進歩的な人びとの動静をさぐり、横浜事件のデッチ上げと拡大、および証拠がために協力した。伊藤律は前後を通じて百五十数名の革命的進歩分子を直接敵の手に売り渡した。

一九四三年（昭和十八年）、伊藤律は豊多摩刑務所に収容され、特別待遇を受け、一九四五年八月、スパイ大泉兼蔵とともに釈放され、ただちに宮下弘、伊藤猛虎に手紙を出し、宮下からは返事をもらっている。

戦後、伊藤律は、当時、わが党のもっていたいくたの欠陥をたくみに利用し、党中央に潜入し、すでにこれまで党中央委員会で発表した反革命行動のほか、党を内部から攪乱し、破壊する工作を一貫しておこなった。

とくに一九五〇年（昭和二十五年）の党の分裂と混乱を計画的に激発するため、あらゆる奸策をろうした。

以上の諸事実を伊藤律はあらゆる方法で党にかくし、あるいはごまかしつづけてきたが、党が彼の審査をはじめてから以降、彼はこれらの事実を党にみずから告げるにいたった。

一九五三年（昭和二十八年）、党中央は伊藤律の除名を決定した。

伊藤律は、目下、国外にいるものと思われる」（昭和三十年九月十五日「アカハタ」紙上「伊藤律について」）

右に述べられた中の、伊藤律が一九三九年目黒署に留置されたとき、北林トモのことを自白して、それがゾルゲグループ検挙の糸口になったということは今では一般の常識になっている。

だが、この事実が最初に暴露されたのは、昭和二十四年に突然発表された米上院におけるウイロビー（ＧＨＱのＧ２部長）報告である。この内容は朝日新聞が打ち返して、二月十一日付の同紙に次のような記事を載せている。

「米陸軍省は、十日、太平洋戦前、日本の内閣およびドイツ大使館から重要機密を探知していたソ連スパイ事件につき『極東における国際スパイ事件――一名、コーネル報告』と題する三万二千語に上る文書を発表した。これはマックアーサー元帥が東京から報告したもので、これを発表した米陸軍省の意図は、米国民に米国内のスパイ活動に注意せよと警告するためにあることは明らかである。スパイの巨頭は、ドイツ人リヒャルト・ゾルゲ博士と尾崎秀実で、ともに新聞記者の名にかくれて仕事をした。この種のスパイ網はいまなお世界の各首都で忙しく働いているかも知れぬ。また米人著述者アグネス・スメドレーも上海で活躍したソ連政府のスパイである。日本はこの事件につき当時十七名の裁判と判決を簡単に発表したにすぎない。米軍も進駐後このことを知った。一味のうち比較的小物級は政治犯として釈放された。当時米人の間では反日活動をしたソ連スパイが後日反米活動をするであろうと考える者が少かった。スメドレー女史および一九三六年から一九三八年まで一時的ではあったが一味の首脳であったドイツ人、ギュンター・シュタインは拘束なく生活している。スメドレー女史はゾルゲと尾崎を引合せた仲介者である。場所は中国。彼らは一九二九年、三二年、三三年ころ同地でしばらくスパイ活動をしていた。彼らのスパイ活動およびこれに対する共産党員伊藤律の裏切りは一編の推理小説ともいうべく、電燈の点滅、移動私設無電機、ニセ旅行許可証、シガレットケースの中にひそめた微細フィルム、暗い劇場内の金の両替などが随所に利用されている。一味は軍隊の移動や秘密兵器についても情報を集めたが、それが主目的ではなかった。ゾルゲは一九三三年から四一年までたえずソ連に日本の軍事、工業能力および日本の意図につき詳細報告した。逮捕は次のように行われた。一味は日本共産党とは無関係と思われた。北林トモは明らかに命令に従って行動していた。共産党員伊藤律は彼女が共産主義を捨てたと考え、仕返しをしたいと思ったらしい。それで彼女が共産党員であると知らず、彼女はスパイであると警察に告げた。警察は一九四一年九月二十八日彼女を逮捕した。十月一味全部が捕えられた」

このワシントン電報にあるように、ゾルゲ事件は発生当時に発表されたが、そのときは伊藤律の名前は一字も出なかった。それがウイロビー報告によって初めて伊藤律のスパイ行為が公表されたのであった。

2

昭和二十四年といえば、共産党勢力が有力に日本に繁昌した頃である。この突然の発表は、日本国民に衝撃を与えた。

これについて、当時の日本共産党は、その機関紙に、志賀義雄談として次のように発表して否定した。

「ゾルゲ・尾崎事件は、日本帝国主義の特高、憲兵、警察制度がナチスドイツ政府と結んでいかに反ソ宣伝に浮身をやつしていたかを物語る典型的な実例であった。日本共産党はこの事件になんら関係を持ったことはない。すでに一九四五年十月以来、党は事件の真相の究明に当って、それがますますはっきりした。軍閥政府は、虐殺した死人に口無きを利し、彼らのヒボウのみを作文して残した。党中央委員伊藤律がこの事件に関係があったという噂も、すでに一九四六年三月、厳密に調査を進めた結果、当時の特高固有の邪悪な謀略と妄想と行賞を求めるための作文に基くものであることが判った。彼は北林トモという婦人とはなんら組織上の連絡は持たなかった。参議院議員中西功が党員として関係していたということも全く無根のことである。今、日本の反動勢力を代表する吉田内閣が、こうした噂を利用して非日委員会のような反共カンパニヤを組織し、党の信用と団結を破壊する謀略を図るであろうことは、すでに昨年から識者の予想していたところである」

　しかし、この「アカハタ」に載せられた当時の志賀談話は、冒頭の伊藤律除名発表理由によって「誤り」であったことを一般は知らされたわけである。

　ゾルゲ事件は今日でも衝撃的な問題である。この事件のために、ゾルゲと尾崎秀実とは絞首台上に生命を絶っている。

　もし、伊藤律が北林トモを売って、それがゾルゲ事件の暴露となったというならば、伊藤律の罪悪は、共産党除名理由に云うように、決して小さなものではない。ところがこの三万二千語に上るいわゆるウイロビー報告も、意識的に変えられた部分があるのだ。

　このゾルゲ事件についての日本当局の見解は、当時の警視庁調書によって汲み取れるのである。「本機関（ゾルゲ機関のこと）ハ、世界赤化ノ総参謀本部タルコミンテルンノ基地ニシテ、世界共産主義ノ祖国タルソヴィエト連邦ノ擁護ノタメニコミンテルンノ手ニヨリ日本国内ニ設置セラレ、ソ連共産党中央委員会及ビ赤軍第四本営ニ直属シテ、ワガ日本帝国ノ政治外交、軍事及ビ経済ノ機密ヲ探知シ、コレヲソ連邦共産党最高幹部団、即チソ連政府最高指導部ニ提供シツツアリタル秘密諜報集団ナリ」

　つまり、その所属はソ連共産党中央委員会と赤軍第四部、というようになっている。

　ところが、これら警視庁の調査が進み、ゾルゲスパイ団という一連の人たちが検挙されたり調べられたりして検事局に移り、その法的措置が完了すると共に発表された司法省発表文には、この二つとも書き変えられて「コミンテルンの諜報組織」であるとなっている。どんな理由で、警視庁調査から検事局に移っている間に、そう書き変えられたかは明らかでない。違った性格のものにそれぞれ直属するという形がその専門筋から見れば不自然であると考えて一つにしたものか、或いは、ゾルゲは日本の共産党に所属していないので、国際共産党情報局（コミンテルン）の日本機関として見るのがいちばん理解しやすいと見てそうしたのかそのへんのところは分らない。

いずれにしても、「スパイたちは金のために動いた」と解釈したかった当時の治安機関としては、この機関の実態が理解しがたい問題であったであろう。例えば、尾崎秀実のごときは、ゾルゲに協力したが、報酬はもちろんのこと、一銭の代償も貰ってはいなかった。

こうしたことから、ソ連共産党中央委員会や赤軍第四部にゾルゲ一味が本当に接触しているなら、金が相当に流れている筈だ、と当局は考えていたのに、それがなかったことで、ゾルゲ一味は信念だけの団体で、その組織としてはコミンテルンに所属すると当局は解釈したのだろうか。

なぜ、ゾルゲの所属のことをこう書くかというと、後述するアメリカ陸軍省関係のものがまた変った結論を出しているからである。それはあとで触れるが、要するに、ゾルゲ事件の利用価値は、これを使う者の立場や目的のために、そのつど変っていることが見られるからである。このことで、公式文書や権威ある資料というものがいかにいい加減なものかという教訓も受ける。

伊藤について述べる前に、しばらくゾルゲ事件について書かなければならない。そのことは、伊藤律に課せられた役割、その命令者、また、その背後の世界の解明になるからである。このことなくしては、伊藤律を見究めることは困難なような気がする。

3

ゾルゲの所属が前記のように変更されたのは、ウイロビー報告によるゾルゲの自供として、次のように述べていることに由来すると思われる。

「一九二九年の夏、私がスカンジナビヤと英国から帰って来てから、私はコミンテルンとの関係がなくなった。私は各地のホテルや私宅で諜報活動を行った。私は仕事以外ではコミンテルンの同志と関係しなくなった。ただ二、三の重要な人物とその仕事の関係で会うだけだった。中国旅行について、わたしは他の共産党機関の代表者および少数のコミンテルン要員と相談した。それは私の諜報活動を独立さす方針の下に行われた。私は何回か赤軍第四部を訪ねて、中国および日本での私の作戦の技術的方面に関する取り決めをした。私のコミンテルンからの離反は決定的となった。私は中国および日本の共産党と関係を持つことを禁じられた。私の諜報活動の主目的は、政治情勢を評価することであった。第二の目的は、戦時経済に関する情報の蒐集、第三の目的は、軍事情報の蒐集となっていた。党に関するニュースは、特に重要なものは党を通さないで報告した。私は中国ではそういう報告を行ったが、日本では送らなかった。私は私の仕事がモスクワのいかなる機関に属するかは教えられなかった。コミンテルンの本部か、赤軍第四部か、ソ連外務人民委員会か、それともソヴィエト共産党中央委員会に属していたのか、私は今もって知らない」

　この最後の部分が、これを利用しようとする者の目的次第で、勝手に所属を変えて解釈するもとになったのである。

　なお、ウイロビー報告の中には、日本の警察につかまってのゾルゲの自供として、次のように続いている。

「私がコミンテルンの機構からソヴィエト共産党に移ったことは、革命運動方針の変化の微細なものにすぎない。私の活動分野の変更は、ソヴィエト外交方針を推進するための新任務への転進であり、外敵に対するソヴィエトの防衛を固めることである。私は上司に関する質問に対して、殊更に『モスクワ当局』なる一般的な不明瞭な言葉を使った。それがコミンテルンを指すのか、それともモスクワの他の役所を指すのか、という問いには言葉を濁した。当時、通訳の世話になって、警察官に上記の複雑な事情を説明することは出来なかった。検事（筆者註――日本の検事でのちの特審局長、最高検検事吉河光貞氏のこと）の訊問にも私はモスクワの上司の変化の一切を述べなかった。即ち、一九二九年以前には、私の『モスクワ当局』はコミンテルンであり、一九二九年以後は、私の命令系統は世界情勢の変化に従って変化した。これを説明したなら、警察当局は混乱と遅延は免れなかったろう」

ところでゾルゲの所属について、ウイロビー少将が、なぜ、彼を「赤軍第四部」と決定したかということには、大がかりな政治的な意味が汲み取れるのである。

この事件に関する数十種類の文献や資料、それから日本の検察側の調書および関係者の上申書やメモ、或いはアメリカ機関の各種の書類などを綜合した場合、いわゆるゾルゲ事件が全くのでっち上げとは考えられない。ただ、いわゆるこの事件関係者がコミンテルンや外国共産勢力のためにのみ動いたかどうかは問題だが、事件そのものを否定することは出来ない。

しかし、ゾルゲ事件のもつ衝撃に比較して、彼らの諜報活動の内容は案外それほどのものではなかったと思える。

彼らの情報は部分的なものに限り効果的であったかもしれないが、或る意味では在外公館や武官情報機関などではあの程度のことは普通であったろうとみられる。したがって、問題は、この情報の中身よりも、実はその関連したメンバーや、その組織にあるのだ。この組織の実体の方にこそ政治的にみて大きな意味があるのであって、彼らの活動した中身の程度は、そう騒がれる程度のものではなかったと思う。

しかし、いずれにしても、ゾルゲ・尾崎スパイ団が存在していたことは事実であるし、その評価の如何はいろいろにしても、こうした組織そのものの存在を摘発した関係機関は当時としては大した成績を上げたわけである。

したがって、その摘発検挙の端緒というものは大きな意味を持つ。

伊藤律の口から北林トモの名前が出、それから宮城の名前が出され、ゾルゲ・尾崎と芋づるのように出て来て、初めて当局がその組織を知った、という伝説に対しては私は敢えて懐疑的である。当局はゾルゲ団の端緒をその前から握っていたと思われるし、その関係者の内偵はすでに始められていたのではなかろうか。ただ、伊藤律は、その捜査のために「申し上げます」の役割を当局から演じさせられ、また、それはそのまま検挙への協力を約束させられたのではなかろうかと考えている。

だが、ここでは、一応、ゾルゲ事件を当局がどうして摑むことが出来たかという、検察方面からの話を書いておくことにする。それは自然と律の役目を浮び上らせることにもなるのである。

日本共産党が「伊藤律について」を発表した中に「律はスパイ宮下と通謀し」とある

のは警視庁特高係宮下弘のことである。

宮下は、昭和十五年五月、左翼担当係となった。もっとも、彼はそれ以前にも同じ係だったが、一時、右翼担当係になって、また再び前任に戻ったのである。その頃の話というのは次の通りである。

当局には、左翼勢力の監視や動向に関する精密なレポートがたくさんあった。彼はそういうレポート類をひまにあかせて読みあさったが、その中にアメリカの日本領事館で調べた共産党員名簿の写しがあった。当時はもう共産党の組織は支離滅裂となっていたが、時局の急迫につれ、共産主義者によるスパイ組織があるのではないか、ということが当局の頭にあったのである。

或る日、当時有名な警視庁特高課長であった毛利基が宮下を料亭に呼んで、「党のほかに何か組織があるらしい。ひとつ探ってみてはどうか」という相談を持ちかけた。毛利はその理由として、「自分は、昭和十四年頃に、労働者風な男にピストルを突きつけられて、二百円を呉れ、その代り、あんたらの全然知らぬものをお渡しする、という交渉を受けた。それで、これは損をするかも知れないがやってみよう、という気になり、特高課長に相談をして、金をやろうとしたが、その時にはもうその男は来なかった」という自分の体験談を彼に打ち明けた。そこで宮下は、これは何かあるかも知れない、と感じたのである。

そのとき、ちょうど、目黒署に伊藤律が留置されていたのである。律は、昭和十一年にソ連から指令を携えて帰った小林陽之助、岡部隆司、長谷川浩等と共に党の中央部再建に動いていたのだった。

宮下は、急いで目黒署に駆けつけ、伊藤律と会った。律と宮下とは、昭和八年の検挙で、宮下が律を取調べ、刑務所に送って以来、すっかり顔なじみの間柄であった。律は、宮下が再び左翼係に戻ったことを知って、ちょっと緊張したらしい。その日はそのまま宮下は帰った。

そのうち、国鉄共産党と名乗る東京一円の出札改札労働者の組織が発覚し、その指導に当っていた長谷川浩、沢田勇作らが検挙され、伊藤律は自分の黙秘戦術が意味をなさなくなったのを知って、党再建運動を自供しはじめた。伊藤律の取調官は伊藤猛虎という極めて有名な警部補だったが、その自供だけでは満足せず、しきりと追及をつづけていた。

当時、伊藤律は肺結核が昂進しており、戦時中における入獄を相当恐怖していたらしい。それかあらぬか、律は、或る日、わざわざ宮下を呼んで、「ぜひ話をしたいことがある」と申し入れて来た。宮下がどんな話かと思ったら、「自分は胸が悪いし、もうこれで刑務所に入れられたら死ぬかも知れない。或いは戦争中に死ぬようなことになるかも知れない。自分も親の顔を見たい。転向するつもりだから一ぺん釈放してくれぬか」

というのだった。

昭和五年後の当局の方針は、転向の見込みのある者には寛大だが、非転向には極めて峻厳であった。宮下は考えた。伊藤律は地位が地位だからおいそれと釈放するわけにはいかない。ただ、中心人物の伊藤が転向すれば、下のコッパの方にいい影響を与えるかも知れない。そこで彼は「転向するのは結構だから、ひとつ君も転向のしるしに、自分の今までやって来たことをぶちまけたらどうか」と勧めた。すると律は「自分はみな云ってしまったから、もう無い」と云う。「しかし、よく考えてくれ。君みたいに長い経歴だったら、もっとあるだろう。問題は、共産主義運動に限らない。支那事変下の日本には外国のスパイ組織だってあることだ。しかし、ぼくらはそれについては何も知らない。今までの君の供述は、すでに誰かが白状した後を裏づけしてる程度で物足りないこと夥《おびただ》しい。そこでこの際、ぼくらの知りたがっているスパイ組織みたいなものを報らせてくれれば、君の転向を信じよう」と宮下は突っ込んだ。

それに対して伊藤律は、「あなたたちは共産党の取締りばかり熱心だが、支那事変は米英の後ろ楯によって頑強な抵抗が行われているじゃないですか。アメリカのスパイだっていますよ」と云った。宮下は、初め、何をデタラメ云うか、と思ったが、話を聴いているうちに、これは大変なことだ、と気が付いた。

伊藤律の話は次のようなことだった。

「自分の妻の新井静子と同棲している青柳キクエという女党員がいるが、青柳の叔母さんに当る北林トモというアメリカ帰りの婆さんに会ったところ、三方に出口のある、よく見通しのきく家を見付けてくれ、と頼まれた。変な婆さんだなあ、と思ったが、彼女は日本共産党に対してはずいぶん批判的な話をする。日本共産党は僅かばかりの資金を掻き集めてやっているが、それじゃ良い党が出来る筈がない。アメリカのように政府から金を貰ってやるようでなければ、本当の政権獲得の出来る党にならぬのじゃないか、などという」

そこで宮下は、一度見たことのある領事館調べの共産党員名簿を思い出し、早速、取り寄せて当って見ると、日本人の部にキタバヤシトモの名前が載っている。そのとき、宮下は、共産党は世界党であって、日本共産党はその一部にすぎない、アメリカも同様である、したがって、アメリカ共産党日本人部に籍のあった者が来れば、転向しない限り、当然、日本で共産主義者として活動しなければならない、だから、伊藤律の自供に拘らず、これはスパイとすればソ連系のスパイだ、と睨んだのである。(昭和三十二年十二月『日本週報』四二七号)

以上は捜査当局筋の話の要約だが、このなかには、よく考えてみると、さまざまな不思議なことがある。

例えば、伊藤律は、宮下を呼んで、自分は胸が悪いし刑務所に入ると死ぬようなことになるかも知れない、また親の顔が見たいので転向するつもりだから、一度釈放してくれないか、と頼んだことになっている。

だが、このような取引が簡単に出来るものであろうか。それには或る特別な秘密な配慮がなくてはならない。現に、戦時中の転向組も獄中でそのことをしたぐらいで、刑務所に入る前に転向するから一度釈放してくれ、などといえるような、当時の特高と共産党の関係は安易な立場ではなかった筈である。

ただ例外はあった。こうした寛大な措置は或る種の取引をすることによってのみ適用されるのである。だから、そもそもこの伊藤律の提案は、この種の取引の上に立ってのことと思われる。

また、宮下は、伊藤の話を聴いているうちに、これは大変なことだと気づいた、と云っているが、一体、何が大変なのか、よく分らない。推察すれば、このとき、伊藤律は、北林一派の背景に尾崎秀実のいることをはっきりと述べたか、または暗示したのではなかろうか。

それから、前記（材料は日本週報に載った宮下らの座談会）の宮下の談話には、律の話として、北林トモが、「日本の共産党は僅かばかりの資金を掻き集めてやっているが、あんなことでは良い党が出来る筈はない、アメリカのように政府から金を貰ってやるようでなければ、本当に政権獲得の出来る党にならない」、と批判していると述べているが、これは全くのナンセンスである。アメリカ共産党にアメリカ政府が金を出すというようなデタラメを、アメリカにいて、しかも本当のアメリカ共産党員なら云う筈がない。アメリカには、マッカラン法やコンミュニスト・コントロール・アクトなどの比較的新しい法律以前に、すでにスミス法と云われるものがあり、極めてその点は徹底している。もし、北林が本当のアメリカ共産党員だったら、このようなことは充分承知の筈だから、そうしたことを伊藤に云うとは考えられない。この言葉は、伊藤が宮下に云ったのが事実としても、伊藤の創作としか考えられない。

宮下は、つづいて次のように云っている。

「伊藤律としては、北林女史はアメリカのスパイだ、と本気で話していたと私は思いますね。もし、ソ連系のスパイだと信じていたら、おそらく供述しなかったでしょう。このことの明白な証拠は、ゾルゲスパイ団の尾崎秀実は律の同郷の先輩であり、満鉄調査部で共に嘱託をしている仲であり、律は過去においても、検挙のつど、尾崎の救援を受けていました。今度も下獄したら、あとは妻の面倒そのほかを尾崎に頼むつもりでいたのだから、尾崎の関係するスパイ組織を暴露するようなことは間違ってもしなかった筈です」

警察側のこの言葉に問題がある。果して宮下の云う通りであろうか。宮下が本当にそう信じて云っているとすれば、何かの確信があるのかも知れないが、後述するデータの背景にあるものは、これとは全く逆に、伊藤律こそ尾崎を初めからマークして、最後にはその関係者全部を狙い打ちする役を与えられ、しかもこれを果したと見られる結論になるのだ。これは後でもっとくわしく触れたいと思う。

とにかく、宮下によれば、律は、親孝行したいためとか、刑務所で死んでは困るからなどという理由で当局に転向を申し出て、その結果、代償として北林トモのことを述べた。そこで偶然に北林トモの線からゾルゲの名が出て来たと云うのだが、その理由の奇妙さは別として、律が当局に情報を提供したことは事実であると見ていい。そして、この情報提供は単に北林トモのことだけで、尾崎秀実のことは述べなかった、と云うが、これは甚だ疑問である。

ここで尾崎やそのグループを当局が本格的にやる前に、律に特に何かの任務が宮下などから与えられたのではないか、という疑問が当然起きる。だが、そのことは先でもっと検討することにしたい。

「たまたま昭和十六年の四月に、満鉄調査部の尾崎秀実が『改造』か『中央公論』かだったかに論文を出した。題名は忘れたけれども、支那問題の論文です。この論文は、どうも巧みに偽装してはあるけれども、共産主義者が書いたような論文だ。それまでは、尾崎は、日独伊防共協定支持者に、アメリカの帝国主義反対の支那問題研究家と見られておったのだけれども、その論文はどうも共産主義者臭い。それで、ひとつ調べてみろ、という命令が上の方から来た。しかし、私たちは、論文くらいで尾崎を調べたら、存在すると推定しているスパイの組織の検挙に支障が起るので、これに反対し、時期を待った。また、外事係は、昭和十六年九月の末になり、証拠が取れぬというので捜査を投げ出した」

と宮下は語る。

この話もちょっと分らないところが多い。

内偵者について、かつて共産主義運動をやった者で、非転向組ではあるが、共産党との接触は避けて、何か普通の商売をしている人間に向けた、という着眼は、即ち当局が大体の筋を摑んで、そのルートの上での調査をしぼっているようにも思われる。しかも、その捜査軌道はすでに出来上ったともみられる。

また、雑誌へ発表された一つの論文の分析から思想を抉ろうとするのは、すでにその時以前から当局にマークされていたことを意味するのである。しかも、北林につづいてばたばたとほかの者が逮捕されている。これは、当局がその内偵の間にすでに或る裏づけをとっていたこと、そして満鉄内部にも内偵のアンテナはついていたことを意味するものである。

律の復帰後、その満鉄調査部の尾崎秀実や川合貞吉の身辺には警戒の眼が光り、面会人に対して受付までが使われるというような状態になり、また、彼らの用談中、しばしば部屋に他人が入って来て、素知らぬふりで用談を聴いたりする奇怪な動きがあった。

(尾崎秀樹『生きているユダ』)

というから律の復帰と尾崎の身辺警戒と、この二つを組み合わせれば、満鉄内部に当局が入れていたというアンテナが何を指すのか、おのずと浮かび上って来るのである。

宮下らの当時の検挙グループはつづいて回想している。

「歴史というものがちょっとしたきっかけで思いがけない方向転換をするといういい例だね。あのときの北林女史の心理を分析すれば、宮城は東京麻布に住んでいた。北林が留置されたのが偶然にも六本木の麻布警察だった。だから、宮城もてっきり麻布警察につかまっているに違いない、こう早合点した。そこで、どうせ逃れられるものではない、しかも自分は彼にひどい目に遭ったことがある、あいつを罪に落してしまえ、という気になった。それで話しはじめたと云えると思うね」

「宮城の取調べは柘植警部補が当ったが、初めのうちはさっぱりラチがあかない。そのうち、宮城は隙を見て警察署の二階から飛び降りた。しかし、宮城は、運よく下に立木か何かあったせいで怪我をしなかった。ところが、すぐそのあとを追っかけて、酒井という警官が飛び降りた。そして酒井は大腿部骨折で重傷を負ったが、宮城から見れば、酒井は猫背だし、あまり元気のいい警官だとは思えなかったのです」

「そのぼんやりとした元気のない警察官が、自分も死ぬつもりですぐ飛び降りて来た。それで、日本の警察官というものに非常に驚いたのです。日本の特高というものは偉いものだ、まるっきり信念で仕事をしている。責任感が非常に強い、しかし、自分もつかまったら死ぬという約束は一応果したのだから、ここで包み隠さず話しましょう、という気持になったらしい。そこで、ぼくに電話がかかって来たものだから、ぼくはいいところを全部聴いたわけです。もし、酒井が、あのとき死を覚悟であとを追って飛び降りなかったら、宮城は絶対に口を割らなかったのではないでしょうか。酒井は築地病院に二カ月ほど入院しておりましたが、兵隊なら金鵄《きんし》勲章に値する大手柄だった」

「さて、宮城の口から、田口右源太、尾崎秀実やゾルゲの名が出てくる、スパイ団の組織の全貌が浮かび上がってくるので、ぼくは、これは容易ならぬ重大事件である、証拠の無電機や写真機を全部手に入れたい、また逃亡の惧れがある、と判断して、一味の即刻逮捕方を上司に具申しました。しかし、尾崎は第三次近衛内閣のブレーン、ゾルゲはドイツ大使の秘書であり、新聞記者として非常に有能な人間であるから、うっかりゾルゲなんかに手を着けるとドイツから怒られてしまう、という心配があったし、第三次近衛内閣が崩壊に瀕している。その内閣の内務大臣、司法大臣、検事総長らの上層部は、なかなかうんと云ってくれない。最後には、思想部長の中村検事（註——尾崎氏の一高の同窓、のちに中野正剛を軍の圧力にも拘らず逮捕しなかったのでニューギニヤ戦線に送る目的で召集を受けていじめられたことがある）に電話し、ガンガン云いました」

このように長々と、当時の当局の動きを引用したのは、直接、伊藤律に接触した当局側の人間の真意を知りたいためである。この記録を見ても、ゾルゲ・尾崎検挙のきっかけが律にあったことは疑いの余地がない。

しかし、これはタダのきっかけだっただろうか。つまり、今日一般に信じられているように、律が北林トモのことを云ったことがゾルゲ・尾崎検挙の端緒だと単純に見ていいものだろうか。つまり、伊藤のしたことは、間接的に、しかも偶然に、ゾルゲ・尾崎を売ったことになっているが、それがどこまで「間接的」で「偶然」かは、疑問なのである。

4

尾崎秀実がゾルゲと初めて会ったのは、昭和五年に、彼が朝日新聞上海支局詰めのときであった。この仲介をしたのは、『女ひとり大地を行く』の著者として知られているアグネス・スメドレー女史であった。尾崎が誰からスメドレーを紹介されたかははっきりしないが、当時、上海の蘇州河のそばにツァイト・ガイストという書店があって、そこは左翼の洋書を売っていた。その書店の経営者の姉妹が尾崎をスメドレーに引き合わせたらしいという。

尾崎とスメドレーの関係は親密だったらしく、彼はスメドレーのアパートの部屋の鍵まで預かっていたくらいである。がそれ以上の交渉のことは判らない。

このスメドレーがジョンソンと名乗る新聞記者を尾崎に紹介したのだが、この新聞記者がゾルゲで、ゾルゲと尾崎の最初の出会いである。尾崎はゾルゲと会って話しているうちに、すっかり彼に心酔してしまった。それ以来、十日に一度ぐらい尾崎はゾルゲに会って必要な情報を提供した。ゾルゲがコミンテルンへの情報を通報することをほのめかして尾崎に協力を求めたのは間もなくで、ちょうど日本の関東軍が満州占領を目指して軍事行動を起しつつある時であった。

尾崎はゾルゲのために何度か満州に旅行したが、朝日新聞に籍を置いているので、そう自由には出歩けなかった。その代りとして使われたのが川合貞吉である。川合を紹介したのは中国共産党の党員で、川合はすぐにゾルゲとも尾崎とも手を握った。爾後、川合は満州方面の情報を取って来ては上海に帰り、ゾルゲに提供した。

昭和七年の春、尾崎は上海から大阪本社に帰社を命ぜられたので、中国における情報活動は一時中止となった。しかし、二年後、彼はゾルゲと再会したのである。それは、或る日、大阪本社に南隆一なる名刺を持った一人の男が尾崎を訪ねて来た。青年の用件は、尾崎が上海時代非常に親しくしていた外人が、今日本に来ていて、ぜひ会いたいと云ってるから会ってくれないか、というのであった。その外人というのがジョンソン即ちゾルゲであった。

青年はそのとき尾崎に打ち明けた。「自分は本名を宮城与徳という。アメリカ共産党員であったが、今度、コミンテルンの指令を受けて、党籍を脱けて日本に派遣され、ゾルゲと共に諜報活動に従事しているのである」と。この宮城の連絡で、尾崎はゾルゲと奈良公園の指定された場所で再会したが、その際、ゾルゲから日本における諜報活動に協力方を依頼されたのだった。尾崎はすぐにそれを快諾した。

ゾルゲが日本に持って来た任務は、満州事変後における日本の対ソ政策を最も精密に観測することと、軍事情報を探知すること、日独関係の探求、英米に対する日本政府の観察、対外政策の進路を決定する日本軍部の役割、つまり南進か北進かの判断、日本の重工業、特に戦時経済の実情などが主目的だった。この路線に沿って、ゾルゲは尾崎に情報提供を依頼したのである。

ここで、ゾルゲ団の日本人側の人的関係にちょっとふれてみる。

尾崎とゾルゲの連絡をとった宮城与徳というのは、明治三十六年に沖縄県の農家に生れたが、両親が出稼移民となってアメリカに渡ったので、十七歳のときに渡米した。彼はサンチヤゴ美術学校を首席で卒業した。宮城は画家として優秀な腕を持っていたが、同時に、アメリカ共産党に入党し、日本人部に属していた。

宮城は入党後結核に侵されたためあまり活動しなかったが、一九三二年の末に、入党して僅か一年数カ月後、突然、アメリカ共産党指導者から、日本に帰って特殊の任務に就くように申し渡された。それが意外に重大なゾルゲ国際諜報組織との接触であった。

宮城はもともと日本に来るのは気が進まなかったようだったが、この仕事にはかなり積極的だった。彼はゾルゲの使者として尾崎を訪れたばかりでなく、九津見房子や山名正実、北林トモ、安田徳太郎、田口右源太などを組織した。

このうち、北林トモは福岡県の生れで、アメリカにいる北林芳三郎と写真結婚して渡米した。

彼女は農業に従事する傍ら洋裁業に携わった。一九三一年（昭和六年）に、同居していた宮城与徳と共に入党し、プロレタリア芸術会の指導および会計責任者として活動した。宮城と北林とは恋愛関係にあった。

昭和十一年に彼女は単身帰国して、渋谷穏田の洋裁学校の教師となった。彼女は、或る日、すでに帰国していた宮城与徳の訪問を受けて、再び親密な交際が始まった。その交際の間に、宮城から重大な仕事を打ち明けられ、協力を求められた。彼女は、洋裁学院生徒の中の出征遺家族や教会信者などから情報を蒐集した。しかし、間もなくアメリカから夫が引き揚げて来たので、のちには和歌山県の郷里に引っ込んだ。そこでは、和歌山地方や金沢地方の情報を入手して、宮城に報告した。

この北林トモの姪に青柳キクエという婦人がいて、これが伊藤律の妻と友人だったことになっているが、青柳キクエという婦人の存在については詳細なことが判らない。

ゾルゲ、尾崎、川合貞吉、宮城与徳、北林トモの関係は、ざっと以上の通りである。

5

ところで、伊藤律はこれらの人的関係を正確に把握したとは思われない。だから、北林トモのことをしゃべって、それから尾崎、ゾルゲと出て来て、間接的にその検挙の糸口を与えたことにはかなりな疑問がある。そのことを示す若干の資料がある。

律は、一高時代に共産青年同盟に所属して、検挙され、それ以来、同郷人であり、かつ学校の先輩である尾崎をしばしば訪ねるようになった。伊藤の才智を尾崎はかなり買っていたとみえ、川合貞吉などに「これはぼくの片腕だよ」と紹介している。そのとき、律は川合貞吉に「歯の浮くような」お世辞を云っていたが、後年、川合がゾルゲ事件で検挙されて入獄するや、たまたま同じ刑務所にいた伊藤が雑役夫として勤務しており、全く冷たい眼で川合を待遇していたという。刑務所の雑役夫は、看守の助手役で受刑者の世話に当る、最も成績の良好な者が選ばれるのである。

伊藤律は、一九三三年（昭和八年）一高の三年に在学中、共産青年同盟の一員として検挙されたが、すぐ転向して釈放された。三九年、満鉄東京支社に入社し、調査部に勤務することになった。尾崎が満鉄調査部に入って二月のちのことである。そして、四一年十一月に警視庁特高一課の手で検挙された。

ここに一つおかしいことは、前述したように、その翌年八月に釈放された伊藤律が、直ちに満鉄調査部に復職していることである。そのときから伊藤には警察のヒモが付いたのかも知れないと想像する人もある。

ともかく一高の後輩で、しかも同郷（岐阜県）出身の伊藤を、尾崎は無条件に信頼し可愛がった。伊藤は上目黒の尾崎の家にも始終出入りして、妻の英子に取り入り、娘の楊子からは「伊藤のおじさま」などと呼ばれるようになった。或るとき、尾崎の家で女中を探していると聞いて、伊藤は「自分がぜひいい人を世話する」と云ってきかなかったこともある。女中ひとりのことで、なぜ、伊藤がそんなに熱心な様子を示したのか。これもおかしいことの一つにあげられている。

だが、後になってもっとおかしいことが出てきた。

敗戦の翌る年の二月頃、自由法曹団の幹事梨木作次郎（弁護士）、書記関口喜八郎らが警視庁に出向いて、戦前および戦時中の治安維持法違反事件の検挙の際に押収されたたままだ本人たちへ返されていなかった書類、雑誌の類を取り戻して来たことがあった。整理すると、中から意外な文書が出てきた。——ゾルゲ・尾崎事件発覚の端緒を摑んだ功績により、伊藤猛虎に内務大臣殊勲賞を授与相成《あいなる》なり然るべきや、という稟議書《りんぎしょ》である。その稟議書には、伊藤警部補の訊問とそれに対する伊藤律の供述とが、そのときの二人の言葉のやり取りそのまま書き綴られた書類も付いていた。「北林トモという婦人は日本に潜入したアメリカ共産党員ですから、ひとつ洗ってごらんなさい」と伊藤律が伊藤警部補に向って〝申し上げている〟くだりを読んだとき、その場にいた人たちは互いに顔を見合わせたまま、しばらく言葉も出なかった。当時、伊藤律は日本共産党農民部長として、党内のみならず左翼陣営の中で、すでに相当に幅を利かしていた人間だったからである。

それから幹事役の梨木作次郎がその稟議書を持って代々木の共産党本部を訪ねて、中央委員志賀義雄に手渡した。「これは重要な書類だから預かっておく」と云われるまでもなく、梨木はその重大な証拠書類を共産党の幹部室に置いて帰って来た。そして、そのうち伊藤律の〝自己批判〟でも発表されるかも知れないと、ひそかに期待していた。

だが、期待した変化はいつまで経っても現れなかった。のみならず、伊藤律は、その後、長く中央委員・政治局員の地位を保ち、徳田書記長の信任を得て、党内でいよいよ重きをなしたのであった。（風間道太郎著『ある反逆』による）

しかし、これだけでは問題の解決にならない。

伊藤律と尾崎の関係は分る。しかし、律と北林トモの関係をどう見出すべきか。その仲介は伊藤律の妻の友人青柳キクエ（北林はキクエの叔母）ということになっており、彼女についての知識は「アメリカ共産党員と聞いている」という程度である。ところが、青柳キクエという女性は果して存在しているかどうか。尾崎秀樹の『生きているユダ』には、かなり調べたが存在が不明だ、と書かれてある。

ところで、律が当局との取引に使った「北林トモを調べてごらんなさい」という強い自信は、どこから出たのであろうか。これはかなりな根拠がなくては律が自分の取扱いの交換条件として出せる筈がないのである。

伊藤律が「北林トモを知っていた」ことについては、二通りの見方が考えられる。

一つは、律が北林トモは尾崎秀実の組織に繋がっていると察知していたことである。彼は、無論、ゾルゲのことは知らなかった。しかし、宮城与徳と北林トモとは、彼が尾崎の身辺に入り込んでいたことで知る機会があったのではなかろうか。知る機会があったということは、尾崎の側にそれだけの油断があったのである。もともと、尾崎は律を同郷の後輩としてひどく可愛がっていたのである。尾崎が宮城や北林のことを律にしゃべったとは思えない。だが、察知される隙はあったように思える。それには尾崎秀実が実際的な革命運動家としては不適当だったことを挙げねばなるまい。

「尾崎は自ら『経世家』をもって任じ、確かに日本国民の究極の利益のために善意をもって真剣に行動したのであった。尾崎が自己の才能を自ら高く評価していて、評論家としてまた最後には経世家としての秀れた才能を確信し、その秀れた才能を、目前に迫りつつある世界史の転換期に当って日本国家を大きく前進せしめる政治的大事業の中に発揮させたいというよりも、むしろ彼の自負するその個人的能力によって日本の政治を左右し、国家の運命を決定しうると考えるほどの野心と名誉心に燃えていたことを見逃すことが出来ない」（風間道太郎著『ある反逆』）

そのような尾崎は、実際の革命運動家とは遥かに遠い性格の持主と云わねばならない。尾崎はコミンテルンに属していたと云われるが、そのような証拠は何もないし、またそうは考えられない。いろいろな資料から考えると、彼はただ単にゾルゲの手下として働いていたにすぎないようである。ゾルゲこそはその土性骨からして訓練された鉄の闘士であったが、尾崎はただのインテリにすぎなかった。しかも、訓練は何も経ていない、ただの連絡、或いは情報係だったように思う。

ゾルゲが法廷で「今、私の弁護人は奇妙なことを云ったが、あれは間違っている。この組織を作り、この組織を運営した責任者は、この私であって、ほかの連中は単なる私の助手にすぎない。尾崎のごときは、政治問題に関しての私の話し相手だっただけである。もしも、私の組織や活動が法律違反だと云うならば、罪は私一人に課せば充分である。私をさしおいて尾崎にまで罪を着せることは大変な間違いである」と主張したのは、真実の声だと思う。ゾルゲの言葉は、ただ尾崎の助命を願ったためだけとは思われない。

彼自身が云う通り、尾崎は単にゾルゲの助手だったにすぎないようだ。

尾崎は、左翼理論のいろいろな論文を雑誌に発表している。また、石川達三の『生きてゐる兵隊』にも自ら弁護を買って出たりしている。このようなやり方をしていては当局にマークされるのは当然である。事実、尾崎を当局が注目したのは、彼が雑誌に発表した論文からである、と理由が付けられているくらいである（前述）。尾崎の情熱はあまりに情熱的であって、鉄の冷静な警戒心を要する革命運動家としては適任ではなかったようである。このことは、彼がスメドレーと上海で秘やかな愛情を交した形跡が見えることも、また、その妻が曾て実兄の妻であり、恋愛の末に結婚した経緯《いきさつ》を見ても判るのである。尾崎がしばしばその妻に寄せていた手紙も、のちに出版されて『愛情はふる星のごとく』に収められているが、これを読んでも、尾崎がいかに感傷家であったかが判る。もっとも、獄中に在った尾崎は、すべての仕事が終ったので、自由に自分の心情を云うことが出来た、という見方もないではないが、しかし、このような文章を書かせる本質的な彼の性格には変りはないのだ。

6

この尾崎が、宮城与徳というこれも訓練の未熟なオルグと接触したのが、彼にとって第二の不幸であった。宮城はアメリカ共産党に入党して僅か一年数カ月で、突然、日本に派遣され、しかも、渋々ながら渡日して、初めてゾルゲ諜報組織という意外に重大な任務を与えられたのである。このような人物が訓練を経たオルグとはどうしても思えない。それでも彼はよく組織した。前記のように秋山幸治、九津見房子、山名正実、北林トモ、安田徳太郎、田口右源太などを獲得している。

宮城与徳は、こうして諜報網を拡げ、ゾルゲの忠実な協力者だったが、同時に、その組織の破壊の原因の一つに宮城自身がなったのである。宮城は北林トモとは特別な間柄であり、重要な任務を打ち明けて協力を求めたが、その他の人々についても大てい個人的な関係であった。宮城が北林にその恋愛感情からすべてを打ち明けたということなども、諜報組織者としての欠陥がある。のみならず、組織自体もあまりに非現実的であった。例えば、九津見房子が検挙されたのも、宮城が検挙された二日後にひょっこり彼の家に訪ねて行き、張込みの刑事につかまったのである。このことだけでも、平素、いかに宮城が組織者として不用意であり慎重を欠いていたかということが判る。つまり、ゾルゲだけは偉大なオルガナイザーであり卓越した組織者であったが、他の者はいわば同志的な繫がり乃至《ないし》は友情関係に結ばれていたところに、このゾルゲ組織団の弱点があった。このようなことから尾崎も、宮城や北林の名を身辺にいる律に関知される機会があったと考えられる。或いは、尾崎の性格として、宮城や北林の名前を不用意に洩らしたことがあるかも知れない。鋭敏な律は、このことから北林トモというアメリカ帰りの共産主義者を記憶していたのみならず、宮城与徳も彼の頭にあったことと推定するのは無理ではなさそうである。だから律が当局に云うように、北林トモも裏切者と思い込んで階級の敵と考え、その仕返しに当局に密告したというかたちは無意味と云わねばならない。

もう一つの見方は、もっと大胆な推測である。

当局は、すでに早くから宮城や北林の名前を知っていたのだ。即ち、昭和十一年末頃から、警視庁のブラックリストに彼の名前は記載されている。

一九三〇年頃、アメリカからモスクワに逃れて、コミンテルン本部で教育を受けた小林勇という人物がいた。彼は日本への帰途上海まで来たとき、日本で共産主義運動を行なう意志を失い、基隆《キールン》港に上陸して、その地の警察に自首した。その小林は、大阪に護送されたのちに、当局の要求に応じて厖大な手記を書いたのだが、この中に宮城与徳の名前があったのである。

この小林勇は、自供のように、途中から日本での共産主義運動を行なう意志を失ったのでなく、最初からその目的で潜入させられた当局側の関係者だった。そのことはともかくとして、要するに、警視庁には早くから宮城与徳、北林トモの名が判っていた。当局は、伊藤律の自供に基き、アメリカの日本領事館に照会して「キタバヤシトモ」と記載されていることを知ったと云うが、実はもっと早くから判っていたのである。
つまり、宮城や北林の存在は早くから当局に判っていたが、それを「伊藤律の口から云わせた」というかたちを取って、尾崎、ゾルゲと手を伸ばしたのではないか、という考えが起る。

律が釈放されてすぐに満鉄に復帰したのは、その時すでに、彼は当局筋に云い含められて尾崎の身辺を洗っていたと考えられる。この頃から伊藤律は尾崎の身辺に近づき、彼の家族の信頼まで得たのは前に書いた通りである。

このようなかたちはスパイのやり方として極めて普通の方法である。しかも、女中を入れることに熱心だったことは、次の例から見てうなずけるところだ。つまり、女中は最も対象に近く、いつも対象の動きと同じ所において、これをアンテナにすることが出来るからである。

吉田元首相が一番信頼していた書生が、本当は東京憲兵隊の大谷司令官の懐刀《ふところがたな》の現職憲兵将校であった事実がある。この人物がどうして吉田氏の書生に入り込んだかというと、吉田氏が信用して使っていた女中が自分の従兄弟《いとこ》というので推薦し、そこで無条件に入り込んだのである。こうして吉田茂逮捕の端緒を実現したのだった。その人物は、中野学校出身の或る方面のアンテナだったわけである。

この事実など、そのまま律の場合に当てはまる。だから、もし女中の件が実現していたら、尾崎の検挙は、或いはもっと早いかたちで現れたかも知れない。

したがって、伊藤律→北林トモ→宮城与徳→尾崎秀実→ゾルゲという検挙ルートは、検察側の一応の形式であって、律→尾崎→ゾルゲという直接の形を避けたものとも考えられる。ウイロビー報告や警視庁調書、宮下談話にも拘らず、司法省の太田談話が何の修飾もない真実であることを物語っている。政治的に作られたウイロビー報告とは違って、政治的配慮よりも事実を公表することに主力を置いた検事局談話は、伊藤律の役割に何のベールも着せずに事実を報らせていたのである。即ち、律は自分の方から、アメリカのスパイがいるという言葉ではなく、明らかに「尾崎を中心としたメンバーのスパイがいる」と述べているのである。

それなのに律の名が遂に表に出ることがなかったのは、当局が律を「使える人物」と認めたからである。警視庁の調書の中に破られた一部があり、その部分に律の名前があったとすると、この間の事情は裏書きされるかもしれない。したがって、前に長々と記した宮下談話も、どこまでが真実を語っているか判らないのだ。殊に律関係は、公表された調書には何一つ記載が無いのである。彼の真の役割がまだ臆測の域を出ない今日では、以上の推定も一応考えられるのではなかろうか。

律がほかの思想犯や政治犯よりも先に出獄した秘かな理由も、この辺に事情がありそうである。その誰よりも早い出獄は、律が「入浴に長い手拭を貰い、石鹼一個を使っていた」くらいの待遇を受けた模範囚だった（ほかの囚人は半切れの手拭に、ちぎった石鹼しか使用させられなかった）からではなく、別な特別な配慮があったからだ。

終戦になって思想犯を釈放する状態を見越し、当局が逸早く釈放したというならば、同時に、ほかの徳田、志賀、宮本なども出獄させるべきだが、彼らは遅れて出ている。律一人だけが早いのだ。当時はまだ当局に受刑者に対する権力が相当あった。三木清などは、その年の九月に獄死しているくらいである。

これで、戦前における律の役目は終り、戦後に移るわけだ。律の役割は一筋の道となってなおも継続している。

7

昭和二十年の八月に出獄した伊藤律は、しばらく人民社という神田の出版社に勤めていた。この人民社は、のちに『真相』という雑誌を出したところである。『真相』は後に触れるような問題が起るまで、共産党指導の翼下にあった。

その頃、のちに伊藤律の腹心となった小松雄一郎が神田駅で伊藤律と偶然に出会った。そのとき、小松は「過去の誤りを自己批判すれば宥《ゆる》されるのだから、代々木へ行って自己批判してこい」と勧めた。律はそれからも当分は代々木に近づかなかった。さすがにこれまでの自分の転向や獄中における裏切りを恥じて、と想像する見方もあるが、律は慎重に様子を見ていたのであろう。

間もなく、彼は代々木に自己批判して入党した。どの程度に自己批判したか、外部からは判らない。それから、昭和二十一年二月の党大会には中央委員に推されている。さらに、翌年末の第六回党大会で政治局員となった。こうして着々と代々木の中枢に入り込んだのである。律が最初に入党して所属していたのは農民部であった。そして、律を当時推していたのは志賀義雄といわれている。

しかし、律の前歴に対して下部からの批判は当時から起っていた。それを徳田書記長や志賀などが押えていたというのだった。のちに警視庁に押えられた小松雄一郎のいわゆる小松批判書の一節には、次のような意味のことが書いてある。

昭和二十一年二月、第五回大会で、小松雄一郎は伊藤律と会った。その当時、律は中央委員におされ、すでに主要な地位を占め、農村問題の権威者だということになっていた。この大会で、徳田が小松を呼んで「君は伊藤君と親しいそうだが、伊藤君はどういうことをやっていたか？」と訊いた。「農民問題なんか何も知らぬ男です」と小松は答えた。小松は、昭和七年頃、学生運動をやって検挙されたとき、律が敵に党組織を知っている限り暴露した裏切者であることを知っていたからだという。

徳田書記長は伊藤律を、実際、鍬《くわ》を持って農民問題に取り組んで来た男だ、と思っているらしかった。ところが、その後、小松は、「志賀義雄同志に呼びつけられ、律の悪口を云ったことをひどく叱られた。それ以後、私は律の悪口を一切云わなくなった」と云っている。

小松だけではなく、このような律に対する批判は党員の間に相当あったようである。律もそのことは自覚していたと思う。彼がゾルゲ事件で尾崎を売った過去は、彼の抱いている秘密であった。だから、尾崎秀樹が尾崎事件を調べていると聞いて、しきりと彼に対する圧迫を陰に陽に加えている。このことは尾崎秀樹著『生きているユダ』にくわしく述べられている。

のみならず、尾崎の伝記を編纂するため委員会が出来たが、それは途中で尾崎の肉親の手でやるというかたちに置き換えられ、政治的なものをなくしてしまった。表面は、政治的な意味合いでは「敵に対して目立つといけないから」というのだったが、無論、律としては、尾崎秀実伝の調査が進むと、自然、自分の過去に触れられることを恐れたからである。

代々木の除名発表に云う「スパイ宮下」が、ここに改めて律の前に登場したのも不思議ではない。宮下警部こそ律に対する最も効果的な男であった。彼は律の秘密を何でも知っているし、最初律を検挙して以来の因縁だった。いわば律の恥部は何でも心得ている人物で、このような男の前には、律は常に圧迫を感じる。その「通謀」が何を意味するのか、はっきりとは判らないが、恐らく律にしては過去のことが強迫観念になって、宮下氏への情報を流したと思える。これがのちにＧＨＱに結びつくきっかけとなった。

8

律が党内にいて何をやったか、正確にはわれわれに判らない。前記のように、日共本部の発表による除名理由はあまりに抽象的すぎる。この中でやや具体的なのは、前記の「スパイ宮下」の名前が出ていることと、律が在獄中に作った「鵬翼《ほうよく》の歌」や「戦時中日本農業生産力について」という論文を挙げている。だが、「鵬翼の歌」やその論文は取るにも足らぬ些細なことだ。まさかこの程度の協力ぶりを本気に問題にしたわけではなかろう。もっと大きなもの、もっと許すべからざる裏切行為が、除名の最大の理由だった。だが、このことについては、代々木の発表では具体的に触れていない。

戦後の伊藤律の破壊活動は、単に党や革命運動をスパイするだけでなく、党の直接的な破壊、特に党の分裂と徹底的な弱化に向けられた。この彼が一貫して取った方針は、特に党歴の古い幹部の団結を割くために、じかに中傷策を用い、党指導の集団主義を破壊することであった、と日共では糾弾しているが、これこそ伊藤律の計画であった。

律はどのようにして党の中枢にのし上がったのか。云われるように、徳田書記長に取り入って、彼に可愛がられ、遂に非常な信任を得てそこまで漕ぎつけたことは周知の通りだ。だが、前の小松の云うように、また「伊藤律の最高幹部として活動していた時期にも、早くから彼の公私の生活への疑惑と不信と批判は少くなく、問題として提起されたのに、それが放置されていただけでなく、そのような意見は逆に抑圧されがちであった」と「アカハタ」自身も認めているような秘密は、どこにあったのだろうか。

これは、当時の日本当局というよりも、GHQの動きに対する情勢の正しい判断を伊藤律が体得していたことへの徳田の信任であろう。徳田や志賀やまたは野坂のような獄中十八年組や海外逃亡者にとっては、その理論や行動の抱負はともかくとして、何といっても、その長い期間、現実社会から隔離されていた隙間は大きかった。これは彼ら自身も欠陥として考えていたことに違いない。云い換えると、その長い期間、現実社会と隔絶していたことが、情勢判断の上に、伊藤律のような小才の利く頭のいい男への依存となったと思える。

この獄中組の弱点に、伊藤律は絶えず情勢判断の正しさを伝えつづけて来た。律が、GHQではこういうことを考えているとか、このような方針であるとかいう報告は、いちいち正確であったに違いない。このことは、徳田書記長にひどく信任される最大の原因だったが、同時に、その情報の正確さは、律が持っているパイプが日本側よりもアメリカ当局筋、つまり、GHQの関係に繋がっていたことを意味するのではなかろうか。

当時、外部がＧＨＱから情報を取ることは、かなりな困難であった。日本の関係筋でさえも、ＧＨＱの考え方は充分に情報が取れなかった時期がある。その中で、伊藤律の持って来た情報は確度の高いものであり、また権威あるものであった。

ここが徳田書記長などに信任されるところであり、下部の伊藤律批判に対して、「われわれが今欲しいのは、伊藤律のような有能な闘士である。現在、敵と対決している重大なときに、過去のことは咎むべきでない」と云って押えた所以である。

伊藤律は、その地位を利用して、そのような批判を抱く者を、中傷や謀りごとで、陰険悪辣な手段で、破壊し処分した。そして、彼はその正体をごまかしつづけるために、真面目な活動家がスパイの疑惑を受けるように策動し、党内に相互不信の空気を撒き散らしたのである。このような策動は「六全協の決議が示している党の指導機関があらゆる批判を受けることを避ける傾向、下からの批判を抑圧する官僚主義的傾向などの欠陥を拡大し利用した」と党機関が自ら自己批判するような結果になった。

何度も云う通り、その具体的な事例は、外部からはいちいち窺知できない。今日まで伊藤律が具体的にどのようなスパイ行為や陰謀をやっていたかということは、党は何も云わないし、ただ、以上のような激越だが抽象的な言葉しか聞かれない。党はこのことについて未だに秘密主義である。だが、次のことは一般に云われている。

9

伊藤律が、戦後、仮釈放されると、すぐに人民社というのに一時籍を置いたことは前に触れたが、その人民社から『真相』という雑誌が出ていた。これは、戦前、戦後のブルジョア階級の腐敗的面を暴露する半ば興味的な記事を売りものにしていたが、共産党から援助を受けていた。

ところが、昭和二十五年四月の『真相』に共産党の内部を書いた記事が出た。内容は、徳田派の幹部に不利な暴露ものだが、この記事が正確であっただけに徳田を怒らせた。内部事情をこれほど知っているのは党内のスパイである、と云い出した伊藤律は、そのとき、このようなものを書くのは「アカハタ」記者である、と進言して、当時の「アカハタ」の編集記者のほとんどを追放し、党活動停止処分にした。その一人に現在活躍している評論家小野義彦などがいる。この策動によって律は「アカハタ」の副主筆に入り込んだのである。のちには、志賀義雄を追って主筆となった。

この党内を「知りすぎた情報」を誰かに書かせ『真相』に発表させたのは実は伊藤律自身であった。つまり、彼は、自己を含めて徳田派の幹部の悪口をわざと書かせて、当時からようやく仲の悪くなった国際派の志賀、宮本一派の陰謀としたのだった。

では、一連の党内撹乱陰謀は律だけでやれたのか、という疑問は誰にでも起るだろう。今では律一人だけになっているが、果してその協力者が外部から無かったであろうか。例えば、それは山名正実や小松雄一郎などではなかろう。もっと大きな、もっと謀略性に富んだ一派が、律の行動に協力しなかったとは云えない。むろん、アメリカ側や日本の治安当局からの通謀もあったが、これは直接のかたちを取れるわけではない。律が定期的にGHQに出向いて連絡をとっていたのは「解放」直後のことで、当時は徳田、志賀もやっていたことだ。そして米ソ対立後は「誤り」としてそのことはなくなった。律だけがひとりGHQ詣りをつづけられるわけはない。とすれば、必ず、律とGHQ乃至日本の当局筋との間のパイプ役がなければならぬ。今では、律一人が党内を撹乱したようにされているが、いかに彼が才子であっても、たった一人ではこれだけの謀略をやれるものではない。かならず助言者や協力者が必要である。Mこと松村にかき廻された時代より党はずっと成長し、組織や統制も高度になっているときだ。謀略の協力者は誰かというと、これは推定の域を出ないが、戦前の転向組のうちの一部と考えられる若干の根拠がある。しかし、これは推定だからはっきりしたことは云えない。

昭和六、七年頃に、Mまたは松村と称する男も党の最も重要な地位を占めていた（拙稿「白鳥事件」にもふれておいた）。この男は、モスクワの共産大学から派遣された、などと云っていたが、彼は中央委員となり、党の最も重要な部分、資金家屋部を一手に握っていた。彼は大森の銀行襲撃を企画し、青年を使嗾《しそう》し、ギャングを働かせ、共産党を世間に恐怖させる宣伝をしたのだった。彼は現役の憲兵曹長だったとも云われ、内務省警保局が生粋《きっすい》の労働者であるかのように擬装して送り込んだ者とも云われていた。彼は大森ギャング事件を指図すると共に、そのあとでは熱海に会議を開き、そこに集まった党幹部をほとんど検挙させて、爾来行方不明になった。いわゆる一〇・三〇事件である。この松村の名前は、大森ギャング事件にも、また他の事件についての調書にも、全然、書かれていなかった。

このMこと松村の立場と律の立場は大そうよく似ている。松村は、党の若い分子に銀行強盗まで働かせ、或いは軍事方針で極左冒険主義を打ち出すなどして党の方針を誘導し、一方の律は、いわゆる党を真二つに分断する作戦を行なったのである。だから、この分裂のためには、律は絶えず徳田に野坂や志賀の悪口を告げ、彼らに反対する一派を絶えず中傷しつづけたのである。徳田はこれを安易に受け入れた。のみならず、律はいわゆる徳田一派なる徒党的な結成を強固に仕上げた。このようなやり方は、律が意識した策略である。

もともと徳田には最初から徒党の首長になるような素質がその性格にあった。「解放後」というのは、つまり府中刑務所を出獄後、自分らだけで「人民に訴う」を作って発表し、自分たちを中心にして党機構をつくった。その政策を強行するために、他の党員や政策を組織的手段や行政的処置、ある時には政治的陰謀によってさえ排除したり抑圧したりして、「反階級的な徒党乃至派閥の本質」をあらわした。それは、はじめ徳田、志賀、黒木、西沢、椎野、山辺、松本（一三）などの、いわゆる「府中組」によって形成されたが、のちに多くの追随者を従え、党と「アカハタ」の中枢を完全におさえてしまった。ついで、野坂、岡田や、紺野、長谷川、律、志田らを抱きこんで徳田一派に成長した。この過程に中央委員神山、春日（庄）、宮本らが、この順序で各個撃破的に攻撃され、蔵原らとともに党活動の中心から排除された。宮本百合子までが「血で塗られた米帝の手先」と罵られたのはこの頃である。

その結果、満州事変以後の党活動の中心にあり、「革命的伝統の核心を体現している」非転向分子は、その原則性、その非妥協性の故に徳田派からうとまれていた。またその日常的な面における弱さを材料に党の日常的活動から疎外された。のちには、志賀さえも「アカハタ」主筆の地位を伊藤律に奪われたように、その中心はいわゆる徳田側近に牛耳られていた。しかも徳田派を中心に、特攻隊的幹部教育をほどこした「親衛隊」的分子を全国に配置し、一切の批判的傾向はあらゆる手段と方法で抑えつけられた——以上は、今日になって日共内部から上っている批判である。

そして徳田の派閥首領的存在を全党の「家父長」的独裁に仕上げたのも律の果した役割であり、コミンフォルム批判後、いわゆる所感派と国際派に分断して対立させ、党の統一を攪乱阻害したのも律のつとめた大きな役目であった。

　これだけ党を混乱させ、分断させた律個人の力はいかに才子といってもあまり大き過ぎはしないだろうか。

　だから、律が直接繫がっていたのは、日共発表による「スパイ宮下」などというような小さなものではないであろう。それはもっと大きな相手、つまりGHQ乃至GHQ乃至G2に直接繫がったものと思える。そのパイプの役目をしたのは、宮下乃至は現在日共の一部で云われているように或る新聞記者数名のグループなどでもなかろう。実際の謀略の協力をつとめたのは、先に述べた、最初より律に協力した外部のグループ、例えば転向組の一団などが考えられる。

　したがって、律の身分はその限りにおいては、権力筋からも、GHQの筋からも保護されていたと思えるのである。「敵」の最高の情報を知っているという安心感が、党中央を律擁護に廻らせ、律を重要に考え、またそれで、律は完全に党下部の疑いを徳田一派のより大きな力で押えることに成功したのである。

　したがって、律に繫がる機関からすれば、これは大成功であったであろう。意識して流す情報の意味と効用を考えるなら、その見返りとして入って来る党側の情報・決定的な利用しうる情報の入手と、それによって、まず何よりも共産党自身の潰滅に一歩一歩着実な手を打つ判断の資料が律から入るのだ。これは彼らとして最も欣ばしいところであった。つまり、律の二重スパイ性は遺憾なく彼の両側の線を随喜させていたのであった。しかし、その律に繋がる謎の機関の真の解明には、今となってはさらに時間を要するだろう。

10

ところが、この稿の最初に出したようにG2のウイロビー部長は、突然、律の正体をその報告書（正式には Shanghai Conspiracy という）で暴露した。この意義は何であろうか。あくまでも対手側の内に入れて秘匿しておかなければならないスパイの正体を暴くということは、合点がいかない。

しかし、これには、当時のGHQと本国との間に世界観の対立があったからである。一九四九年二月、ケニス・C・ロイヤル陸軍次官は、米国とソ連が戦った場合に日本維持は困難で、極東地域は軍事的に見れば資産というより負担だ、という意味の見解を洩らした。これが有名な米軍のヨーロッパ第一主義のロイヤル声明である。

この米陸軍省の見解は、日本を「裸にする」意味のものであり、GHQのG2としては我慢の出来ないことであった。軍の中ですらヨーロッパ第一主義は根強く、極東拋棄《ほうき》は必ずしも噂だけではなかったのだ。このために、GHQまたはG2のウイロビー少将としては何とか切り返さなければならないところである。このときに当って、偶然と云うには余りにも明瞭に、その年の二月十日、日本機関およびアメリカ新聞にはゾルゲ事件がでかでかと発表されたのである。

このロイヤル声明と、これを巻き返す東京側の動きとは、単に掛け声だけでは済まなかったのであろう。この年になって下山事件、三鷹事件、松川事件などが相次いで起っているのだ。これを考え合わせると、G2のウイロビー少将が、突然、ゾルゲ事件を発表してその中に伊藤律の名前を暴露したことは偶然ではない。つまり、フィリッピンから進撃して日本に上陸したマッカーサーの一家に、自分たちが命がけで戦って来た極東を抛棄するという米本国のロイヤル声明は我慢のならないものだった。そして、本国のこの態度を弱腰の敗北主義と見たであろうし、また国内の輿論にもそうしたものがあると見て歯ぎしりしたに相違ない。ゾルゲ事件発表は、この路線を切り換える一つのポイントの役割を確実に果したのであった。

もはや、G2としては律の役割は終ったと思ったであろう。すでに日共徳田派では完全に律の謀略に乗せられ、分派作業が確実に起りつつあった。それと、G2はもはや律などを温存するよりも、もっとそれ以上の意義を律を含めてのゾルゲ事件発表に見出したかも知れない。ここにウイロビー報告の重大な意義がある。

この冒頭に、ゾルゲスパイ団が警視庁の取調調書には「ソ連共産党中央委員会及赤軍

第四部に直属」とあり、司法省に移ってその所属が「コミンテルン」となり、さらに米軍発表では赤軍第四部という具合に変えられていることを指摘しておいた。ゾルゲの所属は、自分でも、赤軍に属しているのか、外務人民委員会に属しているのか、コミンテルンに属しているのかよく判らない、と云っている。検察側の調書はゾルゲの所属を簡単にコミンテルンに決めてしまったが、ウイロビー報告は、日本進駐後、これに関する日本側検察資料を極力蒐集したし、したがって、その資料による所属がコミンテルンということは充分に承知の上である。それが「赤軍第四部」と変えられた理由は何か。

　つまり、コミンテルンは、知られるように、形の上ではすでに解散された機関である。形の上だけでも過去のものになった機関にゾルゲが所属していたと説明するのには、現在の形ではいかにも弱かった。だから「赤軍に所属していたかも知れない」と云うゾルゲの片言を取り入れ、彼は赤軍第四部だ、と変えてしまったのだ。この方がはるかにソ連に対する恐怖心を煽り、危機の今日性を強調することが出来るのである。

　この効果は確かに上がったと云えよう。もっとも、スメドレー女史の猛烈な抗議には遭ったが、ソ連の謀略性を遺憾なく、日本国民よりも、米国民に与えることに成功した。当時、中国では共産軍が国民軍を追い出し、支配権を確立しようとした時である。ウイロビー報告を日共が否定したのは、前にも書いた。この間の事情を左に表として一応掲げてみると、一層、事態がはっきりする。

ウイロビー報告に関する年月日

一九四五年十月　ゾルゲ事件関係者釈放
一九四六年　第一回文書をワシントンに送付
（ゾルゲ事件関係を在日記者団注目）

註　一九四五年十月以降　日共調査開始しているという
一九四六年二月　警視庁より伊藤稟議書法曹団発見、志賀に手交す
一九四六年三月　伊藤律関係は特高の作文と断定した

一九四七年三月　サンダース事件勃発
一九四七年十二月十五日　報告書再整備ワシントン空輸
一九四八年四月　ブレニートーク発表（未発表と同じ）
〃　六月二十五日　米国務省報告書発表要望
〃　七月十二日　ワシントンに送る（報告書）
〃　七月二十二日　マ書簡

ゾルゲ事件発表せず――

発表

〃　七月三十一日　（公務員法全面改正　公共企業体採用）

キレン労働課長やめる

政令二〇一号で、公務員関係組合との間に締結してあった一切の労働協約を破棄し公務員の団体交渉権を奪う

〃　十二月十日　陸軍長官よりGHQにゾルゲ事件発表命令

一九四九年一月二十三日　民自党、共産党の両極化大いに進む

〃　二月十日　ゾルゲ事件日米新聞に発表

註　一九四九年二月十日　志賀談話で律は関係の事実なしと発表

〃　二月十一日　第三次吉田内閣成立

……マッカーサー罷免

ウイロビー帰国前にはゾルゲ事件論争中絶

……共産党本事件を深追いせず

この間、国共内戦で中国本土の政治勢力は大変動しつつあった

ところが、これだけの発表をしてもＧ２の思惑外れが一つあった。それは、律がそのまま安全なかたちで日共に居残っていたことである。党は志賀談話にもあるように、ウイロビー報告はでっち上げであり作文である、と反論し、律自身もこれに便乗して、自己に関する疑いを粉砕する一文を機関紙に発表した。

それだけではなかった。律はますます徳田書記長に気に入られた。それは、日共がコミンフォルムの批判を受けて、いわゆる所感派と国際派とに分れて更に溝が深まったとき、律はいよいよ自分の活躍舞台を見出したとも云えよう。ここでは、いちいちその構想の内容と律の役割をくわしく述べる余裕はない。

ただ、律は、あくまでも自分が敵視する志賀、宮本などの国際派を徳田より分離させ、ＧＨＱによる追放の時も、国際派だけをおいてきぼりにして、徳田一家だけを地下にもぐらせた。そして律は、地上に残っている機関はなんら権威はない、と豪語し、機関紙を地下から指導していた。Ｇ２としても、まさかこれほど律が日共内部に喰い入っていようとは予想外であったろう。しかし、これは謀略筋にとって決して不愉快なことではなかった。なんとなれば、律は相変らずその接触機関を通じて路線を作っていたからだった。

11

律の行動については、党内でもすでに統制委員会でも取り上げ、また、スパイであるとか、女蕩しだとかいう噂は、下部にも相当拡がっていたが、これを問題にしたり機関に訴えたりした党員たちは、幹部に理由のない誹謗を加える反党分子として処分された。律はさらに「前衛」「アカハタ」を使って思想的、理論的にこれまでの方針や政策を擁護し、それに対する反論や戦争を支持する論文はすべて制限を加えたり、削除、禁止する態度に出た。

こうして自己に対する下部からの批判を抑える一方、いわゆるコミンフォルム批判後、所感派と国際派との分裂の拡大にも律は役立った。例えば、志賀と宮本とは、その頃から思想的にも実践的にも違っていたのに、わざと一緒にして、志賀、宮本一派は党内党を作るものとして疎外し、度々自派だけの秘密会合を持った。それから、志賀を関西に下し、宮本を統制委員会議長から下ろして九州に追いやり、春日（庄次郎）を労働組合部長から、神山茂夫を市民対策部長から追放し、亀山の財政部長を追い、全党を中央と地方とを問わず自派で固めたのである。そして、徳田の理論的弱さは律が補強し代弁するというかたちになった。

二十五年四月、十九中総（第十九回中央委員会総会）は、徳田の手に成る「五〇年テーゼ草案」について討論したが、この草案に対して「論評」支持の中央委員たちは残らず反対意見乃至修正意見を提出した。このことは徳田派をして、もはや自分たちに反対する連中とは一緒にやって行けない、という決意を固めさせた。

六月六日の夜、ＧＨＱは中央委員に追放の指令を出したが、徳田は「緊急事態」であるからという口実のもとに中央委員会を開かず、徳田派だけで秘密の会合を持って今後の方針を定め、自派だけの中央委員九幹部は、他の中央委員に何の連絡も相談もせず、「一億円に上る公金を掴んで」地下へもぐってしまったのである。このＧＨＱ追放の情報を逸早く徳田に知らせたのは律であった。

これ以後のことを書くと、くだくだしくなるが、要するに、地下にもぐった徳田派は、非合法機関紙を出して極左的な方針を打ち出し、武装闘争を強調しはじめた。この軍事闘争方針が律の策謀によるものかどうかはすぐには判断出来ないが、少くとも、律がそのような方針を主張していた一人であることは間違いなかろう。この「軍事方針」が世間に共産党への恐怖心を煽らせた効果は周知の通りだ。

この結果、分裂はいよいよひどくなり、党の統一は阻まれた。徳田派は、「地下へもぐらなかった中央委員たちは敵の手先であるから地上で安心していられるのだ。もぐらずにすむこと自体スパイであることの証明だ」というようなことを云いふらし、恰も志賀、宮本らが地下へもぐることを拒否して、彼らの方から分裂行動に出たかのような宣伝をした。律が云い出しそうなことである。

その伊藤律が逆に「アカハタ」で除名の発表を受けたのは、二十八年九月である。

なぜ、律が、それまでの罪状を摘発されて除名されたか、という疑問は、その年十月、北京での徳田の死と無縁ではあるまい。律を最も重用したボスは、その病勢が昂進していただけの理由ではなく、北京においても、徳田は過去の誤りを中共側に自己批判したのではなかろうか。これは推測だけであるが、このことが直ぐに律への除名となって現れたと思う。つまり、徳田に自己批判があったとすると、それは律の除名発表の直前に行なわれたものと考えられる。

当局では、律が査問にかけられたのは二十七年秋以後と推測しているので、査問は「アカハタ」除名発表の二十八年九月までのほぼ一年近くにわたったものと考えられている。

査問はどのような形で行なわれ、いつ、どこで、どのようなメンバーで査問委員会が構成されたか、ということは一切判っていない。

しかし、誰しも疑問に思うのは、律が権力筋とパイプを持っていたとするなら、当局があれほど血眼になって探していた九幹部の行方をなぜ律が密告しなかったか、ということである。例えば、前述のようなMこと松村は、会合の場所や自己に連絡しに来る同志を、当局にいちいち報らせて捕縛させている。

12

だが、治安当局は別として、GHQの方では、案外、彼らを捕えるよりも日共内部が分裂状態のままに置いた方が好ましい、と判断したからかも知れない。律の密告がなくても、GHQ筋は或る程度潜行幹部の行方を知っていたと思われる節がある。全国に張りめぐらされたCICやCIA機関は、彼らの行方をキャッチしていたのではなかろうか。地下にもぐっていた徳田派は、一週間に二回ぐらいは会議を開いて「地上」を指導していたそうだし、非合法の文書を発行していたから、アメリカ機関が彼らの所在を探知するぐらいは出来たであろう。しかし、G2はこれを国警にも警視庁にも報らせなかった。占領軍が自分の知り得た情報を、自分の都合で日本側の治安当局に教えなかった例はこれまでしばしばある。その例からみても以上の推定はそう思い過ぎではあるまい。

潜行幹部のうち逸早く地下にもぐったのは徳田球一である。十九中総がある前後、徳田は心臓病か腎臓病かで、臨時に代々木の裏に家を借りて住んでいた。杉並区方南町の自宅は当時改築中のためでもあった。徳田は、十九中総が終って、方南町の家に帰ると称して代々木の借家を出て、そのまま家には帰らなかった。方南町の自宅では家族が、病気面会謝絶として訪問者に会わせなかった。これが四月から五月にかけてのことである。

徳田は、六月の初めの総選挙には投票に来ているが、彼は、その前夜、どこからともなく、篠つく雨を冒して自宅に帰って来た。投票所に行ったとき、徳田は偶然来合せていた「産経」にその写真を撮られているが、そのまま、北京で客死するまで、彼の姿は国内では見られなかった。

徳田が代々木の裏に病気で寝ているとき、見舞と称してしばしば訪ねて行ったのが、伊藤律と岡田文吉（人民艦隊を担当していたといわれる）であった。だから、その時すでに潜行の打ち合わせが出来ていたものと推測することもできる。

律が除名を受けてからの行方は、今でも最も興味のある話題の一つとなっている。彼の所在については各説がある。国内軟禁説、国内病死説、国内粛清説、国外軟禁説、国外粛清説、米国逃亡説などである。このうち、国内軟禁説は弱く、国内病死説も除名後の確かな足取りが全くないところから出てきている。律が肺結核だったこともこれに由来している。国内粛清説は、一部では考えられているが、それだと死体が発見されてもよい筈だというので、これを否定する理由にもなっている。だが、死体の発見は、巧妙な方法で行なえば隠すことが出来るので、必ずしもこの論拠にはならない。国外粛清説は、捜査当局が潜行幹部のうち律に重点を置いていたにも拘らず、査問にかかって以来消息がない。査問自体が国外で行なわれ、粛清されたのではないか、という見方である。米国逃亡説は、党の目を掠めてそのようなことが出来る筈がない、と否定的な考え方が強い。

このうちいちばん考えられるのは、今でも常識になっている中国軟禁説である。律は中国に或る理由を持って渡り、彼の危険が全く無くなってから国内で除名を発表した、という説が多い。「或る理由」というのは、彼がまだ幹部として安泰だと考え、党内の統一問題に関して中共の連絡を受けに行くという理由に乗せられて行った、という説だ。

もう一つは、北京放送（日本向放送）の指導に出かけた、という説である。そのことの裏づけは、律が消える前に、秘かに北京放送関係者が日本に来て、律と前後して日本から消えた、ということを挙げる人がある。

いずれにしても、律に警戒心を起させずに中共に渡したということでは一致している。だが、律は、中国へ行く前に日本で一応の査問を受けたと見るのが自然ではなかろうか。

したがって、中国に行ったのは「護送」のかたちで連行されたと思える。無論、彼が中国に連れて行かれた理由は、逃亡の惧れがあることと、アメリカ官憲に拉致されて日共の内部を暴露すると共に、彼がアメリカの道具に使われて謀略活動をする惧れがあると見たからである。ラストヴォロフ事件などは、その最もいい例だ。それを防止するたために、国内に置かずに中国に隔離したのであろう。

律は日本でも査問を受け、中国に行っても査問されたと考えられる。もしそうなら、中共はこの査問には場所の提供とアドバイス程度ではなかっただろうか。それまで、統一に関して中共はしばしば日本共産党に忠告しているから、それは充分に考えられる。しかしこのアドバイスはどの程度になされたかは判らない。中共は日共の内部事情について忠告は出来るが、それを査問する権利も責任も表向きにはない。

伊藤律の存在は、日共の統一にとって最も癌《がん》であった。だから、統一機運が動いたとき、伊藤律の除名は国際派から強硬な要請があったと見てよかろう。したがって、中共は先輩として、日共を早く統一し強力にするためにその討議に加わり、援助したと思える。

まず、国内での査問は誰が行なったか、未だに秘密にされているが、岩元巌は当時の統制委員長だったから、彼が出席したことはまず間違いがないと見ていい。それと、主流派と反主流派とが幾人かずつ参加したと思える。

中共での査問には、日共の幹部が参与したと思える消息がある。また、これには、一説によると、徳田球一も参加したといわれている。そうするなら、徳田の死去が二十八年十月だから、その査問に参加しうる状態に彼があったとすれば、律の中共での査問は、徳田の病勢が悪化しない前、七月から九月頃までの間と見られぬことはない。

また、徳田の前にはさすがの律も包み隠さず自己批判したと思える。

そのとき、伊藤律は厖大な自己批判書を書いたと推定される。だが、この自己批判書は日共の少数幹部が知っているだけで、絶対に外部では知ることが出来ない。恐らく、発表される時期が来るとすれば、それは日共がもっと強力となり、すでに対手側の謀略に乗ぜられる惧れがないほど巨大となり、或いは政権でも取るようになって、ゆるぎない基礎が確立出来た時であろう。それほど伊藤律の自己批判書の内容は、現在の党をゆるがすくらいの重要な内容を持っていることは察知される。この全文は、その頃の統制委員会の委員にも知らされてはいない。一つには、現幹部の責任問題にもなるからであろう。

現在、伊藤律は中国で生きているものと思える。それはきみ子夫人が秘かに友人に洩らした言葉の端でも窺える。もし、律が死亡すれば、日共でもこれを発表するだろうし、家族にも何らかのかたちで連絡があるのではなかろうか。

13

伊藤律は農民部に入り農民部長となり、「アカハタ」主筆となった。「アカハタ」の主筆は、その理論的指導の面からいって彼が執着していたことが分るが、農民部長はどのような意味があるだろうか。

GHQが日本で最初行なった改革の大きな一つは、農地改革である。これは、あとでアカとして騒がれたラデジンスキーがその農地改革のキャップであった。この辺から律とGHQの関係が生じたと思う。最初、共産党では、アメリカ軍を解放軍と思い違いをしていた。この錯覚は、対日理事会でソ連とアメリカとが対立をみせるまでつづいていた。律の渉外係としての「才腕」はこの時から生じたと考えられる。

彼を可愛がっていた徳田球一は、何といっても在獄十八年であって、情勢判断に暗かった。そこに律のような対GHQのきわめて高度な情報（先方より流される）をもたらす人間を重宝がった理由がある。律の才子ぶりは徳田の気に入ったことだし、また十八年も社会と隔離していれば、律から「情勢判断が違う」と云われると、その通りかと思い込むだろう。殊に徳田は理論的には低かった。ただ、彼の実務的な実行力とアジテーターとしての素質が、当初の日共には必要だった。

律の女性関係は、あまりに有名すぎるし、興味的でありすぎるのでここでは触れたくない。ただ、物資の入手困難な終戦直後に、彼の愛人の一人が病気のとき、米国製ペニシリンを入手して注射させていたことや、アメリカ製缶詰などを尾崎未亡人などにも贈っていたということは、律がアメリカとの強い関係にあったことを不用意に見せている。

律は、むろん最初からスパイを志したのではない。その点は、その目的で日共内部に送り込まれたMこと松村（本名飯塚盈延《みちのぶ》）とは本質的に違う。律が一高時代に共産青年同盟運動で挙げられたとき、はじめて特高の恐ろしさを知ったのであろう。当時の特高は拷問は常套手段だし、虐殺するくらいは平気だった。律のインテリ的な弱さは震え上ったかもしれない。当局に捕まるたびに、「何でも申し上げます」ことになったのは、その弱さからである。ことに宮下警部に狙われてからは宿命的に離れることができなかった。「律なら何でもしゃべる」と当局に定評があったし、当然、何でもしゃべる律を逆に使うようになった。律はすべてにうまく立ち廻っていた。刑務所では雑役夫という看守の助手みたいな楽な待遇をうけて、一般の受刑者に威張っていたし、自己批判をして日共に入るや、忽ち徳田にとり入って、中央委員となり、さらに政治局員と書記局員を兼ね（この二つを兼ねたのはほかに徳田、野坂くらいだった）、「アカハタ」主筆にもなった。要領のよさ、口の巧さ、洗練された身ごなし、といった世俗的な処世術ないしは出世主義が律の本領であった。尾崎秀実さえも、律の正体を見抜けずに死んだ。

しかし、特高の恐ろしさは知ったが、律は共産主義運動を捨てなかった。これは検挙のたびに当局のヒモが強くなったからでもあるが、一つは進歩的な仕事をしているという律の自負心からであろう。頭脳明晳《めいせき》を自ら意識しているインテリの陥りやすいところだが、尾崎秀実にもこの自負心や気負いはあった。ただ、尾崎は純真であり、律は狡猾であった。

律は政治局員になってから、本部の書記局員などを見下していたそうだし、例の社共合同のころなど、親しい友人に「自分は今度農林大臣になるかもしれない。同期の連中は、まだ課長くらいだが」とうれしそうに話したという。スポークスマンとして新聞記者団に囲まれ、商業新聞に自分の名前や写真が華やかに出るのは律の得意なところであった。

例の工大事件のときは、ＭＰに引っ張られて蒼くなったというが、忽ち釈放された。このときも、律はアメリカ側から「あまりやり過ぎる」と叱られたか、或いは、さらにもっと激励されて緊密な連絡の打ち合わせがあったであろう。当人を逮捕して直接に話し合うというかたちは、誰にも怪しまれないですむ謀略の極めて普通なかたちである。

結局、律の果したことは、ＧＨＱの占領政策の上で、その思うような謀略に踊らされたことだけは明らかである。要するに、律は、己れの頭脳に自負し、出世欲や嫉妬心が強く、従って権力に媚びる小心なインテリであって、その末路はその型の人間の見本である。伊藤律が生きて日本に還る期待は今後も非常に少いであろう。

（下巻へ続く）

■作品について

文藝春秋出版局

「日本の黒い霧」は、月刊「文藝春秋」の一九六〇年一月号から十二月号にわたって掲載されました。

戦後日本のさまざまな「奇怪な事件」の真相に、松本清張ならではの鋭い歴史観と大胆な推理で迫ろうとした野心的な連載でした。

敗戦後の混乱、GHQによる占領、労働運動の高揚、米ソ対立から冷戦、そして朝鮮戦争の勃発など、事件の背景には、激しく揺れ動く時代がありました。その背景を徹底的に分析することで、従来とはまったく違う視点から事件を解き明かすことを試みたものです。アメリカ軍の関与、日本軍の負の遺産、左翼運動の弾圧と過激化、米ソの諜報戦……、真犯人はそうした大きな闇を推理するところから浮かび上がってくるのではないか？

こうした視点から、帝銀事件、下山事件、松川事件などに新しい光をあてた「日本の黒い霧」は、戦後史の謎を解明する上で、きわめて貴重な作品でした。

しかし執筆から半世紀がたち、新たな資料、事実も多く発見されてきました。それによって、松本清張の推理が改めて補強されることも、逆に歴史的な制約が指摘される事もありました。

「革命を売る男　伊藤律」の章についても、そうした指摘があります。

作品が執筆された一九六〇年の時点で、伊藤律は日本共産党によって「反党的反国民的裏切者」として除名されていました。共産党は「彼の階級的犯罪行為は一九三三年彼が最初に検挙されたとき以来、戦前戦後を通じ一貫して続けられていた」とし、ゾルゲ事件について、「事件の糸口となった北林トモを売渡し」、「満鉄東京支社に勤務して、進歩的な人びと（そのなかにはゾルゲ事件で処刑された尾崎秀実をふくむ）の言動までくわしく定期的に警視庁に報告した」と断定、さらに戦後も「党内部から攪乱、破壊工作を一貫して行った」と断罪したのです（一九五三、五五年、日本共産党発表）。

当時まだ伊藤氏の所在、生死は不明で、その異様さ、背景の複雑さなど、まさに深い霧に包まれた事件でした。松本氏の作品は、この事件を、特高の弾圧と転向、共産党内の路線対立、GHQと東西冷戦といった様々な視点から推理したものです。

その後、一九八〇年に伊藤律氏は二十九年ぶりに日本に帰国し、人びとを驚かせました。帰国後、伊藤氏は「スパイ説」に真っ向から反論し、ゾルゲ事件についても、取調べで「アメリカから帰国したおばさん」について「変な感じがしたので絶交した」との供述をしたこと以外、一切関与を否定します。また、その後の研究家の調査によって、スパイ説を疑問視、否定する関係者の証言も明らかになってきました。さらに一九九二年、伊藤律査問の中心的役割を果した野坂参三共産党名誉議長（当時）が、ソ連のスパイとして除名されるという事件も起りました。

現在から見れば伊藤氏が戦前戦後の政治情勢、共産党内部の対立の中で運命を翻弄されたことは明らかです。作品を読まれる際、こうした時代的背景についても思いめぐらしてくださるようお願いします。

なお、下巻の半藤一利氏の解説もあわせてお読みください。また、「伊藤律回想録　北京幽閉二七年」（一九九三年文藝春秋刊）、朝日新聞連載「故国の土を踏みて――伊藤律氏の証言」（一九八〇年十二月）、渡部富哉著「偽りの烙印――伊藤律・スパイ説の崩壊」（一九九三年五月書房刊）、保阪正康著「松本清張と昭和史」（二〇〇六年平凡社新書）なども、ご参照ください。

二〇一三年四月

文春文庫

日《に》本《ほん》の黒《くろ》い霧《きり》 上

定価はカバーに表示してあります

2004年12月10日 新装版第1刷
2023年1月5日 第27刷

著者 松《まつ》本《もと》清張《せいちょう》
発行者 大沼貴之
発行所 株式会社 文藝春秋

東京都千代田区紀尾井町 3-23 〒102-8008
TEL 03・3265・1211㈹
文藝春秋ホームページ http://www.bunshun.co.jp

落丁、乱丁本は、お手数ですが小社製作部宛お送り下さい。送料小社負担でお取替致します。

印刷・凸版印刷 製本・加藤製本
Printed in Japan
ISBN978-4-16-710697-3